# 汽车营销项目化教程

主　编　付慧敏　郭　玲
副主编　吉戎轩　郑　莉　洪　芳

北京理工大学出版社
BEIJING INSTITUTE OF TECHNOLOGY PRESS

## 内 容 简 介

《汽车营销项目化教程》系统介绍了汽车整车销售的完整工作内容，包括销售准备、客户开发、汽车推介、商务洽谈、新车交付和延伸服务 6 个项目。每个项目包含若干个具体任务，以任务导入—学习目标—任务分析—知识链接—任务实施—任务评价—巩固练习—拓展阅读的结构形式具体展开，导入任务均来源于汽车销售企业实际工作岗位，具有代表性和启发性；知识链接在介绍理论知识的同时将家国情怀、党的二十大精神、社会主义核心价值观、职业素养等课程思政元素有机融入，提高育人效果；任务实施以工单形式展开，可以结合理论知识进行实践操作，锻炼学生的实战技能；任务评价考虑了知识、技能和价值观的有机结合，方便学生对照整改提高。

本书可以作为高等院校、高职院校汽车类相关专业的教学用书，也可作为汽车4S店销售顾问岗位的培训资料和参考书，还可供社会从业人员自学使用。

**版权专有　侵权必究**

### 图书在版编目（CIP）数据

汽车营销项目化教程 / 付慧敏，郭玲主编. --北京：
北京理工大学出版社，2023.3
　ISBN 978-7-5763-2170-8

Ⅰ. ①汽⋯　Ⅱ. ①付⋯ ②郭⋯　Ⅲ. ①汽车-市场营销学-教材　Ⅳ. ①F766

中国国家版本馆 CIP 数据核字（2023）第 037756 号

| | |
|---|---|
| 出版发行 / 北京理工大学出版社有限责任公司 | |
| 社　　址 / 北京市海淀区中关村南大街 5 号 | |
| 邮　　编 / 100081 | |
| 电　　话 /（010）68914775（总编室） | |
| 　　　　　（010）82562903（教材售后服务热线） | |
| 　　　　　（010）68944723（其他图书服务热线） | |
| 网　　址 / http：//www.bitpress.com.cn | |
| 经　　销 / 全国各地新华书店 | |
| 印　　刷 / 北京广达印刷有限公司 | |
| 开　　本 / 787 毫米×1092 毫米　1/16 | |
| 印　　张 / 16 | 责任编辑 / 多海鹏 |
| 字　　数 / 383 千字 | 文案编辑 / 多海鹏 |
| 版　　次 / 2023 年 3 月第 1 版　2023 年 3 月第 1 次印刷 | 责任校对 / 周瑞红 |
| 定　　价 / 78.00 元 | 责任印制 / 李志强 |

图书出现印装质量问题，请拨打售后服务热线，本社负责调换

# 前　言

随着汽车产业的高速发展和人民生活水平的不断提高，汽车已逐渐成为现代人出行必不可少的交通工具，汽车行业对销售人员的需求也越来越大，具有扎实的专业知识、完美的销售技巧和可靠的职业素养的销售队伍在任何一家销售企业都发挥着举足轻重的作用。

为贯彻落实党的二十大精神，落实立德树人根本任务，适应当前经济社会对汽车技术服务行业高素质劳动者和技术技能人才的需求，深化产教融合、校企合作，推动人才培养模式改革及信息化教学革新，体现岗、课、赛、证综合育人理念，本书以"十二五"职业教育国家规划教材《汽车营销实务》为基础，结合汽车"新四化"趋势，适应互联网时代背景，面向汽车销售工作岗位，按照专业素质和技能训练并举的原则进行编写。具体特点如下：

1. 课程思政，立德树人

为推进课程思政建设，落实立德树人根本任务，本书融入了丰富的思政元素。贯彻党的二十大报告精神"坚持人民至上、坚持自信自立、坚持守正创新、坚持问题导向、坚持系统观念、坚持胸怀天下"，教材在任务引入、实施评价和案例分析等环节有机融入，紧密结合教材内容的同时润物无声，将知识、能力和正确价值观的培养有机结合，提升育人效果。

2. 工学结合，能力本位

职业教育的本质特征是工学结合，按照工作过程组织学习过程。本书结合汽车销售业务实际，模块化划分工作项目，设计典型工作任务，以新能源汽车和传统汽车多种案例为载体组织教学，使学生在学习汽车销售专业技能的同时提高社交能力、学习能力、创新能力等综合职业技能。

3. 任务驱动，行动导向

按照汽车销售企业真实项目，确定理论与实践一体化的学习任务，每个学习任务注重对学习目标、任务引入和实施的设计，为学生留下充分思考、实践与合作交流的时间和空间，体现职业教育改革"以学生为主体"的先进理念，在有效激发学生学习兴趣和创新潜能的同时，满足教师开展项目学习、任务驱动教学、案例教学等不同教学方式的要求。

4. 内容够用，结构科学

本书编写过程坚持"实用为主、够用为度、注重实践、强化训练、利于发展"的原则，系统介绍了汽车销售的完整工作内容，包括销售准备、客户开发、汽车推介、商务洽谈、新车交付和延伸服务6个项目，每个项目包含若干个具体任务，以任务导入—学习目标—任务分析—知识链接—任务实施—任务评价—巩固练习—拓展阅读的结构形式呈现，完全符合学生的思维习惯和认知规律，并且有利于培养学生对整体内容的认知与掌握，熟悉工作内容，强化职业能力。

5. 产教融合，双元合作

理论来源于实践，本书的编者都有汽车企业销售工作的实践经历，有长期从事汽车营销研究的双师型教师，有汽车行业的资深销售经理，校企共同参与，合作开发。书中大量的案例、方法和技巧来自企业实践的总结和提炼，密切结合企业实际。

6. 随堂微课，即扫即得

书中配有随堂微课，学生通过移动终端扫描教材中的二维码，即可随时随地让教材内容形象、直观、生动地展现在眼前，创建了全新的教学和学习环境。

本书由江西交通职业技术学院付慧敏、吉林交通职业技术学院郭玲任主编，江西交通职业技术学院吉戎轩、郑莉任副主编，江西华宏众汽车有限公司洪芳参与了部分任务实施和评价的编写工作。具体分工如下：付慧敏编写项目3、4，郭玲编写项目5，吉戎轩编写项目1、6，郑莉编写项目2，洪芳为本书提供了企业案例和实践平台。全书由付慧敏统稿。

在编写本书的过程中，参考、引用和改编了国内外出版物中的相关资料以及网络资源，在此对这些资料的作者表示深深的谢意！

由于时间有限，教材中仍可能存在不足，恳请读者批评指正。

编　者

# 目 录

项目 1　销售准备 ······················································································ 1
　　任务 1.1　汽车销售认知 ······································································ 1
　　任务 1.2　汽车产品认知 ······································································ 10
　　任务 1.3　销售礼仪认知 ······································································ 28

项目 2　客户开发 ······················································································ 40
　　任务 2.1　汽车消费者购买行为分析 ······················································ 40
　　任务 2.2　潜在客户分类与评估 ····························································· 61
　　任务 2.3　潜在客户开发 ······································································ 70

项目 3　汽车推介 ······················································································ 82
　　任务 3.1　客户接待 ············································································ 82
　　任务 3.2　需求分析 ············································································ 100
　　任务 3.3　车辆介绍 ············································································ 119
　　任务 3.4　试乘试驾 ············································································ 138

项目 4　商务洽谈 ······················································································ 150
　　任务 4.1　异议处理 ············································································ 150
　　任务 4.2　报价成交 ············································································ 170

项目 5　新车交付 ······················································································ 188
　　任务 5.1　交车准备 ············································································ 188

任务 5.2　新车递交 …………………………………………………………… 197

## 项目 6　延伸服务 ……………………………………………………………… 211

任务 6.1　汽车金融服务 ……………………………………………………… 211

任务 6.2　汽车保险服务 ……………………………………………………… 222

任务 6.3　二手车置换服务 …………………………………………………… 232

任务 6.4　精品销售 …………………………………………………………… 240

## 参考文献 …………………………………………………………………………… 247

# 项目 1　销售准备

## 项目简介

汽车销售在 4S 店中承担了非常重要的责任，作为一名汽车销售顾问，只有做好充分的准备，才能良好地完成公司的销售目标。汽车销售顾问不仅要了解汽车销售部门的业务内容，更要掌握全面的产品知识，还要懂得运用良好的商务礼仪才能取得理想的业绩。

## 任务 1.1　汽车销售认知

### 任务导入

小王马上要毕业实习了，他即将参加一家豪华汽车品牌 4S 店的面试。为了能成功被录取，小王做了充分的准备。面试那天，面试官问了小王好几个有关 4S 店的问题："汽车 4S 店是什么意思？""你觉得作为一个销售顾问应该具备些什么能力呢？"小王都对答如流，成功被录取。相同的问题，我们能回答得上来吗？

### 学习目标

（1）理解汽车 4S 店的四位一体功能；
（2）能讲述汽车销售顾问应具备的专业知识；
（3）能讲述汽车销售顾问应具备的职业能力；
（4）能明确销售顾问的岗位工作内容和职责；
（5）培养爱岗敬业、勤恳踏实、积极进取的职业素养；
（6）强化大局意识，树立集体和团队观念；
（7）树立职业自信心，立志做有理想、敢担当、能吃苦、肯奋斗的新时代好青年。

## 任务分析

4S 店模式是当下汽车销售的主流模式，汽车 4S 店具有一致的渠道和统一的文化理念，是一种个性突出的有形市场。4S 店在提升汽车品牌、汽车生产企业形象上的优势是显而易见的。

## 知识链接

### 1.1.1 汽车销售模式

#### 一、汽车销售的 4S 模式

汽车 4S 店是一种源于欧洲的汽车整体服务方式，1999 年开始在中国国内出现，其核心是"汽车终身服务解决方案"。4S 店是由汽车生产企业授权建立的"四位一体"的销售专卖店，即包括了整车销售（Sale）、零配件供应（Spare Part）、售后服务（Service）、信息反馈（Survey）四项功能的销售服务店。

4S 店模式其实是汽车市场激烈竞争下的产物。随着市场逐渐成熟，客户的消费心理也逐渐成熟，客户需求多样化，对产品、服务的要求也越来越高，越来越严格，原有的代理销售体制已不能适应市场与客户的需求。4S 店的出现，恰好能满足客户的各种需求，它可以提供装备精良、整洁干净的维修区，现代化的设备和服务管理，高度职业化的气氛，保养良好的服务设施，充足的零配件供应，迅速及时的跟踪服务体系。4S 店在提升汽车品牌及汽车生产企业形象上的优势是显而易见的。通过 4S 店的服务，可以使客户对品牌产生信赖感，从而扩大销售量，同时也是汽车生产企业完善售后服务的重要手段，使客户从购车、用车到修车的全过程都能得到良好的服务保障。

**1. 汽车 4S 店的功能**

1）整车销售

整车销售是汽车营销活动的中心内容，是汽车 4S 店的基本职责，是为零配件供应、维修、信息反馈等工作带来潜在客户的关键环节。在销售工作中，要始终坚持"可持续发展"的营销理念，所有部门密切配合，共同关注客户的"后续需要"，在兼顾社会利益的同时为 4S 店的整体效益作出贡献。

整车销售包括进货、运输、验收、储存和销售等环节。在 4S 店销售的汽车大多是汽车生产企业直接发货的车辆，价格是由汽车生产企业指定的统一售价。

2）零配件供应

零配件供应是汽车售后服务的基本保证。从销售利润来看，在国外成熟的汽车市场中，整车销售利润约占整个汽车业利润的 20%，汽车装饰、改装及汽车用品的利润约占 20%，而 50%~60% 的利润是在汽车零配件及服务领域中产生的。

4S 店的零部件是汽车生产企业提供的原厂件，所以质量有保证，价格比普通维修店高。

汽车的零配件被分成四类：一是汽车正常使用中因到期自然老化、失效而必须更换的消耗件，如皮带、胶管、各种滤芯等；二是汽车运行中，因自然磨损而容易失效的易损件，如离合器摩擦片、制动片、活塞、活塞环等；三是组成汽车的主要总成的、价值较高的基础件，如曲轴、缸体、缸盖等；四是汽车发生意外时损坏的事故件，如前后保险杠、车身覆盖件、冷凝器、水箱等。

3）售后服务

售后服务是现代汽车经销企业服务的基本组成部分。汽车售后服务指4S店在车辆售出后为客户提供的车辆保养、故障维修的服务。售后服务可以使企业与客户建立长久的、良好的往来关系，为企业积累宝贵的客户资源，以求生产和销售环节的利润最大化。随着汽车市场的发展，汽车4S店更应该致力于提高车辆的维修保养质量、规范服务程序和严格诚信服务，不断提高客户满意度，巩固客户资源，使企业获得更高的利润。

4）信息反馈

信息反馈是汽车4S店的一大重要功能。汽车4S店直接接触客户，有条件及时、准确地了解当前的市场动态，将汽车产品的使用性能、客户满意度等情况反馈给汽车生产企业。这对于企业提高产品质量、开发适销对路的新产品、调整市场营销战略和提高产品的市场占有率具有重要意义。

汽车4S店就相当于汽车生产企业的销售或者售后服务部门，由生产企业直接供货，接受生产企业指导经营管理，在经营服务理念上与厂家保持高度的一致。

汽车4S店是一种个性突出的有形市场，具有渠道一致性和统一的文化理念。同一汽车生产企业的4S店拥有统一的外观形象、标识和管理标准，只经营单一品牌的汽车。

## 2. 汽车4S店的优势

1）信誉度方面

4S店有一系列规范地处理客户投诉、意见、索赔的管理办法，给车主留下了良好的印象，而普通维修店由于人员素质、管理等问题，经常是出了问题却找不到负责人，互相推诿、相互埋怨。所以4S店在客户心目中更值得信赖。

2）专业方面

由于4S店只针对一个厂家的系列车型，有厂家的系列培训和技术支持，在车的性能、技术参数的了解以及使用和维修方面都是非常专业的，做到了"专而精"。而汽车用品经销商接触的车型多，对每一种车型都不是非常的精通，只能做到"杂而博"，在一些技术方面多数是只知其一而不知其二，所以在改装一些需要技术支持和售后服务的产品时，4S店有着很大的优势。

3）售后服务保障方面

随着竞争的加剧，4S店越来越重视服务品牌的建立，重视客户的满意度，加上4S店的后盾是汽车生产厂家，所以在售后服务方面可以得到保障。特别是汽车电子产品和汽车影音产品，在改装时要改变汽车原来的电路，可能会为以后的售后服务带来麻烦。如果对于本店改装的车，4S店可以对车主承诺保修，消除车主的后顾之忧，这将成为吸引消费者的重要手段之一。在4S店改装一些技术含量高的产品是车主的首选，同时还能避免与零售改装店直接的价格竞争。

4）人性化方面

在4S店能让车主真正获得"客户就是上帝"的感觉，累了有舒适的休息室，渴了有各种饮品，无聊可以看杂志、书刊、报纸，还可以上网、打台球、下棋等，如果着急用车还有备用车供客户使用，整个流程有专门的服务人员为客户打理，不用自己操心就能完成整个业务。

## 二、汽车新直销模式

新直销模式，是由体验中心+线上销售+服务交付中心构成，即将传统的4S店拆分成体验中心、交付中心和服务中心，从而可以将体验中心开到距离消费者更近的商场，在提升品牌形象的同时，也可以让更多的消费者感受到自家的品牌和产品。

特斯拉是最早采用新零售直销模式的汽车生产企业。特斯拉的销售由体验店与网络直营两种渠道构成，新车的交付和售后服务也都是特斯拉自己负责。直营模式下，车企统一定价销售，价格更透明，用户买车只需要3步：看官网、门店试驾和下单。而传统模式下，消费者却需要在不同的经销商之间询价、谈判，经历各种"尔虞我诈"。新直销模式透明化的还远不止购车环节，在养车环节也会更加标准化、透明化。特斯拉作为第一个运用直营模式运营售后的车企，售后维修的零部件与机电维修价格已实现了全国统一，并且对外公开了常用零部件价目表，这对于年轻消费者来说尤其具有吸引力。

## 案例

### 理想汽车销售模式

杭州的何先生有了二胎宝宝后，感觉原来的5座燃油车不够用，他一直想换一辆大空间的新能源汽车。但何先生平时工作比较忙，周末也经常在外出差，看车、试驾都不是很方便，买车的事一拖再拖。最近，何先生发现，公司附近新开了一家理想汽车的零售中心，他午休时就能抽出时间去试驾理想汽车，对他这种繁忙的商务人士来说，看车不用等假期，的确很方便。

何先生来到理想汽车杭州龙湖金沙天街零售中心，受到了理想汽车产品专家的热情接待。何先生称："理想产品专家确实很专业，虽然我已经在网上了解过理想ONE这款车，但他们介绍得更详细，很懂我的需求，对我们当地牌照政策也都了如指掌，有什么问题都能得到诚恳的答复，也不会夸大其词。"

"让我比较满意的是，理想汽车采用直营模式，在购买理想ONE的过程中，所有费用公开透明，让我省去了比价、讲价的环节，不担心被套路，看车、买车都称心。"何先生说，"理想还定制了零售中心附近的长时间、长距离试驾路线，让我把市区拥堵和畅通环路都体验了一下，只有在真实用车场景中试驾才知道理想ONE很适合自己。"

直营模式，就是由理想汽车直接面对消费者，从了解产品到购买产品再到使用产品，告别套路，坦诚相待。直营模式还为理想汽车大幅度节省了渠道成本，进而让利于消费者。理想ONE汽车三种颜色和三种轮毂随心搭配，无须额外付费，全国任意一家理想汽车零售中心都是统一价格，消费者购车只需选择离自己最近的门店即可。

何先生表示："理想汽车的服务真的为我节省了很多时间。理想汽车官方App、官方网站均可新建订单，我可以在线选购喜欢的颜色、内饰和轮毂搭配。锁定订单前可再修改，无须求助任何人，无须二次前往零售中心，订车一点都不麻烦！"

理想汽车App内置了金融计算器，拨动滑块即可知晓贷款政策和月供金额，所见即所得。理想汽车App还内含车控、商城、社区等功能，购买前可以在社区内向真实车主询问用车感受，并且咨询客服继续了解产品。购车后车控界面激活，客户还将获得专属的服务专家，24小时在线答疑解惑。

## 1.1.2 顾问式销售岗位认知

### 一、汽车销售顾问的定义

汽车销售顾问是指经过专业的品牌车型与汽车相关知识的培训，在指定的汽车销售场所接待客户，通过销售技巧分析客户需求，为客户讲解车辆，并为客户办理交车手续及相关服务，将车完好无损地交给客户，同时在客户用车过程中及时解答其关于本车相关问题的人员。

汽车销售顾问既要熟悉自己品牌的车型参数及车型的卖点，也要熟悉竞争品牌车型的相关知识，以便为客户做对比分析。同时也需要了解汽车精品、汽车保险、汽车贷款和二手车置换等业务。

### 二、汽车销售顾问的工作范围

汽车销售顾问的工作实际上就是汽车销售，但其立足点是客户的需求和利益，是向客户提供符合客户需求和利益的产品销售服务。其具体工作包括客户开发、销售导购、销售洽谈、销售成交、销售跟踪等基本过程，还可能涉及汽车保险、装饰、改装、贷款、交车、理赔、年检等业务的介绍、成交或代办。在4S店内，其工作范围主要定位于销售领域，其他业务领域可与其他相应的业务部门进行衔接。

### 三、汽车销售顾问应具备的专业知识

**1. 汽车产品知识**

汽车是一种结构十分复杂的产品，技术含量非常高。作为一名汽车销售人员，必须能够为客户详细地介绍汽车产品，并随时为客户解答有关产品的相关疑问，这样才有助于在客户心目中建立专业的形象。

汽车销售顾问应该掌握的产品知识包括自家产品的主要卖点、配置和奖项等知识，以及车辆使用和保养等技术知识。除此之外，汽车销售顾问还应掌握主要竞争对手产品的优缺点和技术指标等知识，以便在客户谈及竞争对手时能迅速与客户进行相关讨论和交流。

**2. 市场及行业知识**

市场是企业和汽车销售人员活动的舞台，了解市场运行的基本原理和市场销售活动的规律是企业和汽车销售人员获得成功的重要条件。由于销售活动涉及各种各样的主体和客体，有着十分复杂的方式和内容，所以要求汽车销售人员掌握的市场知识应当十分广泛。汽车销售顾问应努力掌握市场运行的基本原理、市场营销及产品销售的策略与方法、市场调研与市场预测的方法及供求关系变化的一般规律。汽车销售顾问还应掌握现实客户的情况、寻找潜在客户的途径和对潜在客户的管理等知识。

**3. 法律法规知识**

汽车销售中涉及的法律法规非常多，主要体现在两个方面：一是汽车产品方面，比如《中华人民共和国产品质量法》《中华人民共和国商标法》等，除此之外，还有一系列的法规制度，比如召回制度、投诉制度、索赔制度等；二是汽车营销业务方面，比如《中华人民共和国合同法》《中华人民共和国保险法》等。销售顾问只有掌握了这些法律法规知识，才能在工作中懂法、守法，保证企业的合法经营。

#### 4. 汽车消费心理知识

汽车销售人员还要掌握汽车消费者一般的心理与行为、汽车消费者的个性心理、汽车消费者的群体心理与行为特征及营销手段和媒介的心理效应等汽车消费心理知识。知道消费者怎么想的，才能更好地满足消费者的需要，服务好汽车消费者。

#### 5. 其他知识

销售的第一环节就是取得客户的信任。因此作为销售顾问，多了解其产品主要客户群体所感兴趣的相关知识，有助于与客户拉近距离并取得信任。例如：某车型的主要客户群为中年成功男士，销售顾问多了解一些金融、股票、体育、经济、时事、地理、人文、旅游等方面的知识，将有助于与客户建立信任关系。

### 四、汽车销售顾问应具备的职业能力

#### 1. 沟通表达能力

作为一名汽车销售顾问，沟通表达能力至关重要。在整个销售过程中，汽车销售顾问与客户的沟通占主要地位，良好的沟通表达能力有助于与汽车消费者建立良好的客户关系；有助于准确地传递产品信息，让客户接受我们的产品价值；有助于巧妙地处理客户异议，化解客户疑虑。因此，具有良好的沟通表达能力，对销售顾问提高业绩、创造和谐关系至关重要。

#### 2. 客户管理能力

客户关系管理能力对于汽车销售顾问有很大的作用，汽车销售顾问的客户关系管理能力越强，与客户之间的关系就越密切，客户生命周期就越可能延长，目标客户就越可能变成最终的忠诚客户，那么给4S店带来的利润和价值就越高。

#### 3. 记忆能力

记忆能力是指对经历过的事物能够记住并且在需要时能够回忆起来的能力。汽车销售顾问的工作繁杂，需要记住的东西很多，比如：客户的姓名、职务、单位、电话、兴趣爱好；汽车产品的性能、特点、价格、使用方法；对客户的许诺、交易条件、洽谈时间、地点等。如果汽车销售人员在客户面前表现出记忆力不佳，则客户会对他产生不信任感，这无疑会为工作设置障碍，影响工作效率。

#### 4. 计算机应用能力

网络信息技术的快速发展已经将人们带入了信息化时代，各行各业对计算机应用能力的要求也逐渐提升。例如：作为一名汽车销售顾问，要熟练地掌握 CRM 客户关系管理系统的使用，在日常工作中销售人员需要利用 CRM 完成潜在客户挖掘、新车销售、车辆交付、维修保养、交叉销售和增值服务等一系列的业务流程管理工作。

## 任务实施

| 一、任务场景 |
| --- |
| 　　校内实训室 |
| 二、任务要求 |
| 　　1. 演练任务：学生个人自我评价。<br>　　2. 演练目的：学会自我剖析，懂得正视差距，并为缩短差距而努力。<br>　　3. 演练内容：请同学分析汽车行业对服务人才的要求，评价自己是否具备销售顾问的职业素养和能力，并阐述个人该从哪些方面努力能成为企业需要的人才。 |

### 三、任务分组

在这个任务中，采用分组实施方式进行，4~8人为一组，通过学生自荐或推荐的方式选出组长，负责本团队的组织协调工作，带头示范、督促、帮助其他组员完成相应工作。

### 四、任务步骤

1. 请画出4S店的组织架构图，说出4S店的功能。

2. 汽车销售顾问的工作内容有哪些？

3. 一名优秀的汽车销售顾问应具备哪些知识和能力？

4. 完成自我剖析报告，分析自己的优、缺点，阐述自己离成为一名优秀的汽车销售顾问还有多少差距，自己该从哪些方面努力缩小差距。

### 五、任务反思

1. 学到的新知识点有哪些？

2. 掌握的新技能点有哪些？

3. 你对自己在本次任务中的表现是否满意？写出课后反思。

4. 随着社会的发展，汽车销售模式也在不断丰富，网络直播和云展厅也是时下流行的方式，你对此感兴趣吗？说说你的看法。

## 任务评价

销售顾问（汽车销售认知）表现评分表见表1-1。

表1-1　销售顾问（汽车销售认知）表现评分表

| 序号 | 评价项目 | 评价指标 | 分值 | 自评（30%） | 互评（30%） | 师评（40%） | 合计 |
|---|---|---|---|---|---|---|---|
| 1 | 职业素养 30分 | 制订计划能力强，严谨认真 | 5 | | | | |
| | | 责任意识，服从意识 | 5 | | | | |
| | | 团队合作，交流沟通，分享能力 | 5 | | | | |
| | | 遵守行业规范，现场12S管理 | 5 | | | | |
| | | 完成任务积极主动 | 5 | | | | |
| | | 采取多种手段收集信息、解决问题 | 5 | | | | |
| 2 | 专业能力 60分 | 能清晰描述销售顾问职业素养 | 15 | | | | |
| | | 能清晰描述销售顾问岗位能力 | 15 | | | | |
| | | 能准确描述销售部门主要工作内容 | 15 | | | | |
| | | 能准确描述自己的优缺点，正视差距所在 | 15 | | | | |
| 3 | 创新意识 10分 | 创新性思维和行动 | 10 | | | | |
| | 合计 | | 100 | | | | |
| | 综合得分 | | | | | | |

## 巩固练习

**一、判断题**

1. 汽车4S店环境优美、产品可靠，是汽车销售的主要模式。　　　　　　　（　　）
2. 销售顾问主要的工作任务是卖车，不用太注意市场行情和行业法规。　　（　　）
3. 同一汽车生产企业的4S店拥有统一的外观形象、标识和管理标准，可以经营多个品牌汽车。　　　　　　　　　　　　　　　　　　　　　　　　　　　　　　　　（　　）
4. 汽车销售顾问既要熟悉自己品牌的车型参数及车型的卖点，也要熟悉竞争品牌车型的相关知识，同时也需要了解汽车精品、汽车保险、汽车贷款和二手车置换等业务。（　　）
5. 汽车4S店的零配件是原厂件，所以价格偏高。　　　　　　　　　　　　（　　）

**二、简答**

1. 汽车4S销售模式有哪些优缺点？

2. 新能源汽车的新直销模式与传统销售模式有什么区别？

## 拓展阅读

### 国内首家汽车 4S 店

你知道国内首家汽车 4S 店是什么时候建立的吗？

1999 年 3 月 26 日，广州白云区黄石东路 448 号，"锣鼓喧天，鞭炮齐鸣"。这一天，广州本田（后更名为广汽本田）汽车公司第一特约销售服务店隆重开业，这也是国内汽车史上的首家汽车 4S 店，带来"四位一体"服务模式的广州本田开创了中国 4S 销售服务的先河。

1998 年，中国土地上一个重要的中日合资汽车企业——广州本田成立。在广州本田之前，中国的汽车厂家主要就是销售汽车，汽车保养、维修都是车主自己的事。拥有在加拿大组建讴歌销售和售后网络经验的广州本田汽车公司原总经理门胁轰二和当时的广州本田合资公司中方负责人陆志峰商量，既然向中国客户销售新车，就应该在国内构建提供集新车销售、零部件销售、车辆维修等服务于一体的汽车综合服务店，而且这样的服务店同时还可以担负搜集客户反馈的相关信息的任务，这样的综合服务店正是后来被称为汽车 4S 店的营销模式。不过，广州本田方面规划的国内首家汽车 4S 店并不是说建立就能马上建立的，经营的新概念需要得到政府的批准。于是广州本田方面将这一想法通过广州市政府向中央有关部门汇报，中央有关部门经过仔细审查，认为广州本田方面提出的"特约销售服务店"（即 4S 店营销模式）很好，并给予了大力支持，这样才有了国内首家汽车 4S 店的正式诞生。

作为国内第一家汽车 4S 店，广州本田汽车第一特约销售服务店的开业受到了高度重视，1999 年 3 月 26 日开业当天，时任广东省委副书记、广州市委书记黄华华和日本本田技研工业株式会社社长吉野浩行等均亲临现场剪彩祝贺。

随着国内首家汽车 4S 店——广州本田汽车第一特约销售服务店的开业，汽车 4S 店迅速成为国内各大汽车厂家的主流销售模式。二十多年来，国内汽车 4S 店数量不断增加，据相关统计数据，截至目前，国内汽车 4S 店数量已经超过了 3 万家。

## 任务1.2 汽车产品认知

### 任务导入

小王是一名汽车专业的学生，对于国产红旗品牌特别喜爱，毕业后顺利被红旗龙达4S店录取，成为一名汽车销售顾问。上班后，他看到展厅有各种类型的展车，展架上宣传页的汽车参数也非常复杂，客户和同事经常提到的其他品牌车型更是种类繁多。那到底汽车的这些配置参数都是什么意思呢？汽车的分类又有哪些呢？

### 学习目标

（1）能讲述不同车系的差异及各自特点；
（2）区别和分辨乘用车与商用车，能解释其分类标准；
（3）认识并能查到和解释汽车各性能指标的含义；
（4）培养质量意识，树立制造强国和质量强国的意识；
（5）强化品牌意识，激发民族自豪感和爱国情怀；
（6）贯彻新发展理念，树立环保意识和社会责任感，坚定"中国式现代化是人与自然和谐共生的现代化"观念。

### 任务分析

汽车经过了100多年的发展，已经成为人们日常生活中不可缺少的交通工具。作为汽车销售顾问，了解世界各大品牌汽车的个性、特点以及未来汽车发展的趋势对于自身的工作是非常必要的。

### 知识链接

#### 1.2.1 车系分类

世界汽车工业以欧洲、北美、亚洲（日、韩）三大车系为主。尽管各国轿车的发展目标都是安全、经济、环保，但由于世界各国的地理环境、民族文化背景、经济发展、人口状况、消费者用车习惯的不同，三大车系也会存在着一定的差异，具有各自的特点。

**一、西欧主要汽车品牌及特点**

欧系车泛指德国、法国、意大利、西班牙、瑞典、英国等国家生产的轿车，主要的汽车公司有：德国的大众、奔驰、宝马；法国的雷诺、标致、雪铁龙；意大利的菲亚特；英国的捷豹、路虎；瑞典的沃尔沃等。但是捷豹、路虎在2008年被印度塔塔集团收购；沃尔沃轿车业务则在2010年被中国的吉利集团收购。

欧洲国家富裕程度高，贫富差距小，国家面积普遍不大。阿尔卑斯山纵穿欧洲大陆，丘陵地带多，平原少，城镇星罗棋布，人口分布比较均匀，人口高度集中的巨型城市比较少，因此欧洲轿车的底盘较高，悬挂系统较好，振感小，乘坐舒适。由于要适合丘陵地带的需要，所以欧洲车操纵性能较好，扭力较大，爬坡能力强，提速快，短距离超车得心应手。欧洲高速公路路况良好，部分国家的高速公路没有最高时速限制，因此欧系车在高速稳定性上也普遍较好。欧系车在防腐工艺上做得很出色，使得车辆的二手车保值率比较高。安全性也是欧洲车型的优势之一，欧洲汽车厂商也大多将汽车安全的设计从实验室里的碰撞研究逐步转向实际交通事故中，在汽车的主动和被动安全性上拥有一定的领先地位。由于欧洲在文化角度上比较坚持欧洲内部的文化，不容易受外来文化影响，所以欧洲车外形和内饰的设计普遍比较平实内敛，旅行轿车和紧凑型MPV更是极大地满足了人们旅游度假的需求。

欧系车在汽车技术上居于全球的领先地位，许多最新技术都是首先诞生于奔驰、宝马、奥迪等几个品牌上的，然后逐渐影响中低端的品牌和车型，再影响全球。

## 二、北美主要汽车品牌及特点

北美自由贸易区包括美国、加拿大、墨西哥，其中汽车工业的中心在美国，以美国通用、福特、克莱斯勒三大汽车公司为主。

美国地势开阔且大多地势平坦，高速公路四通八达，路面条件好，人们长途驾车已是一件很平常的事，因此一般美国车马力大，加速性能较好，后备功率大，底盘高度适中，轮胎较宽，具有较好的稳定性和抓地力，适合平地驾驶。宽敞的车厢是美国车的一大特色，车厢宽敞，座位宽大，乘坐起来没有压抑感，舒适度极好。"人的生命价值至高无上"已经深深烙入汽车设计者的思想之中，加上美国法律面面俱到，略有差错就有可能吃官司，因此一些美国轿车的钢板比较厚实，质量重，车身造型刚劲，安全防御能力强；车上的辅助设备简单实用，车内装饰有浓厚的欧洲风格，这与大多数美国人是欧洲后裔有关，但其做工一般没有欧洲车细腻。

2009年时，克莱斯勒公司宣告破产，意大利汽车制造商菲亚特完成了对克莱斯勒资产的收购交易，成立菲亚特克莱斯勒汽车公司FCA（Fiat Chrysler Automobiles）。

## 三、日韩主要汽车品牌及特点

日本汽车主要品牌有丰田、本田、日产、马自达、铃木等；韩国则有现代、大宇、起亚，其中起亚被现代兼购，大宇于2000年破产。

日本轿车比较轻巧美观，造型新颖，改型快，适应面广；轿车钢板较薄，自重较轻，底盘较低，车身容积较小，耗油低、排放低，空间利用率高。车厢内各种设备齐全，装饰做工细腻，操纵性及制动性能优良，非常适合在城市内穿街过巷。

韩国轿车设计新颖，性价比高，品质偏上，形象一般。由于政府的大力支持，韩国汽车最近30年的发展迅猛，但韩国本土汽车品牌的发展则不是一帆风顺。目前韩国本土的汽车企业最具代表性的仅有现代和起亚。现代集团在欧美都有研发中心，所以韩系车在外形上往往紧跟国际汽车设计的风向。

## 四、中国自主品牌

中国汽车工业几十年的快速发展，是中国工业发展的缩影。从模仿到自主设计，从被消费者诟病到被消费者追捧，近几年自主品牌汽车正迅速崛起，在竞争中不断提升自身实力，市场占有率也是节节攀升，甚至有部分自主品牌还实现了弯道超车，用实力为中国品牌正名。例如，比亚迪已经陆续进入欧盟、日本等汽车发达国家的市场；比亚迪的唐 EV 还曾一度打败奔驰、宝马、保时捷，成为巴哈马首脑接待英国皇室的专用车。

### 1. 奇瑞汽车

奇瑞汽车股份有限公司是一家从事汽车生产的国有控股企业，1997 年 1 月 8 日注册成立，总部位于安徽省芜湖市。公司产品覆盖乘用车、商用车、微型车等领域，奇瑞汽车曾 9 年蝉联中国自主品牌销量冠军，成为中国自主品牌中的代表。

奇瑞汽车目前有瑞虎和艾瑞泽两大系列，其中瑞虎系列为 SUV 车型，代表车型有瑞虎 3、瑞虎 5x、瑞虎 7、瑞虎 8、瑞虎 8 PLUS 等；艾瑞泽系列为轿车车型，代表车型有艾瑞泽 GX、艾瑞泽 5、艾瑞泽 5 PLUS 等。其中不乏一些爆款车型，例如以瑞虎 8 PLUS 为代表的瑞虎 8 系列销量一路高歌猛进，连续两个月销量突破 2 万辆，2020 年全年销售 136 182 辆。全新一代瑞虎 7 和全新一代瑞虎 5x 月销量也双双破万，其中，2020 年全新一代瑞虎 7 销售 64 991 辆，全新一代瑞虎 5x 销售 71 677 辆。

奇瑞汽车车标如图 1-1 所示。

图 1-1　奇瑞汽车

### 2. 比亚迪汽车

2003 年，比亚迪正式收购陕西秦川汽车有限责任公司，比亚迪股份组建了比亚迪汽车，总部位于西安。比亚迪进入汽车制造与销售领域，开始了民族自主品牌汽车的发展征程。比亚迪汽车坚持自主研发、自主品牌、自主发展的发展模式，以"造世界水平的好车"为产品目标，以"打造民族的世界级汽车品牌"为产业目标，立志振兴民族汽车产业。目前，比亚迪已建成西安、北京、深圳、上海四大产业基地，在整车制造、模具开发、车型研发等方面都达到了国际领先水平，产业格局日渐完善。比亚迪汽车在上海建设有一流的研发中心，拥有 3 000 多人的汽车研发队伍，每年获得国家研发专利超过 500 项。

在汽车领域，凭借技术研发和创新实力，比亚迪已掌握电池、芯片、电机、电控等新能源车全产业链核心技术。比亚迪新能源车已形成乘用车、商用车和叉车三大产品系列。截至 2020 年，比亚迪新能源车连续 8 年荣获中国销量冠军，产品足迹遍及全球六大洲、50 多个国家和地区、300 多个城市。2022 年全年累计销售汽车 186.35 万辆，其中纯电动车 91.13 辆，插电混电动车 94.3 万辆，相当于节省燃油 94 万 t，车主全年减少 $CO_2$ 排放超 548 万 t，相当于植树 1.3 亿棵。

目前，比亚迪旗下有王朝和海洋两大产品系列，比亚迪王朝系列有 5 个车款系列，分别为秦、汉、唐、宋、元，各车款下又有纯电版和插电混动版等不同的车型。海洋系列的产品命名逻辑是,以海洋动物命名的都是纯电车型,以军舰命名的都是 DM-i 混动车型,其中驱逐舰是轿车,巡洋舰是 SUV,登陆舰是 MPV。

比亚迪汽车车标如图 1-2 所示。

图 1-2　比亚迪汽车

### 3. 吉利汽车

吉利汽车是吉利汽车集团旗下品牌。吉利汽车集团有限公司隶属于浙江吉利控股集团,总部位于中国浙江杭州,在浙江台州/宁波、湖南湘潭、四川成都、陕西宝鸡、山西晋中等地建有汽车整车和动力总成制造基地,并在白俄罗斯等国家和地区建有海外工厂。

吉利汽车集团是中国领先的汽车制造商,立志成为最具竞争力和受人尊敬的中国汽车品牌。吉利汽车集团旗下现拥有吉利汽车品牌、领克品牌和几何品牌,拥有宝腾汽车 49.9% 的股份及全部经营管理权,以及豪华跑车品牌路特斯 51% 的股份。截至 2020 年 10 月底,吉利汽车全球累计销量突破 1 000 万辆,成为首个实现乘用车产销 1 000 万辆的中国品牌车企。

吉利汽车旗下拥有星越 L、星越 S、星瑞、帝豪系、缤越、缤瑞、豪越、ICON、博越系、嘉际、博瑞等车型,覆盖轿车、SUV、MPV 等各细分市场,涵盖传统燃油、油电混动、插电混动、纯电动等各动力系统,可全面满足不同阶层、不同城市用户的多样化需求。

吉利汽车车标如图 1-3 所示。

图 1-3　吉利汽车

### 4. 长城汽车

长城汽车是成立于 1984 年的中国汽车品牌,总部位于河北省保定市,长城汽车业务包括汽车及零部件设计、研发、生产、销售和服务,对智能网联、智能驾驶、芯片等前瞻科技领域进行重点研发和应用,并在动力电池、氢能、太阳能等清洁能源领域进行全产业链布局,长城汽车正加速向全球化智能科技公司转型。

长城汽车旗下拥有哈弗、魏牌、欧拉、坦克及长城炮皮卡五大整车品牌(见图 1-4),以及面向纯电豪华市场的科技品牌——沙龙机甲。长城汽车基于"柠檬、坦克、咖啡智能"三大技术品牌,打造了汽车研发、设计、生产以及汽车生活的全产业链价值创新技术体系。

长城汽车以"绿智潮玩嗨世界"为使命愿景,构建一套集绿色碳中和、认知智能化、全球潮牌潮品、共玩众智众创于一体的出行新生态。在全球化布局方面，长城汽车已经搭建起全球化生产、研发、销售体系，旗下产品已出口到170多个国家和地区，海外销售网络超过700家，海外累计销售汽车超过100万辆。

图1-4 长城汽车旗下5大品牌（依次为哈弗、魏、欧拉、长城炮和坦克）

### 5. 蔚来汽车

2014年11月，蔚来由李斌发起创立，并获得淡马锡、百度资本、红杉等数十家知名机构投资，是一个智能电动汽车品牌，于2014年11月25日在上海注册成立，代表国产高端电动汽车参与全球竞争，旗下主要产品包括蔚来ES6、蔚来ES8、蔚来EC6、蔚来ET5、蔚来ET7等。蔚来致力于通过提供高性能的智能电动汽车与极致用户体验，为用户创造愉悦的生活方式。蔚来的logo寓意：上方是天空，象征开放、远见和美好的未来；下方是延伸向地平线的道路，象征方向、行动和前进的动力。如图1-5所示。

图1-5 蔚来汽车

### 6. 理想汽车

理想汽车是中国新能源汽车制造商，致力于设计、研发、制造和销售豪华智能电动汽车，于2015年7月创立，其产品理念是通过产品创新及技术研发，为家庭用户提供安全、便捷的产品及服务。

在中国，理想汽车是成功实现增程式电动汽车商业化的先锋，首款及目前唯一一款商业化的增程式电动汽车车型——理想ONE是一款六座中大型豪华电动SUV，配备了增程系统及先进的智能汽车解决方案，于2019年11月开始量产，并于2021年5月25日推出2021款理想ONE。2022年7月1日，理想汽车公布2022年6月交付数据。2022年6月，理想汽车交付13 024辆理想ONE，同比2021年6月增长68.9%；第二季度累计交付28 687辆，同比2021年第二季度增长63.2%。自交付以来，理想ONE累计交付量已达184 491辆。

理想车标如图1-6所示。

图1-6 理想汽车

### 7. 小鹏汽车

小鹏汽车成立于2014年，总部位于广州，是中国领先的智能电动汽车公司。其是广州橙行智动汽车科技有限公司旗下的互联网电动汽车品牌，由何小鹏、夏珩、何涛等人发起，团队主要成员来自广汽、福特、宝马、特斯拉、德尔福、法雷奥等知名整车与大型零部件公司，以及阿里巴巴、腾讯、小米、三星、华为等知名互联网科技企业。

小鹏汽车车标如图1-7所示。

图1-7 小鹏汽车

### 案例

#### 中国自主品牌的崛起

近些年，越来越多的消费者买车愿意选择自主品牌。不可否认，大多数选择自主品牌的消费者都是冲着性价比来入手的，但事实上也有一部分消费者看到自主品牌的崛起，对其充满着信心。数据显示，2018—2020年合资品牌汽车的市场占有率分别为50.2%、51.4%、51.1%，基本维持在50%以上，然而进入2021年的前5月下降到47.4%。主流合资的下滑与自主品牌的增长形成了鲜明的对比，这也侧面印证着自主品牌正在不断侵蚀合资品牌的市场。

首先，自主品牌新能源汽车在全球市场份额迅速提升。在2021年全球新能源乘用车品牌销量市场份额中，特斯拉占据第一为14.4%，比亚迪与上汽占第二和第三，其中比亚迪第二的位置与自身掌握的技术密不可分。而在国内，2022年前7月新能源乘用车市场中自主品牌销量份额达到81.2%。

其次，自主品牌新能源车出口增长快。国内自主品牌在新能源的车型推出节奏、智能化布局方面快于大部分合资品牌，重视消费者体验、整车产品智能化和电动化性能，同时自主品牌汽车芯片主动性更高，新能源整车出口量（不含特斯拉）达到37.7万辆。

再次，新势力崛起冲击豪华品牌燃油车市场。2021年，特斯拉、蔚小理等新势力品牌销量发力，导致奔驰、奥迪、宝马国内销量不同程度下滑。在消费升级的持续带动下，国内存量市场中换购豪华车型的需求逐步提升。随着消费者对新势力和新能源车型接受度逐步提高的情况下，新势力品牌所占份额有望进一步提高。

最后，传统自主品牌新能源实现了品牌的突破。2020—2022年，以比亚迪为首的自主车企新能源汽车销量持续增长，开始主导国内新能源乘用车市场。比亚迪是最早布局新能源领域的车企之一，具有多项技术领先的优势及规则制定的能力，因此在2022年国内销量位居全品牌销量第二，新能源市场份额达25.8%，遥遥领先。比亚迪也率先实现自主品牌新能源向上突破，以汉、唐、海豹系列车型最具有代表性。其他传统自主品牌也以MPV市场为发力点逐步实现品牌的向上突破。

## 1.2.2　汽车类型认知

按照《汽车和挂车类型的术语和定义》(GB/T 3730.1—2001),汽车分为乘用车和商用车两大类。

### 一、乘用车

乘用车(Passenger Vehicle)是在其设计和技术特性上主要用于载运乘客及其随身行李或临时物品的汽车,包括驾驶员座位在内最多不超过9个座位。

乘用车下细分为基本型乘用车(轿车)、多用途车(MPV)和运动型多用途车(SUV)等。

**1. 轿车**

轿车除乘客厢外,外观上可见明显长度的车头与车尾,因此可从外形上清晰分辨出发动机舱、人员乘坐室以及行李舱(某些地区对这种外形的分类称之为三厢),如图1-8所示。轿车的外形类似于古代轿子,乘客厢前后有长握柄,故名为"轿车"。

**2. 多用途车(MPV)**

MPV(Multi-Purpose Vehicles),多用途汽车是从旅行轿车演变而来的,它集旅行车宽大乘员空间、轿车的舒适性和厢式货车的功能于一身,可以坐7~8人。MPV同小型面包车存在明显的区别。面包车是单厢式结构,即乘客空间和发动机共同在一个框架结构内,发动机被安放在驾驶员座位的后下方。而MPV采用的是两厢式结构,布局以轿车结构为基础,一般直接采用轿车的底盘、发动机,因而具有与轿车相近的外形和同样的驾驶感及乘坐舒适感。如图1-9所示。

图1-8　轿车　　　　图1-9　MPV车型

**3. 运动型多用途车(SUV)**

SUV是指运动型多用途汽车,全称是Sport Utility Vehicle,是一种拥有旅行车般的空间机能,又具备一定越野能力的车型。如图1-10所示。注意:SUV和越野车不同,在车身结构方面,SUV汽车选用了与轿车同样的承载式车身,而越野车则是选用了非承载式车身;在悬架方面,SUV车型一般都是独立悬架,SUV搭载独立悬架的特点是将每个车

图1-10　SUV车型

轮独立起来，当其中的某个轮胎出现问题时，其他的轮胎并不受影响，而越野车上一般采用前后整体桥，这种车身悬架构造比较简单，可以承受更大的扭曲力，在一些颠簸路段会有更好的抓地力。

## 二、商用车

商用车（Commercial Vehicle），是在设计和技术特征上用于运送人员和货物的汽车。商用车包含了所有的载货汽车和9座以上的客车，分为客车、货车、半挂牵引车、客车非完整车辆和货车非完整车辆，共五类。在整个行业媒体中，商用车的概念主要是根据自身用途的不同来定义的，习惯上把商用车划分为客车和货车两大类。

### 1. 客车

客车通常可乘坐9人以上（包括驾驶员座位在内），一般具有方形车厢，是用于载运乘客及其随身行李的商用车，这类车型主要用于公共交通和团体运输。客车有单层的，也有双层的；有铰接的，也有牵引挂车型的；有两门式的，也有单门式的。多数客车采用柴油机驱动，目前也有纯电动客车。

客车按总体结构可分为单车和列车，如图1-11所示。客车单车是基本车型，按客车总重或设置座位数常分为大、中、小型。中国规定单车客车的长度一般不超过13.7 m。客车列车的车厢和车架分为前后两节，两节车架用铰接盘连接，两节车厢用活动褶篷连接，使车厢前后相通，故又称为铰接式或通道式客车。

（a）　　　　　　　　　　（b）

**图1-11　客车**
(a) 客车单车；(b) 客车列车

按照服务方式不同，客车的构造亦不同，可分为旅行客车、城市公共客车、公路客车、铁路客车、游览客车及校车等类型。

### 2. 货车

货车是一种主要为载运货物而设计和装备的商用车辆，如图1-12所示。国家标准《汽车和挂车类型术语及定义》将货车细分为：普通货车、多用途货车、全挂牵引车、越野货车、专用作业车、专用货车。

### 3. 半挂牵引车

半挂牵引车是装备有特殊装置，用于牵引半挂车的商用车辆，前面有驱动能力的车头叫牵引车，后面没有牵引驱动能力的车叫挂车，挂车是被牵引车拖着走的，如图1-13所示。

图 1-12　货车　　　　　　　　　　　　图 1-13　半挂牵引车

### 三、新能源汽车

我国于 2009 年 7 月 1 日正式实施了《新能源汽车生产企业及产品准入管理规则》，此规则明确指出：新能源汽车是指采用非常规的车用燃料作为动力来源（或使用常规的车用燃料，但采用新型车载动力装置），综合车辆的动力控制和驱动方面的先进技术，形成技术原理先进，具有新技术、新结构的汽车。新能源汽车可以分为电动汽车、气体燃料汽车、生物燃料汽车和氢燃料汽车。目前在国内汽车市场上，电动汽车是新能源汽车的主体。

电动汽车包括纯电动汽车、混合动力汽车和燃料电池电动汽车。纯电动汽车是指以电池为储能单元，以电动机为驱动系统的汽车；混合动力电动汽车是指同时装备两种动力源——热动力源（由传统的汽油机或者柴油机产生）与电动力源（电池与电动机）的汽车，混合动力车又可细分为插电式混合动力车、油电式混合动力车；燃料电池电动汽车是指采用燃料电池作为电源的电动汽车。还有一种比较特殊的电动车型，即增程式电动车。

**1. 纯电动汽车**

纯电动汽车（Battery Electric Vehicle，BEV），是完全由可充电电池（如铅酸电池、镍镉电池、镍氢电池或锂离子电池）提供动力源的汽车。

纯电动汽车种类较多，通常按车辆用途、车载电源数目以及驱动系统的组成进行分类。按照用途不同分类，纯电动汽车可分为电动轿车、电动货车和电动客车三种。

（1）电动轿车是最常见的纯电动汽车。除了一些概念车，纯电动轿车已经有了批量生产，并已进入汽车市场。

（2）电动货车，用作功率运输的电动货车比较少，而在矿山、工地及一些特殊场地则早已出现了一些大吨位的纯电动载货汽车。

（3）电动客车，纯电动小客车较少见；纯电动大客车用作公共汽车，在一些城市的公交线路以及世博会、世界性的运动会上，已经有了良好的表现。

**2. 油电式混合动力汽车**

油电混合动力汽车即燃料（汽油，柴油）和电能的混合，是由电动马达作为发动机辅助动力的驱动汽车，属于一种优势互补的技术，也可以归结为集成创新。拿主流的混合动力技术而言，动力源主要是发动机，然后配备了第二个动力源电池，这二者结合起来进行节能，辅助发动机的电动马达可以在正常行驶中产生强大而平稳的动力。在起步、加速时，又由于有电动马达的辅助，所以可以降低油耗，简单地说，就是与同样大小的汽车相比，燃油费用更低。因此，车主在享受更强劲的起步、加速的同时，还能实现较高水平的燃油经济性。

### 3. 插电式混合动力汽车

插电式混合动力汽车（Plug-in Hybrid Electric Vehicle，PHEV），就是介于纯电动汽车与燃油汽车两者之间的一种新能源汽车，既有传统汽车的发动机、变速器、传动系统、油路、油箱，也有纯电动汽车的电池、电动机、控制电路，而且电池容量比较大，有充电接口。它综合了纯电动汽车（EV）和混合动力汽车（HEV）的优点，既可实现纯电动、零排放行驶，也能通过混动模式增加车辆的续驶里程。

### 4. 增程式电动车

与传统意义上的混合动力汽车相比，增程式电动汽车有着非常明显的不同之处。在一辆增程式电动汽车上，车辆是全程由电动系统来驱动的，而在传统混合动力汽车上，车辆是通过电动机或燃油发动机来驱动，或是两者共同工作来驱动的。在行驶距离较短的情况下，增程式电动汽车的行驶完全仅仅依靠车载电池组提供的电力来完成，而在相对较长的行驶距离的情况下，可以由内燃机提供额外的电能来驱动车辆。电池组和动力推进系统经过精准的设置，可以使车辆在由电池组提供足够电能时，不需要发动机进行工作来产生额外的电力，在纯电力驾驶过程中，电池组的电能完全可以保证仅需要使用电力就能够保证车辆顺利实现加速、高速行驶，以及爬坡等各种性能。

## 1.2.3 汽车的主要性能指标

在一定使用条件下，汽车以最高效率工作的能力，称为汽车的使用性能，它是决定汽车利用效率和方便性的结构特性表征。通常用来评定汽车的性能指标主要有动力性、燃油经济性、制动性、操控稳定性、平顺性以及通过性等。

### 一、动力性

汽车的动力性是用汽车在良好路面上直线行驶时所能达到的平均行驶速度来表示的。汽车动力性主要用三个方面的指标来评定：最高车速、汽车的加速时间、汽车所能爬上的最大坡度。

#### 1. 最高车速

最高车速是指汽车在平坦良好的路面上，以规定的装载质量行驶时所能达到的最高速度，单位一般为km/h，用来表征汽车的极限行驶能力。其数值越大，动力性就越好。

#### 2. 汽车的加速时间

汽车的加速时间有两个含义，分别是原地起步加速时间和超车加速时间，单位均为s。

1）原地起步加速时间

原地起步加速时间是指汽车从静止状态下，由1挡或2挡起步，并以最大的加速强度逐步换至最高挡后到某一预定的车速或距离所需的时间。厂家每推出一个新车型，都会对外公布其部分参数，其中就包括最高车速和加速时间。加速时间通常是指0~100 km/h的加速时间，是评价汽车动力性常见的指标之一。其数值越小，动力性越好。

2）超车加速时间

超车加速时间是指用最高挡或次高挡由某一较低车速全力加速至某一高速所需的时间，通常是测试从80 km/h加速到120 km/h的时间。其数值越小，动力性越好。

#### 3. 汽车的爬坡能力

汽车的爬坡能力用最大爬坡度来进行衡量。汽车的最大爬坡度是指满载（或某一载质量）时，汽车在良好路面上前进所能爬上的最大坡度。"坡度"也不是我们平常所说的"坡道角度"，而是该角度的正切值。

例如，很多货车的最大爬坡度为30%，并不是指最大爬坡度为30°，而是指 $\tan\alpha=0.3$，即 $\alpha\approx16.7°$。

## 二、燃油经济性

汽车燃油经济性是整车对燃油消耗量的综合反映。在我国及欧洲，采用的评价指标为单位行驶里程消耗的燃油升数，指标的单位为 L/100 km，即行驶 100 km 所消耗的燃油升数。其数值越大，汽车燃油经济性越差。在美国，燃油经济性评价指标为单位燃油升数的行驶里程，指标的单位为 mile/USgal[①]，指的是每加仑燃油能行驶的英里数。这个数字越大，汽车燃油经济性越好。

## 三、制动性

汽车行驶时能在短距离内停车且维持行驶方向稳定性和在下长坡时能维持一定车速的能力，称为汽车的制动性。

制动性主要用以下三方面指标来评价：制动效能、制动效能的恒定性以及制动时的方向稳定性。

### 1. 制动效能

制动效能是指在良好路面上，汽车以一定初速制动到停车的制动距离或制动时汽车的减速度。汽车制动效能的评价指标是制动距离 $s$（单位为 m）和制动减速度 $a$（单位为 m/s²），它是制动性能最基本的指标。

### 2. 制动效能的恒定性

制动效能的恒定性是指汽车抗制动效能下降的能力，包括抗热衰退和抗水衰退的能力。

汽车高速行驶或下长坡连续制动时制动效能保持的程度，称为抗热衰退性能。因为制动过程实际上是把汽车行驶的动能通过制动器吸收转换为热能，所以制动器温度升高后，能否保持在冷状态时的制动效能已成为设计制动器时要考虑的一个重要问题。此外，涉水行驶后，制动器还存在水衰退问题。

1）热衰退

制动器的摩擦力矩是由其摩擦副产生的摩擦力形成的，摩擦衬片对摩擦性能起着决定性作用。汽车在高速下制动或短时间内连续制动，尤其是在下长坡连续制动时，可能由于制动器温度过高、摩擦系数下降而导致制动效能降低，这种现象称为制动效能的热衰退。

2）水衰退

制动器摩擦表面浸水后，将会因水的润滑作用而使其摩擦系数下降，并使制动效能降低，称为制动效能水衰退。

### 3. 制动时的方向稳定性

制动过程中有时会出现制动跑偏和侧滑，使汽车失去控制而离开规定行驶方向。汽车在制动过程中维持直线行驶的能力，或按预定弯道行驶的能力，称为制动时汽车的方向稳定性。

---

[①] 美制单位，1 mile = 1.609 3 km，1 Usgal = 3.785 L。

## 四、操控稳定性

汽车在行驶过程中会碰到各种复杂的情况,有时沿直线行驶,有时沿曲线行驶,在出现意外情况时,驾驶人还要做出紧急的转向操作,以求避免事故。此外,汽车还要经受来自地面不平、坡道、大风等各种外部因素的干扰。因此,一辆操控性能良好的汽车必须具备以下能力:

(1)根据道路、地形和交通情况的限制,汽车能够正确地遵循驾驶人通过操纵机构所给定的方向行驶的能力——汽车的操控性。

(2)汽车在行驶过程中具有抵抗力图改变其行驶方向的各种干扰,并保持稳定行驶的能力——汽车的稳定性。

操控性和稳定性有紧密的关系,操控性差,容易导致汽车侧滑、倾覆,汽车的稳定性就被破坏;车辆稳定性差,则会失去操控性。因此,通常将两者统称为汽车的操控稳定性。

汽车的操控稳定性是汽车的主要使用性能之一,随着汽车平均速度的提高,操控稳定性显得越来越重要。

## 五、平顺性

汽车行驶平顺性,是指汽车在一般行驶速度范围内行驶时,避免因汽车在行驶过程中所产生的振动和冲击,使人感到不舒服、疲劳,甚至损害健康,或者使货物损坏的性能。悬架结构和轮胎是影响汽车平顺性的重要因素。

## 六、通过性

通过性是指车辆通过一定情况路况的能力,具体是指汽车能够以足够高的平均车速通过各种坏路和无路地带(如松软地面、坎坷不平地段)和各种障碍(陡坡、侧坡、壕沟、台阶、灌木丛、水障)的能力。通过性有接近角、离去角、最小离地间隙等主要评价指标。

接近角是指在汽车满载静止时,水平面与切于前轮轮胎外缘(静载)平面的最大夹角,接近角越大,车在上下渡船或进行越野行驶时就越不容易发生触头事故,汽车的通过性能就越好;离去角是指汽车满载、静止时,水平面与切于车辆后轮轮胎外缘(静载)平面的最大夹角,它表征了汽车离开障碍物(如小丘、沟洼地等)时不发生碰撞的能力,离去角越大,则汽车的通过性越好;最小离地间隙是指车辆在进行支撑的过程中,平面与车辆中间区域最低点的距离,最小离地间隙反映的是汽车无碰撞通过有障碍物或凹凸不平的地面的能力,最小离地间隙越大,车辆通过有障碍物或凹凸不平的地面的能力就越强。

## 1.2.4 新能源汽车的主要性能指标

新能源汽车是指采用非常规的车用燃料作为动力来源(或使用常规的车用燃料、采用新型车载动力装置),综合车辆的动力控制和驱动方面的先进技术,形成的技术原理先进,具有新技术、新结构的汽车。除了上面所提到的六大性能外,新能源汽车的性能评定指标还有续航里程、驱动功率和充电速度。

### 一、续航里程

续航里程是指电动汽车动力蓄电池以全充满状态,从开始测试到标准规定的试验结束时所行驶的总里程,以公里(千米,km)为单位。续航里程关系着车主的使用经济利益,也关系着整车的技术性能。

目前新能源汽车续航里程计算标准大致有三种状况，分别是 NEDC 工况、WLTP 工况和 CLTC 工况。

（1）NEDC 工况就是欧洲循环测试标准：NEDC 是欧洲标准，测试方法包含 4 个市区循环、1 个郊区循环，时间总计 1 180 s，负载类要求全关闭，这个续航测试标准总体来讲，测试基于模型偏于理想化，2019 年之前的新能源汽车近大部分都是使用了该标准。

（2）WLTP 就是全球轻型车测试规范：采用低速、中速、高速与超高速测试规程，标准测试时间 1 800 s，考虑到了负载、车重、空气动力学测试，相较于 NEDC 续航测试标准来讲，更接近真实续航标准。

（3）CLTC 就是中国轻型汽车行驶工况：CLTC 工况使用了大量中国汽车在道路上行驶的数据，包括城市、郊区和高速 3 种行驶工况，测试时间总计 1 800 s。该标准也基于中国 40 多座城市交通现状，通过数千辆车累计行驶了数千万公里，再结合交通动态大数据而定义的标准工况，车速定义将更加地符合中国的实际情况，工况覆盖更为全面，停止工况时长更长，加减速工况更加动态。

## 二、驱动功率

驱动功率是衡量新能源汽车动力性的重要指标，直接影响到汽车的性能和最高车速。

纯电动汽车驱动功率唯一的来源就是驱动电机；而混合动力汽车的驱动功率在纯电动行驶模式下是由电机来提供的，而在混合动力驱动模式下一般是内燃机与电机的组合。

## 三、充电速度

新能源汽车其中还有一个非常重要的参数就是充电时间，即采用指定的方式，对一辆新能源汽车电池电量处于最低状态下，进行充满电所需要的时长。

目前，电动汽车充电主要有两种方式，分别是快充和慢充。快充是直流充电桩的充电接口将电网的交流电源转换成直流电源，输送到电动车快充口，电能直接进入电池充电。慢充是交流充电桩的充电接口将电网的交流电源输入电动汽车的慢充口，通过车内充电器将交流电源转换成直流电源，再输入电池完成充电。

以目前的电池技术水平，即使快速充电，也需要 30 min 才能充电到电池容量的 80%。充到 80% 之后，为了保护电池安全，必须降低充电电流，充电到 100% 需要很长时间。此外，当冬季气温较低时，电池所需的充电电流变小，充电时间变长。大部分电动汽车使用锂电池，在较低的温度下，汽车电池的性能会有不同程度的降低，比如充放电电流变小、电池容量变小等。在极致寒冷的条件下，甚至可能出现电源无法充电的情况。

### 案例

#### 比亚迪刀片电池

"刀片电池"全称为刀片型磷酸铁锂电池，也是比亚迪研发多年的"超级磷酸铁锂电池"。"刀片电池"实际是比亚迪开发的长度大于 0.6 m 的比较细长的大电芯，像"刀片"一样插入到电池包里面。而传统电池包是采用"电芯-电池组-电池包"的层级组装方式，各种结构件和附加组件占据了较多空间。而刀片电池的电芯厚度仅为 13.5 mm，相比于传统造型的电芯有效增加了空间利用率。

那"刀片电池"有什么优势？

## 一、安全至上

近年来电动车安全事故频发，绝大部分是由于电池起火造成的，而"刀片电池"可以说是市面安全性最好的电池，且没有之一。比亚迪公布的对电池进行的针刺实验非常直观，"刀片电池"经过针刺后表面温度也能保持在 30~60 ℃，传统磷酸铁锂电池在被穿透后却有烟雾从电池卸压阀喷出，表面温度也达到了 200~400 ℃。"刀片电池"即便在针刺实验中遇到短路情况，由于回路较长、表面积大且散热快，最终也不会出现电池温度急剧升高的情况。

## 二、能量密度足够高

目前市面上运用最广泛的车用动力电池有三元锂电池和磷酸铁锂电池两种，相比于三元锂电池，磷酸铁锂电池安全性更高、循环使用寿命更长。但此前一直被质疑电池能量密度不占优势。不过现在不同了，"刀片电池"的重量比能量密度虽然比上一代电池提升了 9%，体积比能量密度的提升幅度却高达 50%。换句话说，"刀片电池"的电池容量可以被提高 50%。

## 三、电池寿命有绝对优势

关于电池寿命，这点自然也是消费者所关心的。"刀片电池"充电循环寿命超 4 500 次，即电池充电 4 500 次后衰减低于 20%，寿命是三元锂电池的 3 倍以上，刀片电池的等效里程寿命可突破 120 万 km。4 500 次充电是什么概念？假设平均一周充电一次，一年是 48 次，就按 50 次算，理论上来说要开 90 年才能让电池衰减达到 20%，所以电池容量衰减以及电池寿命这事儿就跟汉 EV 车主没啥关系了。

## 任务实施

一、任务场景
　　校内实训室。

二、任务要求
　　1. 演练任务：相同车型，不同品牌的对比，以及相同品牌，不同车型的对比。
　　2. 演练目的：使学生具备汽车使用性能评价能力。
　　3. 演练内容：请同学分析汽车性能、汽车配置对消费者购买欲望的影响。

三、任务分组
　　在这个任务中，采用分组实施方式进行，4~8 人为一组，通过学生自荐或推荐的方式选出组长，负责本团队的组织协调工作，并带头示范、督促、帮助其他组员完成相应工作。

四、任务步骤
　　1. 在网上找寻不同品牌车型配置表，找出高、中、低配车型在配置方面的差异，并阐述这些差异对消费者购买欲望的影响有哪些。

2. 描述 SUV 消费者更关心车型的哪些性能指标，新能源汽车消费者又关注汽车的哪些性能指标。




3. 请同学们说出以下 Logo 分别代表哪些品牌。

(1) INFINITI　　　(2) NIO　　　(3) KIA

(4) ✕　　　(5) TESLA　　　(6) NISSAN

(7) MG　　　(8) ⓡ　　　(9) VW

4. 请同学说出下图轮胎上的规格参数分别代表什么意思。

245/40 R 17

245：
40：
R：
17：
91：
W：

5. 尝试解释纯电动汽车、插电式混动汽车、油电混动汽车和增程式电动车的区别，并分别指出理想 ONE、比亚迪唐 DMI、雷克萨斯 NX350h 和蔚来 ES8 分别属于哪类汽车。

(1)　　　(2)

(3)　　　(4)

五、任务反思

1. 学到的新知识点有哪些？

2. 掌握的新技能点有哪些？

3. 你对自己在本次任务中的表现是否满意？写出课后反思。

4. 中国汽车工业从无到有，现已拥有商用车和乘用车全系列的车型。其中你了解多少？随着科技的进步，汽车科技配置也在不断增加，需要秉持"以人为本"的设计理念及自主创新的开拓精神。说说你对此的看法。

## 任务评价

销售顾问（汽车产品认知）表现评分表见表1-2。

表1-2 销售顾问（汽车产品认知）表现评分表

| 序号 | 评价项目 | 评价指标 | 分值 | 自评（30%） | 互评（30%） | 师评（40%） | 合计 |
|---|---|---|---|---|---|---|---|
| 1 | 职业素养 30分 | 制订计划能力强，严谨认真 | 5 | | | | |
| | | 爱岗敬业，责任意识，服从意识 | 5 | | | | |
| | | 团队合作，交流沟通，分享能力 | 5 | | | | |
| | | 遵守行业规范，现场12S管理 | 5 | | | | |
| | | 完成任务积极主动 | 5 | | | | |
| | | 能采取多种手段收集信息、解决问题 | 5 | | | | |
| 2 | 专业能力 60分 | 能清晰描述汽车的分类 | 15 | | | | |
| | | 能清晰描述世界车系的分类，并分析特点 | 15 | | | | |
| | | 能准确解释车辆的主要性能指标 | 15 | | | | |
| | | 能准确描述汽车性能指标对消费者的影响 | 15 | | | | |
| 3 | 创新意识 10分 | 创新性思维和行动 | 10 | | | | |
| | 合计 | | 100 | | | | |
| | 综合得分 | | | | | | |

## 巩固练习

### 一、选择题

1. 别克 GL8 是一款在国内非常畅销的（　　）。
   A. SUV　　　　　B. VIP　　　　　C. MPV　　　　　D. MVP
2. 以下说法错误的是（　　）
   A. 一般而言，汽车排量越大，动力性越好
   B. 一般而言，汽车加速时间越短，动力性越好
   C. 一般而言，汽车最高车速越高，动力性越好
   D. 汽车整车重量越重越安全
3. 影响一辆汽车通过性高低的评价指标包括（　　）。
   A. 接近角　　　B. 离去角　　　C. 最小离地间隙　　　D. 车辆高度
4. 新能源汽车的续航里程和（　　）有关。
   A. 自然温度　　B. 电池技术　　C. 能量密度　　D. 以上都是
5. 历史最悠久的汽车品牌是（　　）。
   A. 大众　　　　B. 奔驰　　　　C. 丰田　　　　D. 起亚

### 二、判断题

1. 一辆越野车的最大爬坡度是 30%，意味着这辆车能爬上 30° 的斜坡。（　　）
2. 新能源汽车的续航能力会随着温度的下降而降低。（　　）
3. 汽车的百公里油耗不是固定的，与驾驶习惯、行驶路况、负载情况都有关。（　　）
4. 比亚迪汽车的总部在西安，吉利汽车的总部在杭州，红旗汽车的总部在长春。（　　）
5. 汽车的动力性能指标包括百公里加速时间、最大功率、最大扭矩和百公里制动距离。（　　）

## 拓展阅读

### 工信部油耗怎么得来的？

工信部采用的是间接测量法，对于轻型汽车（最大总质量不超过 3.5 t 的车辆），将整车放置在实验台上，模拟车辆在道路上实际行驶的车速和负荷，按照一定的工况（如怠速、加速、等速、减速等工况）运转，测量二氧化碳、一氧化碳和碳氢化合物的排放量，按照碳平衡法测量油耗，如图 1-14 所示。

工信部油耗测试采用 2000 年颁布的欧洲循环驾驶法，大家都知道工信部油耗包含市区工况和市郊工况，在欧洲循环驾驶法中，认定市区 30%、市郊 70%。一个完整测试循环共计 1 180 s，由四个市区工况小循环和一个郊区工况组成，其中市区工况共 780 s，最高车速 50 km/h；郊区工况 400 s，最高车速 120 km/h。

图 1-14　工信部油耗标识

在实验中，汽车分别要在怠速、减速、换挡、加速、等速等状态下运行。市区工况下，平均时速只有19 km，而且怠速行驶时间较长；市郊工况下，平均时速超过60 km，而且等速行驶时间较长。综合油耗是用市区和市郊两个循环的总排放量，除以完成这两个循环的总里程后，利用排放量对应计算出燃料消耗值。

由于实际道路状态下不确定的影响因素太多，故所得到的数据仅供参考，一般情况下，现实油耗都比测试值高。

## 任务1.3 销售礼仪认知

### 任务导入

小王是一汽大众龙达4S店一名新入职的销售顾问,在入职后,他应该如何准备自己的职业形象呢?在和客户接触的过程中,需要掌握哪些商务礼仪?

### 学习目标

(1) 理解汽车销售顾问仪容仪表要求,并能正确执行;
(2) 理解汽车销售顾问谈吐举止的要求,并能规范执行;
(3) 能讲解迎接与送别的礼仪规范并执行;
(4) 养成以礼待人和规范严谨的工作作风,提升职业素养;
(5) 提高待人接物、分析问题的能力,具备良好的团队协作能力;
(6) 践行"平等、友善"价值观,培养"胸怀天下"的人文情怀。

### 任务分析

作为销售顾问,和客户的接触中保持良好的职业形象和商务礼仪非常重要。现代意义的职业形象主要包括仪容、仪表以及仪态三方面,其中最为讲究的是形象与职业地位的匹配。销售人员的职业形象直接影响着客户的第一印象和第一感觉,殷勤有礼的专业汽车销售人员的接待将会消除客户的负面情绪,为购买汽车奠定一种愉快和满意的基调。

### 知识链接

## 1.3.1 仪容仪表

汽车销售人员在与客户交往时,第一印象十分重要,往往决定交易的成败。如何把握与客户初次见面短暂的时机,创造一个良好的第一印象呢?销售人员的仪表、举止、谈吐等方面的表现显得格外重要。

### 一、仪容仪表的含义

**1. 仪容的含义**

仪容通常是指人的外观、外貌。在人际交往中,每个人的仪容都会引起交往对象的特别关注,并将影响到对方对自己的整体评价。

(1) 要求仪容自然美。它是指仪容的先天条件好,天生丽质。尽管以相貌取人不合情理,但先天美好的仪容相貌无疑会令人赏心悦目,感觉愉快。

(2) 要求仪容修饰美。它是指依照规范与个人条件,对仪容进行必要的修饰,扬长避短,设计、塑造出美好的个人形象,在人际交往中尽量令自己显得有备而来,自尊自爱。特别是对于汽车销售人员直接和客户相接触，其具有良好的职业形象不但能让自己有自信，更能给客户留下最好的印象，以便促成其交易成功。

（3）要求仪容内在美。它是指通过努力学习，不断提高个人的文化、艺术素养和思想、道德水准，培养出高雅的气质与美好的心灵，使自己秀外慧中、表里如一。

### 2. 仪表的含义

仪表是指人的外表，它包括人的形体、容貌、健康状况、姿态、举止、服饰、风度等方面，是人举止风度的外在体现。风度是指举止行为、待人接物时，一个人的德才学识等各方面内在修养的外在表现。风度是构成仪表的核心要素。仪表美是一个综合概念，它包括三个层次的含义：一是指人的容貌、形体、仪态等的协调优美；二是指经过修饰打扮以后及后天环境的影响形成的美；三是指其内在美的一种自然展现。

## 二、仪容仪表修饰的原则

### 1. 仪容修饰的原则

修饰仪容的基本规则是美观、整洁、大方、典雅。它包括以下几个方面：

1）头发的修饰

头发要干净，常理、常洗、常梳、常整；长短要适宜，男士头发一般 7 cm 左右，前不及额，侧不及耳，后不及领；女士头发不长于肩，如长于肩就要做技术处理，或盘起来、或梳起来；要做到发式自然，不能将头发染成五颜六色，发型的选择要时尚、大方、得体，不能标新立异。

2）胡须的修饰

在正式场合，男士留着乱七八糟的胡须，一般会被认为是很失礼的，而且会显得邋里邋遢；个别女士因内分泌失调而长出类似胡须的汗毛，应及时清除并予以治疗。

3）鼻毛的修饰

鼻毛不要外现，鼻腔里要随时保持干净。

4）清洁的口腔

牙齿洁白，口无异味，是对口腔的基本要求。在会见客户之前忌食蒜、韭菜、腐乳等让口腔发出刺鼻气味的东西。

5）手部的修饰

手是肢体中使用最多、动作最多的部分，要完成各种各样的手语、手势。如果手的"形象"不佳，整体形象就会大打折扣。对手的具体修饰应注意三点：清洁、不使用醒目的指甲油、不蓄长指甲。

### 2. 仪表修饰的原则

生活中人们的仪表非常重要，它反映出一个人的精神状态和礼仪素养，是人们交往中的"第一印象"。成功的仪表修饰一般应遵循以下原则：

1）适体性原则

要求仪表修饰与个体自身的性别、年龄、容貌、肤色、身材、体型、个性、气质及职业身份等相适宜和相协调。

2）时间（Time）、地点（Place）、场合（Occasion）原则

要求仪表修饰因时间、地点、场合的变化而相应变化，使仪表与时间、环境氛围、特定

场合相协调。

3）整体性原则

要求仪表修饰先着眼于人的整体，再考虑各个局部的修饰，促成修饰与人自身的诸多因素之间协调一致，使之浑然一体，营造出整体风采。

4）适度性原则

要求仪表修饰无论是在修饰程度，还是在饰品数量和修饰技巧上，都应把握分寸，自然适度，追求虽刻意雕琢而又不露痕迹的效果。

### 三、汽车销售人员的仪容仪表规范

**1. 仪表规范**

汽车销售人员在与客户见面之初，对方首先看到的是汽车销售人员的仪容、仪表，如容貌和衣着。销售人员能否受到客户的尊重、赢得好感，仪表起着重要的作用。因此，注意仪表形象不仅仅是个人的事，更应该作为一种礼节来注意，同时也代表了企业的形象。

对汽车销售人员来说，注意仪表绝不是要穿名贵衣物，而是要做到整洁、大方、自然。一要注意时代特点，体现时代精神；二要注意个人的性格特点；三要符合自己的体形。

**2. 举止规范**

汽车销售人员要树立良好的交际形象，必须讲究礼貌礼节，注意行为举止。举止礼仪是自我心态的表现，一个人的外在举止可直接表明他的态度。对销售人员的行为举止，要求做到彬彬有礼、落落大方，遵守一般的进退礼节，尽量避免各种不礼貌或不文明的习惯。

## 1.3.2 谈吐举止

### 一、汽车销售人员谈吐规范

作为一名汽车销售人员，说话清楚、流利是最起码的要求，而要成为一名合格而优秀的销售人员，必须掌握一些基本的交谈原则和技巧，遵守谈吐的基本礼节。具体体现在以下几个方面：

（1）说话声音要适当。交谈时，音调要明朗，咬字要清楚，语言要有力，频率不要太快，尽量使用普通话与客户交谈。

（2）与客户交谈时，应双目注视对方，不要东张西望、左顾右盼；谈话时可适当用些手势，但幅度不要太大，不要手舞足蹈；不要用手指人，更不能拉拉扯扯、拍拍打打。

（3）交际中要给对方说话的机会。在对方说话时，不要轻易打断或插话，应让对方把话说完。如果要打断对方讲话，应先用商量的口气问一下："请等一等，我可以提个问题吗？"，"请允许我插一句"这样避免对方产生你轻视他或对他不耐烦等误解。

（4）与客户交谈要注意对方的禁忌。一般不要涉及疾病、死亡等不愉快的事情。在喜庆场合，还要避免使用不吉祥的词语。客户若犯错误或有某种生理缺陷，言谈中要特别注意，以免伤其自尊心。对方不愿谈的话题，不要究根问底，引起对方反感的问题应表示歉意或立即转移话题。

另外，谈话对象超过3人时，应注意所有在场客户的感受，不要把注意力只集中到一两个人身上，使其他人感到被冷落。

## 二、汽车销售人员举止规范

汽车销售人员要树立良好的交际形象，必须讲究礼貌礼节，注意行为举止。举止礼仪是自我心态的表现，一个人的外在举止可直接表明他的态度。对销售人员的行为举止，要求做到彬彬有礼、落落大方，遵守一般的进退礼节，尽量避免各种不礼貌或不文明习惯。

### 1. 站姿的标准

站立的效果：女士要站的优雅；男士要站的稳重。正确的站姿应该注意以下几点：

（1）挺胸、收腹、抬头。挺胸能使人身体宽厚，也显得英姿勃发、充满力量。收腹既可使男、女的胸部凸起，也可以使臀部上抬，这种站立姿态显得很稳定、很平衡。挺胸的方法是双肩略向后用力，平时多做上肢运动，增强胸肌、背肌、腹肌的力量。抬头时，头正直，腰部用力，背脊挺直，不要弯腰或垂头，不要显出委靡不振或松松垮垮的样子，两臂自然下垂或双手叠放靠在腰下，眼睛平视，环顾四周，嘴微闭，面带笑容，以保持随时为客人服务的姿态。

（2）下颌微收，目视前方，视线与眼睛同高，眼睛看前方 1 m 左右。

（3）女士的站姿有两种：一是双脚呈 V 字形（见图 1-15），即膝和脚后跟要靠紧，两脚张开的距离应为两拳；二是双脚呈 Y 字形，即双腿并拢，左脚跟从右脚中部斜伸出去，与右脚构成一个 Y 字形。

（4）男士的站姿（见图 1-16）。男士站立时，双脚可并拢，也可分开，双脚与肩同宽，身体不应东倒西歪，站累时脚可以向后或身前半步但上体仍需保持正直，不可把脚向前、向后伸手得太多，甚至叉开太大。站立时若空着手，可双手在下体交叉，右手放在左手上，双手放前、放后均可。

图 1-15　女士标准站姿　　图 1-16　男士标准站姿

### 2. 走姿的标准

（1）男士的走姿应当是昂首，闭口，两眼平视前方，挺胸收腹，直腰，上身不动，两肩不摇，步态稳健。

（2）女士走路的姿态应是头端正，不宜抬得过高，目光平和，目视前方，上身自然挺直，收腹，两手前后摆动的幅度要小，以含蓄为美，两腿并拢，平步行进，走成直线，步态要自如，匀称轻柔。

（3）行走线路是脚正对前方所形成的直线，脚跟要落在这条直线上，上体正直，抬起头，眼平视，脸有笑容，双臂自然前后摆动，肩部放松，走时轻而稳，两只脚所踩的应是两条平行线，两脚落在地上的横向距离大约是 3 cm。

（4）走路时，脚步要既轻而稳，切忌晃肩摇头、上体摆动，腰和臀部居后。行走应尽可能保持直线前进，遇有急事可加快步伐，但不可慌张奔跑。如图 1-17 所示。

（5）两人并肩行走时，不要用手搭肩；多人一起行走时，不要横着一排，也不要有意无意地排成队形。

（6）走路时一般靠右侧，与客户同走时，要让客户走在前面；遇通道比较狭窄，有客户从对面来时，服务人员应主动停下来，靠在左边上，让客户通过，但切不可把背对着客户。

（7）遇有急事或手提重物需超越行走在前的客户时，应彬彬有礼地征得客户同意，并表示歉意。

### 3. 坐姿的标准

（1）正确的坐姿（见图 1-18）是身体坐在椅子的 2/3 处，上身保持正直，两手自然放于两膝上，两腿平行，与肩同宽。

图 1-17　标准走姿　　　　图 1-18　正确坐姿

（2）胸部自然挺直，立腰收腹，肩平头正，目光平视，女销售人员着裙时双腿并拢，斜放或平直放，双手自然摆放在腿上。

（3）与人交谈时，身体要与对方平视的角度保持一致，以便于转动身体，且不得只转动头部，上身仍需保持正直。

### 4. 手势

手势是最有表现力的一种"体态语言"，它是服务人员向客户做介绍谈话、引路、指示方向等常用的一种形体语言。

手势要求正规、得体、适度，手掌向上。在指引方向时，应将手臂伸直，手指自然并拢，手掌向上，以肘关节为轴指向目标。同时，眼睛要转向目标，并注意对方是否已看清目标，手掌掌心向上的手势是虚心的、诚恳的。在介绍、引路、指示方向时，都应掌心向上，上身稍前倾，以示敬重。在递给客人东西时，应用双手恭敬地奉上，绝不能漫不经心地一扔，并切忌以手指或笔尖直接指向客人。

### 5. 握手礼节

在现代社会中，文明得体地见面礼仪越来越重要。握手是交际场合中运用最多的一种交际礼节形式。行握手礼时应注意以下几点：

（1）握手应遵循"尊者优先"的原则，即应由客户先伸手。

（2）一定要用右手握手，握手时右臂自然向前伸出，与身体呈50°~60°，手掌向左，掌心微微向上，拇指与手掌分开，其余四指自然并拢并略为内曲。

（3）保持手部清洁、干燥、温暖，握手有力，但不宜过重或只是轻轻触碰，时间为1~3s，上下稍许晃动两三次，随后松开手，恢复原状。

握手禁忌：忌不讲先后顺序，抢先出手；忌目光游移，漫不经心；忌不脱手套，自视高傲；忌掌心向下，目中无人；忌用力不当，敷衍鲁莽；忌左手相握，有悖习俗；忌"乞讨式"握手，过分谦恭；忌握时过长，让人无所适从；忌滥用"双握式"，令人尴尬；忌"死鱼式"握手，轻慢冷漠。

### 6. 介绍礼节

介绍是汽车营销中重要的环节，销售人员有时需要为初次见面的他人进行介绍，有时又需要在相互之间进行自我介绍。

汽车销售人员为他人进行介绍时的顺序和注意事项如下：

（1）把客户向主人介绍之后，随即将主人再介绍给客户。

（2）在一般情况下，应先把男子介绍给女士之后再把女士介绍给男子。

（3）应先把年轻的、身份低的介绍给年长的、身份高的，然后再把年长的、身份高的介绍给年轻的、身份低的。

（4）在一般情况下，先把男士介绍给女士，先把身份低者介绍给身份高者，先把年幼者介绍给年长者，先把未婚者介绍给已婚者。

（5）同级、同身份、同年龄时，应将先者介绍给后者。

（6）介绍时，要把被介绍者的姓名、职衔（职位）说清楚。

（7）向双方做介绍时，应有礼貌地以手示意。手向外示意时手心向外，手向里示意时手心向着身体，身体稍倾向介绍者，切勿用手指划，更不能拍打肩膀或胳膊。

（8）介绍双方姓名时，口齿要清楚，说得慢些，以便于能让双方彼此记住。

### 7. 名片的使用

初次见到客户，首先要以亲切的态度打招呼，起身站立走上前，一边报上自己的公司名称，一边双手递过名片，将名片递给对方，注意名片的正面朝对方（见图1-19），不可递出污旧或皱折的名片，且名片夹应放在西装的上衣内袋里，不应从裤子口袋里掏出。

图1-19 递接名片

接名片时用双手，接过后要点头致谢，不要立即收起来，也不应随意玩弄和摆放，而是认真读一遍，要注意对方的姓名、职务、职称，并轻读不出声，以示敬重。对没有把握念对的姓名，可以请教一下对方，然后将名片放入自己口袋、手提包或名片夹中。

### 1.3.3 迎接与送别

#### 一、迎接礼仪

当客户进入展厅后，销售顾问应该立刻上前迎接，面带微笑，用尊称进行问候和打招呼，不能面色冷漠、表情呆板，给客户不礼貌的感觉。一般的问候话术为："先生/女士您好，欢迎光临，我是销售顾问×××，很高兴为您服务，有什么可以帮您的吗？"

与客户讲话时要注意视线的角度，可以落在客户的眉毛与鼻尖，偶尔注视对方的眼睛。注视是沟通中对客户的尊重，不能心不在焉或目光漂移。

#### 二、引领礼仪

当客户需要服务时，接待员应引领客户到其他办公室或工作区域。

（1）在走廊引领时，接待人员应在客户二三步之前指明道路，配合步调，让客户走在内侧。

（2）在楼梯上引领，当引领客户上楼时，应该让客户走在前面，接待人员走在后面。当下楼时，应该由接待人员走在前面，客户走在后面。上下楼梯时，接待人员应该注意客户的安全。

（3）在电梯引领时，接待人员应先进入电梯，按住按钮或用手挡住门侧，以防电梯关闭夹人。

（4）客厅里引领，当客户走入客厅时，接待人员应用手指示，请客户坐下，看到客户坐下，行点头礼后才能离开。

#### 三、送别礼仪

客户离开，无论交谈是否顺利、成功，销售顾问都应主动上前礼貌地送别客户。送别时，感谢客户的光临，如客户有购车意向，请其留下通信方式，方便进一步交流。要把客户送出店门或电梯门口，握手道别。道别后不要马上转身离去，应该目送客户远去，或者等客户都走出店门或电梯门关闭后，再转身回去。开车的客户，待其开车远去再离开。如果是重要客户，要询问其返程的交通是否方便，如果客户没有开车，周到的做法是给客户打一辆出租车，并告诉驾驶员客户的目的地。

### 🎯 任务实施

| 一、任务场景 |
| --- |
| 　　校内实训室。 |
| 二、任务要求 |
| 　　1. 演练任务：个人形象整理和商务礼仪训练。<br>　　2. 演练目的：使学生掌握汽车销售顾问仪容仪表、商务礼仪等规范。<br>　　3. 演练内容：请同学扮演销售顾问，演练销售各环节中的商务礼仪。 |

## 三、任务分组

在这个任务中，采用分组实施方式进行，4~8人为一组，通过学生自荐或推荐的方式选出组长，负责本团队的组织协调工作，带头示范、督促、帮助其他组员完成相应工作。

## 四、任务步骤

1. 模拟销售顾问在上班前，对自己仪容仪表的准备过程。（小组一名成员负责摄像，拍摄全过程，完成后由小组其他成员负责点评。）

2. 模拟汽车销售顾问在日常活动中的站立、鞠躬、坐下、蹲下和行走的标准举止。（小组一名成员负责摄像，拍摄全过程，完成后由小组其他成员负责点评。）

3. 模拟汽车销售顾问接待到店客户的全过程，包括问候、自我介绍、递名片、引导和送别等。（小组一名成员负责摄像，拍摄全过程，完成后由小组其他成员负责点评。）

4. 下图中的男士作为一名汽车销售顾问，他的穿着有什么问题吗？请指出。

5. 请问下图中的握手有何不妥之处？

五、任务反思

    1. 学到的新知识点有哪些？

    2. 掌握的新技能点有哪些？

    3. 你对自己在本次任务中的表现是否满意？写出课后反思。

    4. 中国是礼仪之邦，中华民族自古以来都是一个讲究品德教育、文明礼仪、个人修养的民族。每一个中华儿女都是中华文明的受益者、承载者、传播者，有责任也有义务弘扬中华民族优秀传统美德，谈谈你对"礼仪之邦"的理解和新时代青年对此的责任和担当。

## 任务评价

各组介绍任务完成情况，展示拍摄视频，进行学生自评、学生互评和教师评价。在上述任务中，对扮演"销售顾问"的学生按照评分表1-3进行评价。

表 1-3 销售顾问（销售礼仪认知）表现评分表

| 序号 | 评价项目 | 评价指标 | 分值 | 自评（30%） | 互评（30%） | 师评（40%） | 合计 |
|---|---|---|---|---|---|---|---|
| 1 | 职业素养 30分 | 分工合理，制订计划能力强，严谨认真 | 5 | | | | |
| | | 爱岗敬业，责任意识，服从意识 | 5 | | | | |
| | | 团队合作，交流沟通，分享能力 | 5 | | | | |
| | | 遵守行业规范，现场12S管理 | 5 | | | | |
| | | 完成任务积极主动 | 5 | | | | |
| | | 能采取多种手段收集信息、解决问题 | 5 | | | | |

续表

| 序号 | 评价项目 | 评价指标 | 分值 | 自评（30%） | 互评（30%） | 师评（40%） | 合计 |
|---|---|---|---|---|---|---|---|
| 2 | 专业能力 60 分 | 能正确着装，仪容仪表规范得体 | 12 | | | | |
| | | 各种肢体语言运用得当 | 12 | | | | |
| | | 握手、递名片、介绍礼仪规范 | 12 | | | | |
| | | 迎接、送别客户的过程完整规范 | 12 | | | | |
| | | 接待客户时话术恰当 | 12 | | | | |
| 3 | 创新意识 10 分 | 创新性思维和行动 | 10 | | | | |
| | | 合计 | 100 | | | | |
| | | 综合得分 | | | | | |

## 巩固练习

**一、选择题**

1. 在商务礼仪中，男士西服如果是两粒扣子，那么扣子的扣法为（　　）。
   A. 两粒都扣　　B. 两粒都不扣　　C. 扣上面那粒　　D. 扣下面那粒

2. 在递送名片时，下列哪项是错误的（　　）
   A. 起身递名片　　　　　　　　　　B. 单手递名片
   C. 将名片上的字正对着接受人递出　　D. 男士先向女士递名片

3. 汽车销售顾问站立时要做到下颌微收，目视前方，视线与眼睛同高，眼睛看前方（　　）左右。
   A. 1 m　　B. 2 m　　C. 3 m　　D. 0.5 m

4. 销售顾问正确的坐姿是身体坐在椅子的（　　）处，上身保持正直，两手自然放于两膝上，两腿平行，与肩同宽。
   A. 1/4　　B. 2/3　　C. 1/3　　D. 1/2

5. 销售顾问在给客户介绍、引路、指示方向时，要注意手势，应该掌心向（　　），上身稍前倾，以示敬重。
   A. 上　　B. 下　　C. 前　　D. 左

**二、填空题**

1. 男士商务着装三一定律是指着装上 _____、_____ 和 _____ 三个部位需要颜色统一。

2. 握手的三先原则是：_____、_____、_____。

3. 仪表修饰的原则包括 _____、_____、_____ 和 _____。

4. 握手应遵循 _____ 的原则。

5. 销售顾问与客户讲话时要注意视线的角度，可以落在 _____，偶尔注视 _____，注视是沟通中对客户的尊重，不能心不在焉或目光漂移。

## 拓展阅读

### 国外问候礼仪常识

#### 1. 双手合十礼（见图1-20）

双手合十即合十礼，又称合掌礼，属佛教礼节，在世界范围如泰国、印度以及东南亚一些信奉佛教的国家与地区流行。我国的傣族聚居区也通用合十礼，行礼的时候，两掌合拢于胸前，十指并拢向上，掌尖和鼻尖基本齐平，手掌向外倾斜，头略低，神情安详、严肃。

合十礼可分为跪合十礼、蹲合十礼、站合十礼三类。跪合十礼适用于佛教徒拜佛祖或僧侣的场合，行礼时右腿跪地，双手合掌于两眉中间，头部微俯，以表恭敬虔诚；蹲合十礼是盛行佛教国家的人拜见父母或师长时所用的礼节，行礼时身体下蹲，将合十的掌尖举至两眉间，以示尊敬；站合十礼是信奉佛教的国家平民之间、平级官员之间相见，或公务人员拜见长官时所用的礼节，行礼时端正站立，将合十的掌尖置于胸部或口部，以示敬意。

图1-20 合十礼

#### 2. 吻手礼（见图1-21）

吻手礼由维京人（生活在8—10世纪）发明，维京人有一种风俗，就是向他们的日耳曼君主"手递礼物"，吻手礼也就随之出现，主要在欧洲大陆流行。

男士行至已婚女士面前，首先垂首立正致意，然后以右手或双手捧起女士的右手，俯首用自己微闭的嘴唇去象征性地轻吻一下其指背。

男子同上层社会贵族妇女相见时，如果女方先伸出手做下垂式，男方则可将指尖轻轻提起吻之；但如果女方不伸手表示则不吻。行吻手礼时，若女方身份地位较高，要支屈一膝做半跪式后，再握手吻之。

英国的上层人士，在表示对女士们的敬意和感谢时，往往行吻手礼。

图1-21 吻手礼

在法国一定的社会阶层中吻手礼也颇为流行。不过在施吻手礼时，嘴不应接触到女士的手，也不能吻戴手套的手，不能在公共场合吻手，更不得吻少女的手。

在德国，正式场合仍有男子对女子行吻手礼，但多做个吻手的样子，不必非要吻到手背上。

在波兰民间，吻手礼十分流行。一般而言，吻手礼的行礼对象应为已婚妇女，行礼的最佳地点应为室内。在行礼时，男士宜双手捧起女士的手在其指尖或手背上象征性轻吻一下，假如吻出声响或吻到手腕之上，都是不合规范的。

### 3. 贴面礼（见图1-22）

贴面礼，法文名字叫作"BISOUS"，一般双方会相互之间用脸颊互碰一下，与此同时口中传出"啧啧啧"类似亲吻的声音。在法国，贴面礼的次数在每个地方有很大差别，最高达5下，最少的一下，一般来说，左、右脸各贴一次比较常见。法国人不是对任何人都使用贴面礼，只有对特殊的对象才贴面，他们通常是：夫妇或情侣之间，父母与子女之间，兄妹之间，亲戚朋友之间和密切相关的同事之间。一般来说，女人之间或是男人和女人行贴面礼比较多，但在法国南边、比利时的法语区，如同东欧和中东地域一样，男人和男人偶尔也会贴面。

图1-22　贴面礼

### 4. 碰鼻礼（见图1-23）

碰鼻礼是新西兰最早的主人——毛利人还保存着的一种远古留传下来的独特见面问候方式，主人与客人必须鼻尖对鼻尖连碰两三次或更多次数，碰鼻的次数与时间往往标志着礼遇规格的高低：相碰次数越多，时间越长，即说明礼遇越高；反之，礼遇就低。

图1-23　碰鼻礼

# 项目 2　客户开发

## 项目简介

客户开发是销售顾问工作流程中非常重要的工作项目，销售顾问需要不断地开发潜在客户并对其进行有效的管理、制定准确的销售策略，才能最终将潜在客户转化为现实客户。客户开发是帮助销售顾问提高销售效率、为其提供稳定销售业绩的重要保证。销售顾问必须掌握汽车消费者的购买行为特征，根据汽车消费者即潜在客户的不同类型，采取不同的开发和销售技巧。

## 任务 2.1　汽车消费者购买行为分析

### 任务导入

李想是一汽大众龙达 4S 店一位新入职的销售顾问，经过一个多月的实习，他积累了一些客户接待和新车销售的经验。在一次店内培训中销售经理问道："经过一个月的实习，你觉得来到我们店内购买迈腾车的客户总体有哪些特征？客户在购车时会受到哪些因素的影响？对于不同年龄的客户，我们销售顾问要注意什么问题？"如果你是李想，你会如何回答这些问题？遇到类似的情境，能够灵活处理吗？

### 学习目标

（1）能够描述汽车个体消费者的购买行为特征；
（2）能够描述汽车集团消费者的购买行为特征；
（3）能够分析影响消费者购买行为的因素；
（4）能够对指定车辆的目标客户群进行画像；

（5）坚持"问题导向"思维，提高观察能力、分析能力和总结归纳能力；

（6）坚持不断学习的理念，理解人民对美好生活的向往就是我们的奋斗目标，坚定职业自信心。

## 任务分析

客户从产生购车意愿到做出购买行为是一个动态变化的过程，每个客户的购车行为都不尽相同，但在千差万别当中又不乏共性和规律。作为销售顾问，我们要熟悉不同类型客户的购车行为，善于总结不同类型、不同群体客户购车的心理和行为特征，能够辨别目标客户，能够分析客户做出购买决策的心理变化，并运用自己的专业知识和沟通技巧促进购车行为的落地。

## 知识链接

### 2.1.1 汽车个体消费者购买行为分析

#### 一、汽车个体消费市场的基本特点

**1. 需求的多样性**

由于个体消费者在年龄、性别、教育水平、职业、收入、社会地位、家庭结构、生活习惯等方面的差异，故会形成不同的消费需求，从而使个体的购买需求表现出多样性或多层次性。汽车生产企业可通过市场调研，了解这种消费的多样化，有针对性地推出不同的车型系列。

**2. 需求的可替代性**

消费者在购买汽车时往往会面临多种选择，如品牌的选择、价位的选择、性能的选择等，如何在众多汽车品牌中选择适合自己的汽车呢？消费者根据自身需要，会在不同品牌之间做出选择，只有那些对消费者有真正吸引力的品牌，消费者才会购买。换句话说，在汽车生产企业眼里，各个不同生产企业之间是具有竞争性的，因为汽车生产企业不知道消费者最终会选择什么样的汽车，如选择了丰田就不会选择别克，丰田与别克之间就有了替代性。

**3. 需求的诱导性**

汽车是高档耐用消费品，和普通消费品的最大区别之一就是它的专业性与复杂性。对于大多数消费者来说，购买汽车太难了，因为"汽车"包含着太多专业知识，而消费者对汽车知识的缺乏导致他们易受外界的影响，如消费环境、社会习俗、广告宣传等，也就是说消费者很容易受外界因素的诱导而产生购买行为。

**4. 需求的可伸缩性**

汽车产品的特殊性，使消费者对汽车产品的需求有较强的价格弹性，价格的变动对个人购买行为会产生重大影响，尤其是家用轿车。当价格出现下跌时，消费者有可能提前购买；当价格出现上涨时，消费者有可能推迟购买而持币观望。

**5. 需求的发展性**

消费者对汽车最初的功能需求仅仅是代步，随着社会的发展，人的需求也在发生变化，要求既能满足基本代步，又能在操控、舒适、娱乐性方面提高。可见，这种需求是可发展的。

## 二、影响个人消费者购买行为的主要因素

### 1. 政治因素

政府政策和有关法律法规的出台都会对个体用户购车产生影响。目前，北京、上海、广州等需要摇号才能买车的城市，燃油车销售已经受到影响，而国家对新能源汽车购置税的优惠政策也刺激了消费者对新能源汽车的购买热情。2022年下半年，国家对单车价格在30万元以下、排量在2L以下的车辆，实行购置税减半的政策也促进了中型车的销售。

### 2. 经济因素

1）汽车消费信贷环境

依据中国社会调查事务所2020年在北京、上海、广州、长沙、武汉等城市进行的一次关于个人贷款购车意愿的调查数据显示，只有5%的人已满意地办理了个人购车贷款，有29%的人曾咨询汽车贷款业务，而37%的人因无法找到第三方的担保不得不放弃购车。所以，良好的消费信贷环境对消费者购车也是重要的影响因素。

2）股市、房市等其他环境的影响

由于近两年经济大环境的不利因素影响，导致消费者的生活成本不断提高，股市和房市的持续不景气又套牢了部分消费者的资金，因此造成了大多数消费者出现"资金不足"的状况而不能购车。

3）汽车价格及保养费用

车辆属于消耗品，日常保养的费用和新车购置时的保险、购置税等费用也会影响消费者的购车行为。

### 3. 文化因素

文化因素是指人类在社会历史发展过程中所创造的物质财富和精神财富的总和，包括民族传统、宗教信仰、风俗习惯、审美观念和价值观念等，影响个人购买小汽车的主要包括民族传统、审美观念和价值观念。

（1）民族传统：中国人一向在消费上表现为重积累、重计划等，在选择商品时追求实惠和耐用，这也就说明为什么20世纪90年代大众的捷达和桑塔纳在市场上能够长盛不衰。但中国同时也是一个快速发展的国家，许多青年人在文化上与西方国家的差异已经缩小，在消费行为上表现为注重当前消费，购买时不太讲实用，而是讲究时尚等。

（2）审美观念：指人们对事物的好坏、美丑、善恶的评价。不同的消费者往往有不同的审美观。审美观不是一成不变的，往往受社会舆论、社会观念等多种因素的影响，并制约着消费者的欲望和需求的取向。美国车以宽敞舒适为美；德国车以精密、操控感强为美；日本车和韩国车以配置丰富、各方面均衡为美。20世纪80—90年代，中国人对两厢车有着严重的排斥心理，现在两厢车反而大行其道。在现阶段的中国车市，各种类型的车在中国私车消费领域都有拥护者，说明消费者对汽车的审美观念是不一致的，也是很容易变化的。这也要求汽车生产企业必须花费更多的精力用于市场调研上，推出适合不同消费群的车型。

（3）文化价值观念：价值观是指一个人对周围的客观事物（包括人、事、物）的意义、重要性的总评价和总看法。观念决定态度，态度决定行为，行为形成习惯，习惯强化观念。近年来中国市场经历经济社会的变革、消费市场的发展，创造了无数新的需求、孕育了无数新的商机、改变了无数营销行为。

### 4. 个人因素

个人因素不仅会决定消费者是否购买轿车，还决定了消费者购买何种轿车，对于汽车生产企业或汽车经销商来说，必须在深入分析个人因素对消费者影响的基础上，制定并实施营销策略。个人因素主要包括购买者的年龄、性别、职业、经济情况、生活方式、家庭、个性以及自我意念等。

1）年龄与家庭

调查显示，汽车消费者结构呈现年轻化、女性化的特征，"80 后""90 后"成为购车的重要人群，不同细分市场女性车主比例显著提高。同时，"80 后""90 后"有一定的消费能力，而且多数都能得到父母的资金支持。不想向父母伸手的，一般会选择贷款购车。喜欢运动时尚、造型个性的车型，对品牌有一定的忠诚度，更乐于从直观的广告和杂志等途径获取较为直接的车型信息，等等，这些都是"80 后""90 后"消费群体在选车、购车中普遍存在的心理和特性。他们强调个性，追求自我感受，完全一副"我买我车，我做主"的心态。从家庭角度考察，其生命周期的不同阶段也影响者消费者的消费选择。例如，新婚夫妇愿意购买五座及以下的车，而中年夫妇考虑到要带小孩、老人出行，更愿意购买座位较多的车。二胎、三胎政策的出台使得传统的家庭结构已演变为"3+2"或"4+2"结构，这种变化使近年来的 5 座与 7 座 SUV 销售火爆，如丰田汉兰达、本田 CRV 等。

2）性别、职业和经济条件

性别对私人汽车消费的影响总体较小，主要影响的是一些细分市场。职业一方面决定了私人是否需要购买小汽车以及需要购买何种小汽车；另一方面较大的影响是家庭的经济收入，如果家庭的经济收入比较稳定而且未来的收入预期比较理想，对购车行为就会有比较积极的推动作用。例如，在企业工作，偏重商务车型；在政府或学校工作，通常家用型轿车居多。

3）生活方式

人们追求的生活方式不同，对汽车的喜好和追求也不同。享受型的客户会追求舒适度高、配置全的车型，事业型的客户多考虑家商两用型的车型，节俭型的客户会重视车辆油耗和二手车保值率等问题。汽车销售顾问要根据各类消费者对生活的追求来推荐适合的车型，并描述汽车给他们生活带来的舒适和便利。

4）个性与自我概念

如图 2-1 所示，消费者的独特个性会使其在自己可支配收入允许的情况下优先购买与自己个性相符合的产品，汽车厂商在研发产品时必须重视消费者的个性以及因此形成的消费潮流，致力于打造一个个性品牌和产品；自我概念则主要描述了消费者购买产品所实际追求的东西，也就是说在购买汽车产品时，消费者可能是追求缩短时空，可能是追求气派和社会认可，可能是追求自由的感觉，等等。

### 5. 心理因素

心理因素包括购车动机、知觉、学习、信念和态度几个方面。

1）动机

在社会因素、文化因素和个人因素的共同作用下，消费者会认识到自己是否有购买汽车的需要，而需要会促使其心理产生购买汽车的动机。不同的人购买动机也不一样，一般来说消费者的购车动机和关注点见表 2-1。

| 选择现有车型原因 | 单位：% | 放弃对比车型原因 | 单位：% |
|---|---|---|---|
| 价格适当 | 64.8 | 款式不是很喜欢 | 32.1 |
| 喜欢外观 | 54.8 | 价格过高，不值那么多钱 | 24.6 |
| 油耗低 | 38.5 | 家人/朋友不喜欢 | 22.2 |
| 品牌形象、档次适当 | 32.8 | 缺乏个性 | 21.1 |
| 喜欢颜色 | 31.8 | 超出了您的购车预算 | 19.2 |
| 有我看重的安全装备 | 30.3 | 担心油耗偏高 | 19.1 |
| 家人/朋友喜欢 | 30.0 | 品牌形象、档次不够 | 16.9 |
| 尺寸适当 | 25.6 | 尺寸过大（小） | 15.2 |
| 经销商服务好 | 24.8 | 没有适合的颜色 | 14.5 |
| 厂家口碑好 | 21.5 | 没有我看重的安全装备 | 12.8 |
| 立即提车，不需要等待 | 20.6 | 担心保养维修费用高 | 12.0 |
| 到售后服务站方便 | 16.7 | 没有现车，需要预定等待 | 10.6 |
| 保养维修费用低 | 16.4 | 技术含量不够 | 9.4 |
| 内饰布局及搭配好 | 15.3 | 经销商服务不好 | 6.7 |
| 技术含量先进 | 12.7 | 售后网点不多 | 6.1 |

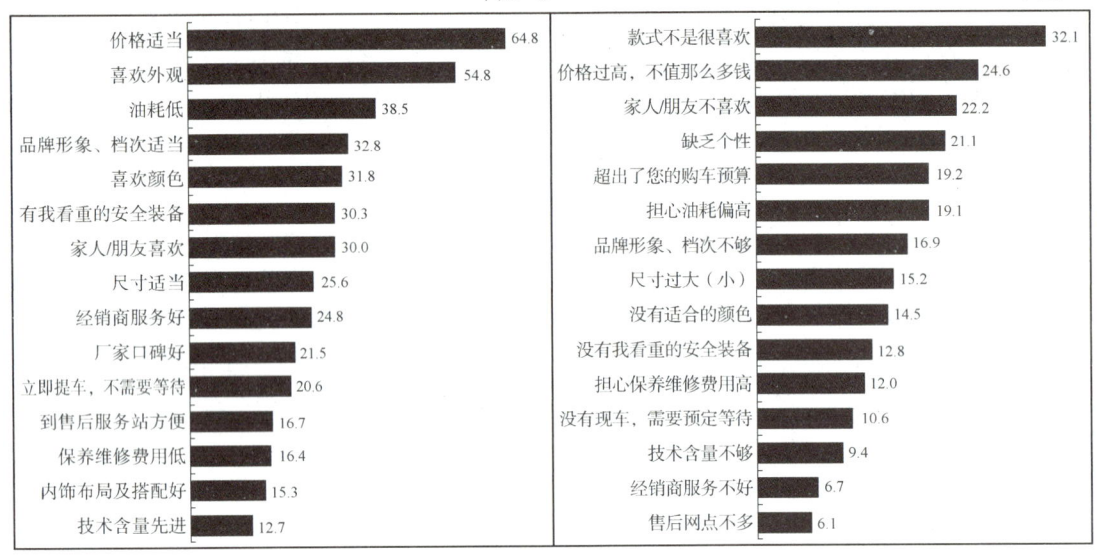

图 2-1　个性与自我概念

（数据来源：网易与新华信联合调查）

表 2-1　不同购车动机消费者的特征

| 购车动机 | 关注点 | 特征 |
|---|---|---|
| 求实 | 汽车质量、功效 | 谨慎理智型客户 |
| 求廉 | 汽车价格、优惠活动 | 收入不高的家庭或节俭型客户 |
| 求便 | 手续简单、过程快速 | 事业型客户或男性客户 |
| 求新 | 汽车款式、造型、独特性 | 收入较高的人群和青年群体 |
| 求美 | 车辆颜色、外观造型、内饰包装 | 女性客户或文艺界人士 |
| 求名 | 汽车品牌 | 具有经济实力和社会地位 |
| 模仿 | 车型、配置 | 具有较大的盲目性 |
| 爱好 | 偏好的品牌、车型、配置 | 不受广告和销售顾问宣传影响 |

2）知觉

一个受到动机驱使的人可能随时准备行动，但具体如何行动则取决于他的知觉程度。比如打算年底结婚的客户需要购买新车，但是具体在十一黄金周购买还是双十一期间购买因人而异。

3）学习

由于汽车市场营销环境的不断改变，新产品、新品牌不断涌现，汽车消费者必须经过多方收集有关信息之后，才能做出购买汽车的决策，这本身就是一个学习的过程。比如人们对新能源汽车的接受就需要一个学习的过程。

4）信念与态度

人们通过实践与学习获得自己的信念和态度，它是人对事物的评价和反映，比如对品牌的认知、对车型的认识，信念和态度一旦形成，不容易改变。因此，汽车企业要采取各种手段加强消费者对品牌的信念。

### 三、汽车个体消费者购买行为过程

汽车消费者购买行为，就是汽车消费者为了满足自身的需求，在寻求购买、使用和评估汽车产品及相关服务时所表现的行为。在现代社会，由于需求状况、购买动机、消费方式的不同，汽车消费者表现出各种购买行为。从心理学的角度，我们可以在千差万别的消费行为后面归纳出规律共性的东西，其中最具有代表性的消费者购买行为理论就是"刺激—反应"模式，如图2-2所示。

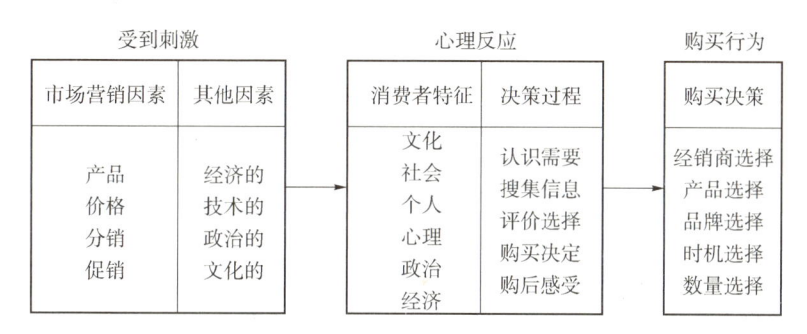

图2-2 消费者购买行为的"刺激—反应"模式

**1. 受到刺激**

消费者购买行为中的刺激因素，首先是经济、技术、政治、文化等各种宏观大环境的刺激，比如经济发展形势向好、国家出台刺激消费政策等；其次是各个企业的市场营销刺激，包括产品、价格、分销、促销等因素，比如新车上市价格的促销政策等。同时，这些因素的变化和不同组合形式又成为影响购车者心理的小环境。

**2. 心理反应**

受到刺激之后，消费者的心理首先会产生反应，即消费者的个人特征会影响其对刺激的理解。有人会产生积极的反应，从而产生购买的意愿；有人会产生怀疑的态度，即会继续收集信息、等待观望。然后是消费者的购买决策过程，在复杂的汽车产品购买中，消费者购买决策过程由确定需要、收集信息、评价选择、购买决定和购后感受五个阶段构成，在这个过程中，消费者必须做出关于车型、品牌、经销商、时机等一系列的判断和决策。

1）认识需要

汽车消费者在选择之前发现现实情况与其所期望的要求有差距时，产生不同需要。比如在发现传统的燃油车油价越来越贵时，便会产生购买纯电动汽车的需要，这种需要的产生是由外在引起的。汽车销售人员应该深入了解消费者产生某种需要的环境，找到引起这种需要的内在因素和外在刺激因素。

2）收集信息

消费者信息来源主要有以下几个方面。

（1）个人来源：指家庭、朋友、邻居、同事提供的相关汽车信息。

（2）商业来源：指广告、推销员、经销商、展览会方面的信息，现在汽车生产企业对广告投入非常重视，代言人既有娱乐界明星，也有体育界明星。这些广告在一定程度上还是影响到了大众消费者对车型的认知。

（3）公共来源：指大众传播媒体、消费者评审组织等。

（4）经验来源：指消费者本人或其他消费者通过以前购买或当前试验中获得的信息等。
　　3）评价选择
　　消费者在通过各种渠道获得产品信息后，需要分析处理这些信息，做出评价和选择。这种信息主要是产品本身属性，包括汽车品牌与车型及车辆的性能等。比如在大众系列车型中，消费者是选择迈腾还帕萨特，排量是330还是380，颜色是黑色还是凯撒金，等等。
　　4）购买决定
　　综合各方面的信息和评价，消费者需要做出购买决定。
　　5）购后感受
　　购后感受指的是消费者对购买产品的满意度评价。消费者在购买汽车后，会对汽车的使用状况进行体验，以检验其性能是否达到预期目标。如果汽车生产企业对其产品性能夸大宣传，则会导致消费者对其产品期望过高，产生不满意感，并最终导致消费者不再购买其产品。例如：大众汽车的"双离合变速器"（简称DSG），引入中国的时候是作为大众与其他竞争厂商最大的优势，但稍后两年不断出现的DSG引发换挡顿挫、加速抖动等问题，使得消费者产生了不满与投诉，也间接影响了该车型后续的销售。

### 3. 购买行为

　　在诸多因素的共同作用下，消费者最终做出购买决定，以满足自身需要，消费者的购车行为自此开始。购买决策包括在哪个经销商购买、购买什么品牌、什么车型、由谁购买、何时购买、如何购买等。
　　消费者购车行为模式表明，企业可以利用可控的市场营销因素和不可控的环境因素来刺激消费者，在消费者购买行为形成的过程中不断地进行刺激，引导和促使消费者做出购买决策。所以，通过对消费者购买行为的研究分析，企业要善于利用大环境，营建出有利于自身品牌营销的小环境，也要善于分析消费者消化外部刺激和产生购买决策的规律性，这样才能做出正确的市场推广策略。

## 四、汽车个体消费者购买行为的类型

　　汽车消费者的购买行为有多种类型，可从不同角度做出相应的分类，较为普遍的是以购买态度和购买行为为基本标准。销售顾问要认真观察消费者的行为，分析判断其大致性格，开展有针对性的服务。

### 1. 根据消费者的购买行为分类

　　1）习惯型消费者
　　习惯型消费者可能有过使用一种或几种品牌的经验，形成了固定的品牌偏好，这种偏好将指导他形成固定的购买行为。例如，据相关调查显示，江西市场的消费者对大众品牌的偏好明显超过其他汽车品牌；而另一项调查显示，在广东市场，日系品牌占据绝对优势，以丰田、本田、日产为代表的三大日系品牌占据广东汽车市场近70%的份额，而大众则只占10%的份额。习惯型消费者在购买汽车时，常按照自己的想法或经验进行购买，较少受媒体广告宣传的影响，也不需要到处寻找与汽车有关的产品信息，而是按习惯重复购买同一品牌。
　　面对习惯型消费者的营销策略：一是利用汽车的价格手段吸引消费者；二是开展大量重复性广告加深客户印象；三是增加汽车消费者的亲身体验活动，如利用新车上市机会，邀请潜在消费者开展试乘、试驾活动。

2）理智型消费者

理智型消费者的思维方式比较冷静，是以理智指导购买行为的人。在购买前他们通常要广泛地搜集信息，比较信息，充分了解汽车的相关知识，在不同的品牌之间进行充分的调查、筛选、反复权衡、评估，最后做出购买决策。在实际购买时，他们表现的理智和谨慎不容易受到销售人员和广告的影响；在挑选产品时仔细认真，经常对比多个品牌和经销商。

现阶段，中国的个体汽车消费者的购买行为多属于这种类型。

面对理智型消费者的营销策略：汽车企业营销人员制定相关的营销策略，帮助消费者了解更多的有关汽车方面的知识和信息，借助各种渠道宣传其产品，采取多种营销手段使用户简化购买过程。

3）情感型消费者

情感型消费者情感体验较为丰富，想象力也非常丰富，购买时容易受感情的支配，较易受促销宣传和情感的诱导，对汽车造型、颜色及品牌都极为敏感，他们多以汽车是否符合个人的情感需要作为购买决策标准。这类客户多以女性消费者居多。例如：很多女性消费者对大众甲壳虫、宝马 MINI、吉利熊猫的可爱造型喜爱有加。

面对情感型消费者的营销策略：销售人员制定针对性的营销策略，加大广告宣传的密度，增加试乘、试驾活动力度及汽车嘉年华活动，实现营销目标。

4）冲动型消费者

冲动型消费者对外界的刺激很敏感，心理反应活跃，在购买时他们一般不会进行具体的比较，依靠直接诱发出购买行为。年轻、时尚而且资金实力强的客户容易表现出这种冲动。他们在购买时常常受到各种汽车广告、媒体推荐、推销员介绍和朋友的影响。

面对冲动型消费者的营销策略：汽车企业提供完善的售后服务，并通过各种途径向消费者提供有利于企业和产品的信息，使消费者相信自己的购买行为是正确的。

5）经济型消费者

经济型消费者对商品的价格非常敏感。具有这类购买态度的个人，往往以价格作为决定购买决策的首要标准，主要选择价格低廉的汽车，以经济、实用、节约成本为主要出发点。

现阶段，多数工薪阶层以及二手车的消费者属于此种类型。

**2. 根据消费者的购买目标分类**

1）全确定型

全确定型客户是指消费者在购买商品以前，已经有明确的购买目标，对商品的品牌、型号、颜色、性能乃至价格的幅度都有明确的要求。这类消费者进入商店以后，一般都是有目的地选择，主动地提出所要购买的商品，并对所要购买的商品提出具体要求，当商品能满足其需要时，则会毫不犹豫地买下商品。作为销售顾问，此类型消费者是重点推销对象。

2）半确定型

半确定型客户是指消费者在购买商品以前，已有大致的购买目标，但具体要求还不够明确，最后购买需经过选择比较才能完成。这是最主要的一类消费群体，也称为"摇摆型"消费者。通常此类消费者进入商店后，一般要经过较长时间的分析、比较才能完成其购买行为，作为销售顾问，必须耐心、细致地接待并解答消费者的疑问。

3）不确定型

不确定型客户是指消费者在购买商品以前，没有明确的或既定的购买目标。这类消费者进入商店后主要是观望、休闲，漫无目标地观看商品或随便了解一些商品的销售情况，通常此类客户会受到新车上市宣传广告的影响或大型促销活动的影响，而产生进店观望。

## 2.1.2　汽车集团组织消费者购买行为分析

### 一、汽车集团组织购买行为的含义

汽车集团组织购买行为是指各类组织为了购买汽车产品或服务的需要，在可选择的品牌与供应者之间进行识别、评价和挑选的决策过程。

### 二、汽车集团组织购买行为类型

**1. 产业市场购买行为**

产业市场的特点是购买者数量少，但购买规模大；地理位置集中；需求具有较大波动性；买卖双方能够保持长期业务关系；可以直接交易，等等。如，华晨宝马统一采购采埃弗（ZF）变速器、奇瑞汽车采购格特拉克变速器、丰田汽车采购普利司通轮胎等，属于汽车产业的市场购买行为。

**2. 中间商市场购买行为**

中间商市场，亦称转卖者市场，是由以盈利为目的从事转卖或租赁业务的个体和组织构成，包括批发商和零售商，其实质是客户的采购代理，包括三个主要决策：经营范围和商品搭配；选择什么样的供应者；以什么样的价格和条件来采购。现阶段，4S店模式的汽车经销模式就是典型的中间商市场购买行为。

**3. 政府市场购买行为**

政府市场是指中央政府和地方各级政府的采购者，它们采购的目的是执行政府机构的职能。例如，2022年北京冬奥会，北汽集团为冬奥会交通服务提供330辆北京EU7纯电动车、212辆欧辉氢燃料大巴车；上海市政府曾为上海市公安局统一采购华晨宝马5系轿车作为安全执法用车；江西省政府曾统一采购江铃陆风越野车作为环境监察执法专用车；黑龙江边防武警部队采购212辆东风A9车型作为行政用车；卫生部门统一采购江铃全顺作为医院120急救用车等。这些都是政府市场购买行为。

### 三、汽车集团组织消费者购买行为的影响因素

**1. 政策和环境因素**

环境的变化，对当前和未来的经济状况都会产生影响，政府政策的规定更是集团组织购车重要的影响因素。最典型的就是各级政府对公务用车的配置规定。2017年年底，中共中央办公厅、国务院办公厅印发的《党政机关公务用车管理办法》规定：机要通信用车配备价格12万元以内、排气量1.6 L（含）以下的轿车或者其他小型客车；应急保障用车和其他按照规定配备的公务用车配备价格18万元以内、排气量1.8 L（含）以下的轿车或者其他小型客车；执法执勤用车配备价格12万元以内、排气量1.6 L（含）以下的轿车或者其他小型客车，因工作需要可以配备价格18万元以内、排气量1.8 L（含）以下的轿车或者其他小型客车，确因情况特殊，可以适当配备价格25万元以内、排气量3.0 L（含）以下的其他小型客车、中型客车或者价格45万元以内的大型客车。公务用车配备新能源轿车的，

价格不得超过 18 万元；党政机关应当配备使用国产汽车，带头使用新能源汽车，按照规定逐步扩大新能源汽车的配备比例。

2022 年的北京冬季奥运会也是奥运服务用车中新能源车辆占比最高的一次冬奥会，作为奥林匹克及残奥会全球合作伙伴的丰田共向组委会提供了 2 205 辆丰田产品，其中包括了 140 台丰田第二代 MIRAI 氢燃料电池乘用车，以及 107 台柯斯达燃料电池动力总成车型。此外，北汽福田提供了 497 辆辉氢燃料客车服务保障北京冬奥会。宇通客车、中通客车、吉利商用车等车企也提供了氢燃料电池客车供冬奥会使用。

### 2. 组织因素

采购单位目标、战略、政策、制度、程序等对采购都有较大的影响。奉行总成本领先战略的企业，视成本控制为第一要素，在这类企业中，采购方面有以下变化趋势。

（1）采购部地位升级，采购管理的范围扩大。

（2）与供应方建立长期关系。

采购者与供应商之间维持长期合同关系。长期合同可以减少企业每次采购时为决策而花费的时间和费用，也可以保证采购商品的质量。2008 年爆发的丰田"召回门"事件，就是因为丰田与汽车零配件供应商之间出现问题，丰田的零配件供应商没有确保配件的质量。

（3）集中采购。

集中采购对汽车生产企业最大的意义就是可以降低成本。

（4）采购的绩效评估。

对采购人员进行有效奖励，以保证采购的质量，从而降低成本。

### 3. 人际关系

组织市场的采购人员通常由许多人员构成，他们处于不同地位，具有不同职权，在购买过程中会用不同的标准与观念来选择和评价购买决策。因此，相关营销人员必须了解人际关系对采购行为的影响，正确地应用和处理人际关系进行采购。

### 4. 个人因素

在汽车消费市场，个人因素仍然起到很大作用，甚至关键作用。对于品牌、价格、造型等，个人因素占据主导地位。例如，在我国公务市场，黑色一直是公务用车的首选颜色，以致奥迪在公务车市场上从来不会出现除黑色外的第二种颜色；在韩国公务车市场上，首选是本国产的汽车，这与其本国的民族特征有关；而在欧美公务车市场，关注更多的是车自身的性能和售后服务等，而非它的原产地。

## 2.1.3 目标客户分析与描述

### 一、目标客户群体画像

汽车企业首先要根据目标客户的需求特点设计、研发汽车产品，围绕汽车产品特征，把汽车的品牌定位、外观设计、结构功能、配置用途等产品特征转化为特定利益，再结合消费者的需求进行对比，当两者重叠率达到一定程度时，该消费者就是企业的目标客户。

汽车企业在进行产品规划时就应有清晰的客户定位，在外形设计、色彩、内饰、配置、功能等方面充分考虑目标客户的具体需求。

明确了目标客户之后，如何准确地将产品内容推广投放到目标客户群体中，是非常关键的环节。投放准确，将大大提高客户转化率，使销售工作省时省力；反之将浪费人力，事倍功半。

怎样才能做到准确投放与推广呢？我们应该熟悉目标客户的职业、熟悉目标客户的业务活动、了解他们在社交网络的浏览内容……也就是说，销售顾问要对每一款车的目标客户进行准确的画像，这样才能在客户开发、制定促销策略、设计广告、选择媒体等方面做到有的放矢。客户画像的基本信息如表2-2所示。

表2-2　客户画像基本信息

| 性别： | | 媒体习惯： | |
|---|---|---|---|
| 年龄： | | 运动方式： | |
| 职业： | | 购物方式： | |
| 月收入： | | 住宅： | |
| 教育背景： | | 着装喜好： | |
| 家庭结构： | | 就餐方式： | |
| 业余爱好： | | 娱乐方式： | |

### 案例

**2022年中国新能源汽车消费者和潜在消费者用户画像**

**中年为主**
新能源汽车消费者和潜在消费者集中在31~40岁，比例为49.2%。

**已婚有孩子家庭更倾向于新能源汽车**
已婚有孩子的消费者和潜在消费者更倾向于购买或即将购买新能源汽车，比例为63.1%。

**近六成消费者月收入为5 000~15 000元**
新能源汽车消费者和潜在消费者的月收入集中在5 000~15 000元，比例为58.8%。

**超八成消费者学历为大学专科及以上**
新能源汽车消费者和潜在消费者之中，分别在54.2%和28%的用户学历为大学专科和本科。

数据来源：艾媒数据中心（data.iimedia.cn）
样本来源：草莓派数据调查与计算系统（survey.iimedia.cn）
样本量：N=1527；调研时间：2022年
艾媒报告中心：report.iimedia.cn　©2022 iiMedia Research Inc.

**迈腾轿车客户画像**

- ✓ 30~50岁的男性，已经有家庭；
- ✓ 中高级管理人员（包括公司白领、小企业经理等），年收入在20万元以上；
- ✓ 受过高等教育，有奋斗目标，懂得享受生活；
- ✓ 媒体习惯是以网络为主，偶尔看电视和杂志，更多关注经济类栏目；
- ✓ 出差住宿以商务酒店为主，就餐以饭店和餐厅居多；
- ✓ 可能是家庭第二辆车，对汽车品牌有一定追求；
- ✓ 有成就感和责任心。

## 二、不同消费群体的群体特征

具有相同特征的购买群体会表现出相似的购买心理和行为，分析掌握各类群体的特征规律有利于企业和销售顾问有针对性地采取销售策略。

### 1. 不同年龄的消费者群体特征

根据消费者的年龄，我们把客户分为青年、中年和老年三大类，对于不同年龄结构的客户，其汽车消费也呈现明显不同的特征。

1）汽车在人们生活中扮演的角色不同

汽车主要扮演出行工具的角色，"95后"年轻人对汽车有更多的情感诉求，"90后"把汽车看成亲密朋友的比例大大高于其他人群，"80后"把汽车看作社交工具的比例高于其他人群。年龄越小把汽车看成私人空间的比例越高。

2）购车最关注的因素不同

价格、品牌与安全性一直是影响消费者购车的前三个因素，价格依然是消费者购车最为敏感的影响因素。随着近年来油价的不断攀升，车辆油耗对人们购车影响越来越大。同时，根据相关调查显示，在消费者看车、选车过程中，外观、内饰是最为关注的部分，且对颜值的关注随年龄的下降而提升。也就是说，一辆车的颜值是否过关，很大程度上影响着年轻一代的消费决策，如果在外观造型上不能吸引年轻人的目光，那么他们很可能不会再进一步了解这款车的动力、配置等。除了颜值设计外，年轻人在购车时也更注重科技配置方面。

3）排量的诉求不同

随着油价的不断上涨，消费者购车倾向于购买经济省油的车型，再加上政府在政策上的鼓励引导，目前汽车消费主要集中在 1.3~1.6 L 与 1.6~2.0 L 两个排量段，也是所谓的"黄金排量"。不同年龄段人群略有差异，年轻人更容易接受 1.6 L 及以下小排量车，而中年人由于家庭人数的增加更喜爱 SUV 车型，所以对大排量的青睐更明显。

4）对新能源汽车的诉求不同

中国汽车流通协会发布的《2019新能源汽车消费市场研究报告》显示燃油车用户平均年龄为 32.83 岁，纯电动汽车用户则为 32.1 岁。纯电动汽车用户年龄主要集中在 25~34 岁，尤其是在 30~34 岁这一年龄段的纯电动汽车用户所占比例更多。对于一些限购城市，新能源汽车用户 35~45 岁中年群体较多，而非限购城市，新能源汽车用户 35 岁以下群体占比较高。

5）对汽车色彩的诉求不同

黑色、银灰色与白色是主流色调，年轻人更偏好亮丽色彩。调查显示："60后""70后""80后"的人群车辆色彩偏好排前三位的依然是黑色、银灰色与白色，"90后"的年轻人群对红色的接受程度比例高于其他人群，"70后"与"80后"偏好深蓝色的比例高于其他人群。

6）购车付款方式的不同

消费者在购车付款方式选择方面呈现年龄越小越倾向于采用分期付款的方式购车。相比于年轻人，老年人选择全款购车的比重最大，中年人会根据车行的贷款利率和贷款购车优惠活动综合考虑付款方式。

### 2. 不同性别的消费者群体特征

性别在人类的消费活动中也扮演了举足轻重的角色，男性消费者和女性消费者具有不同的消费特征。汽车销售人员在对待消费者时应男女有别。

总体来说，男性客户买车时比较粗心，而女性往往比较细心。因此，汽车销售人员在接待男性消费者时要耐心一些，接待女性消费者时要耐心一些。这样双方结合起来，取长补短，多加关注，买卖才容易成功。

此外，一般男性消费者买车的目标比较明确，易于做出买或不买的决定，不大爱挑来挑去，比较相信汽车销售人员，这些都有利于成交。在这种情况下，汽车销售人员的责任反而加重了，因为此时若不细心帮助消费者挑选，买回去后就可能因为不合适而使消费者失望，造成不良影响，甚至出现消费者投诉销售人员的情况，给双方带来很多麻烦。

女性消费者一般都比较细心，一是观察仔细，往往反复几次，拿不定主意，而且特别喜欢注意观察别的消费者是否购买，效仿性较强；二是挑选时特别仔细，往往要反复察看，互相比较，不厌其烦；三是询问得特别细，对于产地、性能、价格、质量无所不问，而且特别注意别人的使用情况。针对这些，汽车销售人员接待女性客户要特别耐心，而且要有针对性地接待。例如，多介绍别的客户用车后的反映，在同级别车型中，产品的销量如何、价格有无优势，挑选时要多拿一些车型资料让其充分选择，不要催促，不要有烦躁的表现。

### 3. 不同收入的消费者群体特征

1）低收入者型

这类群体一般具有劳动能力，但在投资和就业竞争中居于劣势，只能获得较低报酬，是就业群体中的贫困者。这类群体在生活基本需求的水平、质量和社会交往方面居于社会的下层，基本解决了温饱问题。由于收入水平很低，没有足够的购买能力，以维持基本生活消费为主，没有多余的钱用于储蓄。因此，此类型消费者对汽车消费品也没有需求。

2）中低收入者型

这部分消费者的收入基本稳定，在满足日常消费之外略有节余。这部分居民属温饱型向小康型过渡的消费群体，其基本的消费需求已经得到满足，正积聚资金向更高一层的消费提升。但这一消费群体受医疗、教育等消费支出的影响，其消费行为很谨慎、保守。这是因为他们仍受传统消费观念影响，不愿"超前"消费或"举债"消费，故此类型消费者对汽车消费品有一定需求，是潜在消费群体。

3）中等收入者型

这类群体大多为城市居民，主要由政府公务员、国有企业职工、一般的科教文卫人员、个体经营者及其家庭构成，正处于从小康型向富裕型、从讲求消费数量向讲求消费质量转变的阶段，加上一定的储蓄积累，他们已构成当前最具购买能力的群体之一，而且消费开始呈现出多样化趋势，乐于接受新兴的生活和消费方式，被视为消费的中坚力量。此类型消费者是汽车消费市场最重要的购买力量，也是销售顾问重点推销对象之一。他们比较关注车辆的价格、油耗、性价比、维修费用及各种使用成本等。目前，我国汽车市场的小型车、紧凑型车等家用轿车80%的市场销量是由上述消费群体创造的。像别克凯越、大众朗逸、丰田威驰、吉利帝豪、比亚迪系列等汽车品牌是这类消费者的考虑车型。

4）中高收入者型

这类群体主要包括私营企业主和专业技术人员，也是消费较为活跃的一个群体，虽然收入不是最高的，但是这类群体中的大多数人对自身及家庭的未来状况比较有信心，因而在许多方面的消费都比较接近高收入者。这类消费者对汽车品牌和汽车质量比较挑剔，在汽车消费市场上主要体现于购买中型车，如帕萨特、雅阁、宝马3系、奔驰C级和特斯拉等。

5）高收入群体

这类群体的生活需求已基本得到满足，但是注重追求精神消费和服务消费，教育、文化、通信、保健、住宅等成为他们的消费热点，追求时尚化与个性化的消费日趋明显。在饮食方面，他们讲究营养和风味；穿着上崇尚名牌，讲究款式、品质和个性；在日用品方面主要青睐一些科技含量高、时代感强的高档家电产品；在汽车方面，崇尚豪华、时尚与运动型汽车，很多人热衷于汽车改装，品牌选择上较多的有宝马5系、奥迪A6L、路虎、奔驰E级及英菲尼迪M系轿车等。

## 任务实施

| 一、任务场景 |
| --- |
| 汽车营销实训室。 |
| 二、任务设备 |
| 教学用具、教学电脑、整车、谈判桌椅、车型资料架、目标客户"模拟画像"表等。 |
| 三、任务要求 |
| 1. 演练任务：目标客户"模拟画像"。<br>2. 演练目的：对每一款车的目标客户进行准确的画像，这样才能在客户开发、制定促销策略、设计广告、选择媒体等方面做到有的放矢。<br>3. 演练内容：请同学们根据不同车型特征对其目标客户进行"模拟画像"。 |
| 四、任务分组 |
| 在这个任务中，采用分组实施的方式进行，每4人为一组，1人为组长，3人为组员。教师发布任务"某车型的客户画像"，组长根据教师的安排进行分工，完成最终任务。通过小组协作，培养学生团队合作精神和协调沟通能力。 |
| 五、任务步骤 |
| 1. 将学生进行分组，学生分别从比亚迪唐DMI、理想ONE、蔚来ES8、卡罗拉混动版和宝马320Li中选择一款车型，在网上进行资料收集，将车辆品牌、价格、外形设计、内饰配置、功能等进行列举，然后结合市场环境对目标客户进行分析描述（比如性别、年龄、职业、收入、教育背景、爱好等），并进行组间汇报分享。用到的目标客户"模拟画像"表如下所示。<br><br>车辆特征：<br>（1）比亚迪唐DMI：<br><br><br><br>（2）理想ONE：<br><br><br><br>（3）蔚来ES8： |

（4）卡罗拉混动版：

（5）宝马320Li：

（6）大众速腾：

## 目标客户"模拟画像"表

目标客户描述：
1. 性别
    □男　□女
2. 年龄
    □25岁以下　□25~40岁　□40~55岁　□55岁以上
3. 职业
    □工人　□技术人员　□公务员　□教师　□医生　□商人　□其他
4. 月收入
    □5 000元以下　□5 000~10 000元　□10 000~20 000元　□20 000元以上
5. 教育背景
    □高中以下　□大学　□研究生及以上
6. 家庭
    □单身　□新婚　□3口之家　□4口及以上　□老两口
7. 爱好
    □旅游　□探险　□钓鱼　□野营　□其他

目标客户的主要行为习惯：
1. 媒体选择
    □网络　□电视　□报纸　□杂志
2. 关注内容
    □新闻专题　□商务财经　□养生健身　□军事政治　□旅游文化　□其他
3. 运动
    □球类　□跑步　□游泳　□钓鱼　□探险　□其他
4. 购物
    □超市　□商场　□专卖店　□网络　□其他
5. 住宅
    □星级饭店　□商务酒店　□快捷酒店　□招待所　□其他
6. 着装
    □西装　□休闲装　□运动装　□其他
7. 就餐
    □高级餐厅　□特色餐厅　□农家乐　□快餐店　□食堂　□其他
8. 娱乐
    □KTV　□会所　□电影院　□旅游　□其他
    其他描述：

2. 请写出比亚迪唐 DMI 目标客户的特征，并描述客户的主要行为习惯。

3. 请写出理想 ONE 目标客户的特征，并描述客户的主要行为习惯。

4. 请写出蔚来 ES8 目标客户的特征，并描述客户的主要行为习惯。

5. 请写出卡罗拉混动版目标客户的特征，并描述客户的主要行为习惯。

6. 请写出宝马 320Li 目标客户的特征，并描述客户的主要行为习惯。

7. 请写出大众速腾目标客户的特征，并描述客户的主要行为习惯。

五、任务反思

1. 学到的新知识点有哪些？

2. 掌握的新技能点有哪些？

3. 你对自己在本次任务中的表现是否满意？写出课后反思。

4. 随着经济社会的纵深发展，人们的消费观念也随之改变。大学生消费观念的塑造和培养会影响其世界观的形成与发展，以小组为单位，谈谈你们对目前大学生消费状况存在问题的看法、意见和建议。

## 任务评价

各组介绍任务完成情况，展示客户"模拟画像"，进行学生自评、学生互评和教师评价。在上述任务中，对"模拟画像"的学生按照评分表 2-3 进行评价。

表 2-3　销售顾问（汽车消费者购买行为分析）表现评分表

| 序号 | 评价项目 | 评价指标 | 分值 | 自评(30%) | 互评(30%) | 师评(40%) | 合计 |
|---|---|---|---|---|---|---|---|
| 1 | 职业素养 30分 | 分工合理，制订计划能力强，严谨认真 | 5 | | | | |
| | | 爱岗敬业，责任意识，服从意识 | 5 | | | | |
| | | 团队合作，交流沟通，分享能力 | 5 | | | | |
| | | 遵守行业规范，现场12S管理 | 5 | | | | |
| | | 完成任务积极主动 | 5 | | | | |
| | | 能采取多种手段收集信息、解决问题 | 5 | | | | |
| 2 | 专业能力 60分 | 善于抓住车型的关键信息 | 10 | | | | |
| | | 准确描述目标客户的基本特征 | 15 | | | | |
| | | 准确描述目标客户的行为特征 | 15 | | | | |
| | | 对目标客户"模拟画像"完整表达 | 10 | | | | |
| | | "模拟画像"与现实客户吻合程度 | 10 | | | | |
| 3 | 创新意识 10分 | 创新性思维和行动 | 10 | | | | |
| | | 合计 | 100 | | | | |
| | | 综合得分 | | | | | |

## 巩固练习

**一、多选题**

1. 影响消费者购车的前三个因素是（　　）。

　　A. 价格　　　　　　B. 品牌　　　　　　C. 安全性　　　　　　D. 外观

2. 汽车个体消费市场的基本特点有哪些？（　　）。

　　A. 需求多样性　　　　　　　　　　　B. 需求有可替代性

　　C. 需求可伸缩性　　　　　　　　　　D. 需求有可诱导性

3. 影响个人消费者购买行为的主要因素有（　　）。

　　A. 政治因素　　　　B. 经济因素　　　　C. 文化因素　　　　D. 个人因素

4. 面对理智型消费者的营销策略有（　　）。

　　A. 汽车营销人员制定相关营销策略，帮助消费者了解更多有关汽车的知识和信息

　　B. 汽车营销人员借助各种渠道宣传其产品

　　C. 汽车营销人员采取多种营销手段使用户简化购买过程

　　D. 利用汽车的价格手段吸引消费者

5. 汽车集团组织消费者购买行为的影响因素有（　　　）。
A. 政策和环境因素　　B. 组织因素　　　　C. 人际关系因素　　　D. 个人因素

## 二、判断题

1. 汽车企业在进行产品规划时就应有清晰的客户定位，在外形设计、色彩、内饰、配置、功能等方面充分考虑目标客户的具体需求。（　　）
2. 面对习惯型消费者的营销策略可以开展大量重复性广告加深客户印象。（　　）
3. 消费者购买行为中的刺激因素，首先是企业的市场营销刺激，包括产品、价格、促销等因素，其次是经济、技术、政治、文化等各种宏观大环境的刺激。（　　）
4. 在我国公务车市场，灰色一直是公务用车的首选颜色。（　　）
5. 销售顾问要对每一款车的目标客户进行准确的画像，这样才能在客户开发、制定促销策略、设计广告、选择媒体等方面做到有的放矢。（　　）

## 拓展阅读

### 新能源汽车用户画像——年轻、科技范儿、国潮范儿十足

近日，工信部新闻发言人在国新办新闻发布会上指出，2022年以来，我国新能源汽车实现平稳快速发展，有三大亮点：一是产、销规模再创新高，上半年新能源汽车产、销分别完成266.1万辆和260万辆，同比均增长1.2倍，市场渗透率21.6%；二是技术创新、能源电池方面实现较大提升，激光雷达、国产芯片、车载基础计算平台实现装车应用，能源电池方面也取得了新的突破，量产的三元电池单体能量密度达到了全球最高的300 W·h/kg，无钴电池达到了240 W·h/kg；三是配套体系加快完善，2022年上半年新建充换电设施130万台，同比增长3.8倍，其中，私人桩92万个、公共桩38万个，并累计建成1万多个动力电池回收点。

在国家政策支持、油费持续高涨之下，新能源汽车成为时下汽车市场新宠，那么新能源汽车购买主力军是一群什么样的人？在城市分布上有哪些特点？

#### 一、新能源汽车"下沉"空间

日前，中国汽车流通协会和懂车帝共同发布了《新能源与燃油车用户消费行为洞察报告》（以下简称《报告》）。《报告》对新能源汽车与燃油车用户进行了调查分析，显示出不同的用户群体有较大差异。相比燃油车用户，新能源汽车用户以年轻群体为主，线上直播、视频等已经成为触达用户的重要手段，且线上用户增长更为强劲。

前些年，大中城市推广新能源汽车较为给力。近年来，三线及以下城市越来越重视新能源汽车的发展，再加上与大城市相比，其具有天然的优势，例如道路、停车位等资源相对充裕，充电设施建设较为容易，私桩更容易落地等。在各种因素的推动下，新能源汽车在三线及以下城市快速发展，且不少地区还启动了新能源汽车下乡活动。未来，新能源汽车"下沉"市场还有较大的拓展空间。

新能源汽车用户及城市分布如图2-3和图2-4所示。

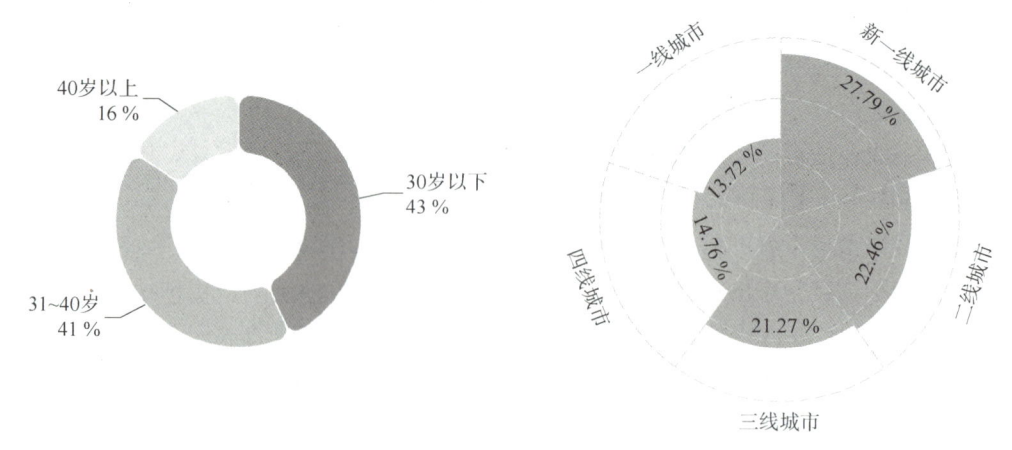

图 2-3　新能源汽车用户年龄分布与城市分布

图 2-4　新能源汽车用户性别分布

## 二、线上用户增长更强劲

《报告》显示，与燃油车用户相比，新能源汽车线上用户增长更为强劲，且偏爱通过短视频等方式了解汽车资讯。而且，与燃油车用户相比，新能源汽车用户更愿意通过官网、短视频等方式直接联系品牌方，且试驾体验对购车影响较大，销售榜单也已成为新能源汽车用户选车的重要依据。

汽车用户购车后关注内容及新能源汽车保有量分别如图 2-5 和图 2-6 所示。

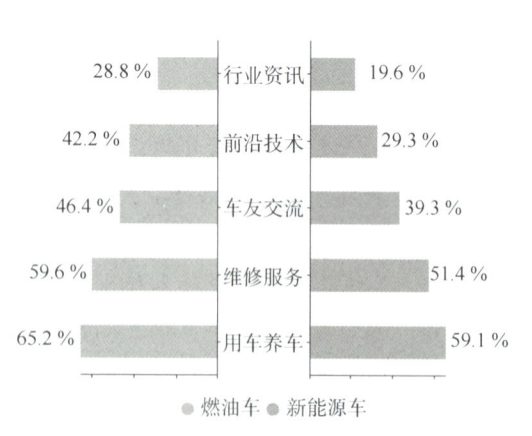

图 2-5　汽车用户购车后关注内容

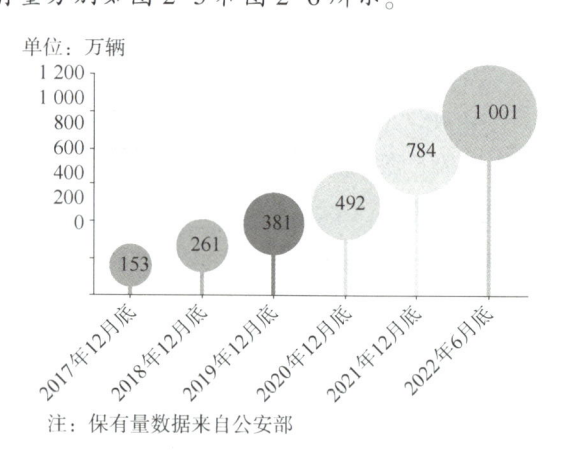

图 2-6　新能源汽车保有量

## 三、自主品牌及造车新势力受青睐

与燃油车用户偏爱合资品牌不同，新能源汽车用户更青睐自主品牌及造车新势力。《报告》显示，在燃油车领域，外资及合资品牌更受欢迎；而在新能源汽车领域，选择外资及合资品牌的用户比例只有9.5%，有52.4%的用户选择购买自主品牌。这很大程度上是由于自主品牌在新能源汽车领域先行一步，产品有一定的核心竞争力，且技术含量和造型丝毫不逊色于合资品牌，尤其是造车新势力以各自的特色吸引了大批"粉丝"。

调研数据显示，中国消费者关于新能源汽车，认可度最高的三个品牌分别是比亚迪、小鹏和丰田。其中，比亚迪的比例远超其他新能源汽车品牌，比例为60.4%；小鹏和丰田也在中国消费者心里占据一定的地位，比例分别为42.3%和33.5%。纯电动汽车和混合动力车，是目前中国消费者认为最具有发展前景的新能源汽车类型。

在影响购车决策因素方面，新能源汽车用户除了对一些低价位车型的价格较为敏感外，对于其他车型的价格敏感度整体低于燃油车。这主要是由于很多企业在销售新能源汽车时采用直销模式，使得价格更为透明化和标准化，用户对于价格有了较清晰的认知。

汽车用户品牌偏好及影响汽车用户购车决策因素分别如图2-7和图2-8所示，2022年中国消费者关于新能源汽车的认可度调查如图2-9所示。

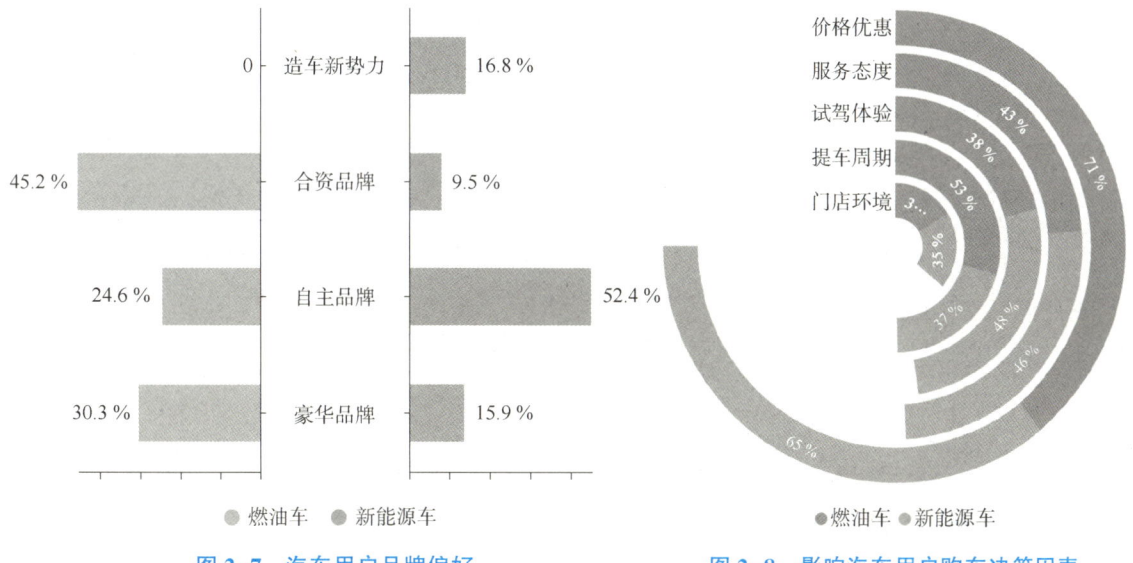

图2-7　汽车用户品牌偏好　　　　图2-8　影响汽车用户购车决策因素

(数据来源：懂车帝数据中心)

此外，新能源汽车用户对提车周期的要求不是很高，这也和许多新能源汽车采用预售模式有关，用户对提车周期相对宽容。不过，新能源汽车用户对试驾体验、服务态度和门店环境的要求高于传统燃油车用户，车企需要在这些方面加以重视。

当然，在调查中，消费者也表示了对新能源汽车的不满，艾媒调研数据显示，41.7%的中国消费者对新能源汽车不满意的因素是续航能力差，39.8%的中国消费者对新能源汽车不满意的因素是维修、保养费用高，36.7%的中国消费者对新能源汽车不满意的因素是配套设施不完善。

艾媒咨询分析师认为，新能源汽车因为电池的局限性，续航里程一般在100～700 km，因此其适合在市区代步使用，不适合长途出行的特点成为中国新能源汽车发展的限制因素。

图 2-9　2022 年中国消费者关于新能源汽车认可度调查图

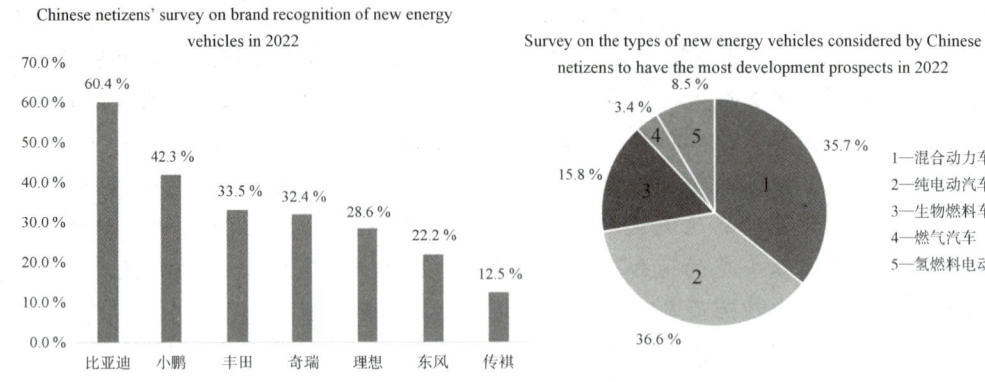

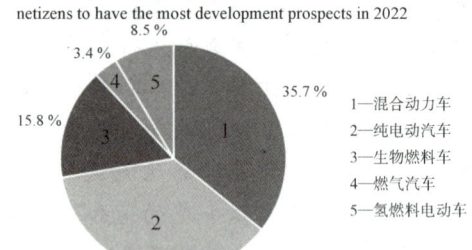

## 任务 2.2　潜在客户分类与评估

### 任务导入

销售顾问李想遇到了这样的 1 个男性客户，他年龄在 50 岁左右，来店之前电话咨询了比亚迪宋 PLUS 的相关报价，来店之后也对该车与比亚迪系列的其他车型进行了反复比较和试乘试驾，还带朋友来看了一次，但是李想接待了他四次都没有销售成功。李想将这个情况反映给销售经理进行请教，到底哪里出了问题呢？经理让她把这个客户做一个评估，判断一下是否值得继续跟进？那么，作为销售顾问，是不是所有的客户都是我们的目标客户呢？我们如何对客户进行评估和分类呢？

### 学习目标

（1）能够说出潜在客户的分类；
（2）正确理解潜在客户的评估方法；
（3）判断和评估潜在客户的级别；
（4）提高观察能力，养成分类整理和归纳总结的工作习惯；
（5）提高解决问题的能力，能够做到具体问题具体分析，工作具有全局观念；
（6）培养严谨求实、认真负责、踏实敬业的工作态度。

### 任务分析

不是所有的客户都是销售机会。根据一些专家的研究表明，一个汽车销售顾问如果事先把潜在客户加以合理分析并归类，将有助于开展重点推销和目标管理，以较小的推销投入取得较大的推销业绩。因此，销售顾问应当特别重视潜在客户的分类和评估分析工作。针对潜在客户进行分类和评估，尽量收集和明确客户的需求、采购进度表、预算、竞争、优先评估项等关键评估元素。通过评估，做好分类，然后进入下一个销售阶段。

### 知识链接

#### 2.2.1　潜在客户分类

潜在客户是指那些还没有实施购买，但有购买某种产品或服务的需要，有购买能力，有购买决策权，对产品所提供的功能有所需求的客户。

优秀的汽车销售人员懂得如何管理好潜在的客户资源，他们既不会在永远无望的可能客户身上浪费时间，更不会放过任何一个捕捉重要客户的机会。营销实践表明，汽车销售人员对潜在客户的管理主要从紧迫性和重要性两个方面入手。

**一、根据紧迫性分类**

**1. 渴望客户**

渴望客户是已经通过电话、进店、网络等渠道开始初步沟通的客户，客户基本明确了购车需求，有购车的计划时间，并且已经开始了解各种车型情况，购车预算也比较明确。这类客户属于优质客户，交易成功的可能性是比较大的，销售顾问应增加访问的频率和深度，向其推荐合适的车型，可以通过送车上门试乘、试驾来消除客户的疑虑，争取在最近的一次促销活动中促成交易。

### 2. 观望客户

观望客户是指有一定的购买力，有购车的欲望和动机，但是没有确定购买的时间、品牌和车型。销售顾问对这样的客户需要积极争取，主动出击，与客户不断交流，了解其购买的动机和真正的需求，并向其推荐合适的产品，在企业做促销活动时及时发送邀请，尽最大努力邀请客户进店交流、试乘试驾，让客户在活动的氛围中增强购车的欲望。

### 3. 战败客户

战败客户是销售顾问与客户已有多次接触，但最终客户放弃购买本品牌产品，转而购买了他品牌的产品。对于这类客户销售顾问要了解客户放弃本企业产品的真正原因，是品牌、质量、颜值还是价格及促销力度，等等，要总结战败原因，找出应对策略，以防其他客户因为同样的原因流失。

### 4. 基盘客户

基盘客户是已经购买本企业产品的客户，又称"老客户"，也是企业的忠诚客户。这类客户了解本企业产品，对品牌认可度高，是最好的宣传范例。销售顾问要管理好这类客户，了解老客户在用车方面的问题和需求，在做好售后服务工作之外，大力挖掘这类客户的周边资源，让老客户对品牌和服务的认同感带动新客户选车、购车，销售顾问通过老带新的促销活动，让基盘客户引流更多的消费者进店交流，进而达成交易。

## 二、根据重要性分类

重要性是指描述潜在客户可能购买公司产品或服务数量的多少，虽然每个潜在客户对汽车销售人员来说都是非常重要的，但根据"80/20法则"，优秀的销售人员更应该关注带来80%利润的20%的关键客户，为此，可以根据公司的业务情况将客户分为三类：最重要的关键客户，这类客户需要销售人员投入更多的时间和精力增加访问频次，增加访问深度；其次是重要客户，这类客户应该安排合适的访问频次和内容；最后一类是一般客户，这类客户维持正常的访问频次与内容即可。

## 2.2.2 潜在客户评估

获得潜在客户仅仅是销售人员销售过程中"万里长征"的起始阶段，因此，需要对潜在客户进行及时、客观的评估，以便从众多潜在客户中筛选出目标客户。作为优秀的销售人员，需要掌握潜在客户评估的一些常用方法，这些方法可以帮助销售人员事半功倍地完成销售任务。

在挑选、评估潜在客户之前，销售人员需要先自问三个问题：一是潜在客户是否具备有你能够给予满足的需求；二是在你满足其需求之后，这些潜在客户是否有提供适当回报的能力；三是销售人员所在公司是否具有或能够培养比其他公司更能满足这些潜在客户需求的能力。

### 1. 帕累托法则

帕累托法则，即"80/20 法则"，这是意大利经济学家帕累托于 1897 年发现的一个极其重要的社会学法则。该法则具有广泛的社会实用性，比如 20%的富有人群拥有整个社会 80%的财富，20%的客户带来公司 80%的营收和利润，等等。帕累托法则要求销售人员分清主次，确定重要的潜在客户。

### 2. MAN 法则

MAN 法则，引导销售人员如何去发现潜在客户的支付能力、决策权以及需要。

1）购买资金（M-Money）

确定该潜在客户是否有购买资金，即是否有钱，是否具有消费此产品或服务的经济能力，也就是有没有购买力或筹措资金的能力。

购买能力评价的主要方法：

（1）了解客户的信用状况。可从与职业、身份地位等相应的收入来源状况加以分析，判断其是否有购买能力。一般来说，根据人们收入的高低，购买能力也不同。

（2）了解客户的支付情况。可从客户期望一次付现，还是要求分期付款，还有支付首期金额的多寡等情况分析，判断客户的购买能力。比如，你可以在客户对某款汽车产品产生兴趣，并有购买意向时提出疑问："请问，您觉得哪种付款方式更适合呢？"

（3）观察客户的言谈举止。从客户个人爱好、着装档次、配饰品牌、谈吐等方面就能够做出初步的判断。例如，销售顾问问起客户有什么业余爱好，客户回答"喜欢打高尔夫球，昨天刚请朋友去某地玩了一场"，由此判断，客户的经济状况应该不错。客户的经济状况，或多或少会通过其行为表现出来，只要用心观察，还是可以发现的。

对于集团组织客户，可以从单位的性质、规模、所属行业等加以判断，比如石油、电力、通信行业财力一般比较雄厚。

2）购买决策权（A-Authority）

在成功的销售过程中，准确地了解真正的购买决策人是销售成功的关键。客户的购买决策权要区分个人消费与集团组织消费。

对于个人消费者来说，汽车多数为家庭购买，究竟谁是购买的决策者，一般来说是夫妻共商，有的是妻子做主，有的是丈夫做主，车辆购买丈夫做主的比例比较大，成年孩子的作用也不可忽视，其他的家庭成员也可能提出参考意见，影响决策判断。因此，在面对家庭客户推销时，最好对任何人都客气礼貌，礼节周全。

对于集团消费者来说，可以通过单位知情者了解单位的采购流程、分工职责，以及商品的使用者、采购者、参谋者分别是谁，或者直接去找单位的最高领导人，他会告诉你具体负责人员。当然，有些购买决策需要集体研究决定，有的还需要上级部门批示，这些情况都要了解清楚，以便在推销时明确目标，避免浪费时间。

3）购买需要（N-Need）

需求评价是进行客户资格审查的首要内容，此项如果不能成立，其他方面的评价则没必要进行。对客户的需求评价一般从以下几方面进行。

（1）客户对汽车的关心程度：客户对所购买汽车品牌、动力性、经济性、安全性、维护保养等的关心程度。

（2）客户对购车的关心程度：客户对汽车的购买合同是否仔细研读或要求将合同条文

增减、主动要求试乘试驾等。

（3）是否符合客户的各项需求：客户的小孩上学、大人上班是否方便，是否详细了解售后服务流程等。

（4）客户对产品是否信赖，客户对汽车品牌是否满意，油耗是否经济等。

（5）客户对销售企业是否有良好的印象，客户对销售顾问印象的好坏左右着潜在客户的购买欲望。

针对集团组织客户推销的重点应该是那些需求量较大，又有长期需要的客户。在进行客户需求估计时，一方面要看客户现实的需求量，另一方面还要看客户将来的发展趋势，快速发展的小公司也会蕴含大需求。

4）成为潜在客户的条件

潜在客户至少应具备的三个条件：有需求，有购买能力，有购买决策权。通过这三个条件的组合也可以判断客户的购买可能性，进而采取有针对性的推销策略。其中：

（1）M+A+N：理想客户，理想的销售对象；

（2）M+A+n：有望客户，可以接触，配上熟练的销售技术，有成功的希望；

（3）M+a+N：培育客户，可以接触，设法找到有决策权的人；

（4）m+A+N：培育客户，可以接触，调查其状况、信用条件等给予融资；

（5）m+a+N：接触客户，可以接触，应长期观察培养，使之具备另外两个条件；

（6）m+A+n：接触客户，可以接触，应长期观察培养，使之具备另外两个条件；

（7）M+a+n：接触客户，可以接触，应长期观察培养，使之具备另外两个条件；

（8）m+a+n：非潜在客户，停止接触。

5）确定潜在客户的优先等级

目前，主要依据 MAN 模型以及客户意向级别来确定潜在客户。潜在客户虽然都有可能达成交易，但为了获得效益、提高销售业绩，应该将这些潜在客户进行分类管理，将有限的销售力量放在潜力最大的客户身上，这就要确定客户的优先等级。按照潜在客户可能购买的时间可以分为 6 个级别，按照客户的优先等级应对办法也有所不同，见表 2-4。

表 2-4　潜在客户级别划分

| 级别 | 购买周期 | 客户跟踪周期 |
| --- | --- | --- |
| O 级 | 当场签约或交纳定金的客户 | 至少每天进行 1 次维系访问 |
| H 级 | 7 日内可能购车的客户 | 至少每 2 日进行 1 次维系访问 |
| A 级 | 15 日内可能购车的客户 | 至少每 4 日进行 1 次维系访问 |
| B 级 | 30 日内可能购车的客户 | 至少每周进行 1 次维系访问 |
| C 级 | 2~3 个月内可能购车的客户 | 至少每半个月进行 1 次维系访问 |
| N 级 | 购车时间暂时无法确定 | 保持跟踪，每月进行 1 次维系访问 |

潜在客户级别的确定是指一般情况下的常例，由于会受到多种不确定因素的影响，其变动系数是很大的。比如，有的客户虽然已经交付了购车订金，但也随时存在着客户退订的可能；再如，原本要 1 个月才能决定的客户，也有可能 1 周内就决定付款购车。保持多数潜在客户，可以增大销售顾问的信心。

## 🎯 任务实施

| | |
|---|---|
| 一、任务场景 | 汽车营销实训室。 |
| 二、任务设备 | 教学用具、教学电脑、电话、整车、谈判桌椅、车型资料架、销售夹等。 |
| 三、任务要求 | 1. 演练任务：潜在客户分类与评估。<br>2. 演练目的：熟悉客户分类评估的方法，并能够准确完成。<br>3. 演练内容：针对潜在客户进行分类和评估，尽量收集和明确客户的需求、采购进度、预算、竞争、优先评估项等关键评估元素。通过评估，做好分类，然后进入下一个销售阶段。客户信息如下：<br>　（1）王先生是一名国有企业高管，爱人是教师，夫妻感情稳定，家中大事大多是王太太拿主意。两人目前有两个小孩，父母还在一起帮忙带小孩。家庭现有车型是一辆轿车——大众迈腾。考虑到马上就是新年了，全家6人需要共同出行，所以想置换一辆空间大一点的新车。在国庆期间王先生一人来到了丰田4S店，销售顾问小李向其推荐了塞纳车型，王先生说需要考虑一下。<br>　（2）刘女士和朋友周末无聊来到4S店看车，对比亚迪的秦系列特别感兴趣，也认真听取了销售顾问的车辆介绍，但当销售顾问询问刘女士购车时间时，她表示暂时还没有这个需要，只是来看看。<br>　（3）唐先生是一位大学教授，其专业为工业设计，致力于培养能够为中国设计行业奋斗的精英。近段时间想购置一辆国产高端品牌的汽车作为家用，唐先生注重车辆的制造工艺和动力性。销售顾问小张多次接触推荐目标车型，由于唐先生的专业性，对汽车的制造工艺及发展趋势也比较了解，最终也未能达到唐先生的要求。<br>　（4）马先生是一位企业退休工人，目前在用车型是比亚迪秦PULS新能源车，对比亚迪品牌比较认可。由于儿子大学毕业刚参加工作，打算帮儿子选购一辆上班代步车，预算在20万元左右，并且打算贷款购车，车辆月供由儿子自己还。 |
| 四、任务分组 | 在这个任务中，采用分组实施、角色扮演的方式进行，每4人为一组，学生2人扮演客户（抽取客户信息卡）、1人扮演销售顾问、1人为摄像记录员，小组之间角色轮换扮演。通过小组协作，培养学生团队合作精神和协调沟通能力。模拟结束后各组分享讨论客户分类评估的结果，老师点评。 |
| 五、任务步骤 | 1. 请填写以下资料信息：<br>　（1）潜在客户的类型有＿＿＿＿、＿＿＿＿、＿＿＿＿、＿＿＿＿四种。<br>　（2）潜在客户评估方法为＿＿＿＿、＿＿＿＿。<br>2. 在角色扮演过程中完成客户接待，填写潜在客户信息表。 |

**潜在客户信息表**

| 潜在客户信息表 ||||
|---|---|---|---|
| 填表日期 | | 销售顾问 | | 客户姓名 | |
| 基本信息 | 性别 | | 联系电话 | |
| | 年龄 | | 购车阶段 | ☐进过其他品牌店<br>☐进过对手品牌店 |
| | 兴趣爱好 | | | |
| | 客户类型 | ☐首购　☐再购 | | |

项目2　客户开发

65

| 车型预算 | 意向车型 | | 预计购车时间 | |
|---|---|---|---|---|
| | 购车预算 | | 二手车置换 | ☐是 ☐否 |
| 用车历史 | 当前车型 | | 金融产品 | ☐是 ☐否 |
| | 当前行驶里程 | | 当前车龄 | |
| 用车性质 | 购车性质 | ☐私人 ☐公司 ☐政府 | 使用感受及问题 | |
| | 主要使用者 | | 新车用途 | ☐商业 ☐休闲 ☐上班 ☐上学 ☐旅游 ☐其他 |
| 产品需求 | 性能偏好 | ☐外观 ☐内饰 ☐动力 ☐操控 ☐舒适 ☐安全 ☐使用成本 ☐其他 | 乘客类型及数量 | |
| | | | 配置要求 | |
| 推荐方案 | 车型 | | 金融方案 | |
| | 二手车方案 | | | |

4. 根据潜在客户信息表对客户进行分类并使用 MAN 法则进行评估。

| 潜在客户 | 客户类型 | 客户评估 | 客户跟踪方式及周期 |
|---|---|---|---|
| 1 | | | |
| 2 | | | |
| 3 | | | |
| 4 | | | |

## 六、任务反思

1. 学到的新知识点有哪些？

2. 掌握的新技能点有哪些？

3. 你对自己在本次任务中的表现是否满意？写出课后反思。

4. 对客户的评估需要进行认真的观察和全面的分析，请你结合自己的性格特征和学习情况，用 SWOT 分析法评估自己在汽车销售行业的未来发展。

## 任务评价

各组介绍任务完成情况，进行学生自评、学生互评和教师评价。在上述任务中，对扮演"销售顾问"的学生按照评分表2-5进行评价。

表2-5 销售顾问（潜在客户分类与评估）表现评分表

| 序号 | 评价项目 | 评价指标 | 分值 | 自评（30%） | 互评（30%） | 师评（40%） | 合计 |
|---|---|---|---|---|---|---|---|
| 1 | 职业素养 30分 | 分工合理，制订计划能力强，严谨认真 | 5 | | | | |
| | | 爱岗敬业，诚信意识，安全意识 | 5 | | | | |
| | | 团队合作，交流沟通，分享能力 | 5 | | | | |
| | | 遵守行业规范，现场12S管理 | 5 | | | | |
| | | 完成任务积极主动 | 5 | | | | |
| | | 采取多种手段收集信息、解决问题 | 5 | | | | |
| 2 | 专业能力 60分 | 购买能力信息收集完整度 | 10 | | | | |
| | | 购车需求信息收集完整度 | 10 | | | | |
| | | 购买决策信息收集完整度 | 10 | | | | |
| | | 按照MAN法则对客户分类的准确性 | 10 | | | | |
| | | 服务方案的合理性 | 10 | | | | |
| | | 交流方式得当 | 10 | | | | |
| 3 | 创新意识 10分 | 创新性思维和行动 | 10 | | | | |
| | | 合计 | 100 | | | | |
| | | 综合得分 | | | | | |

## 巩固练习

### 一、填空题

1. 基盘客户是_____的客户，又称_____，也是企业的忠诚客户。

2. MAN法则是潜在客户评估的方法，M指的是_____，A指的是_____，N指的是_____。

3. A级客户是_____日内打算买车的客户，销售人员应该至少每_____日进行1次维系访问。

4. B级客户是_____日内打算买车的客户，销售人员应该至少每_____日进行1次维系访问。

5. C级客户是_____日内打算买车的客户，销售人员应该至少每_____日进行1次维系访问。

## 二、单项选择题

1. 对于 m+A+N 客户，我们应该采取的应对策略是（　　）。
   A. 配上熟练的销售技术，有成功的希望
   B. 调查其状况、信用条件等给予融资
   C. 设法找到有决策权的人
   D. 应长期观察、培养，使之具备所有条件

2. 在购车前客户广泛地搜集信息，比较信息，充分了解汽车的相关知识，在不同的品牌之间进行充分的调查、筛选，反复权衡、评估，最后做出购买决策。这种类型的消费者属于（　　）。
   A. 经济型消费者           B. 情感型消费者
   C. 理智型消费者           D. 习惯型消费者

3. 李女士计划在过年前购买一辆比亚迪唐 DMI，她已到店了解相关信息，并且保持与销售人员的电话联系，持续关注 4S 店的相关活动，李女士属于（　　）客户。
   A. 战败        B. 观望        C. 渴望        D. 基盘

4. 张先生在购车时，特别关注汽车的功能性、质量、空间以及上下班和接送小孩是否方便实用，这种购车行为属于（　　）动机。
   A. 求优        B. 求廉        C. 求便        D. 求实

5. H 级客户是（　　）内打算买车的客户，销售人员应该至少每（　　）进行 1 次维系访问。
   A. 7日，2日    B. 7日，3日    C. 15日，2日   D. 15日，4日

## 知识拓展

### 如何对客户进行分类管理

客户是企业生存和发展的动力源泉，是企业发展的生命资源，客户的质量决定企业发展的质量，只有对客户进行有效管理才能更好地发展企业。那么如何对客户进行有效的分类管理呢？

（1）按层级分类客户。把客户群分为关键客户（A 类客户）、主要客户（B 类客户）、普通客户（C 类客户）三个类别，即 ABC 客户分类法。对不同类别的客户，应采取不同的管理方法，并建立科学动态的分类管理机制。

（2）按差异化方式进行管理。采取科学的技术手段，处理好企业与客户之间的关系来提高和维持较高的客户占有率，并正确识别客户盈利价值的差异性，进而采取有效的管理。

（3）在服务资源的配置上更要个性化，避免"大锅饭"或"倒置"现象，既要对所有客户一视同仁，又要对重要客户提供更多的服务，任何企业的资源都是有限的，企业的各项投入与支出都应用在"刀刃"上。

（4）必须对自己拥有的客户进行有效的差异分析，并根据这种差异来区分不同价值的客户，更合理地进行资源配置，实现客户资源价值和企业投入回报的同步最大化。

（5）对现有的客户资料每月进行统计分析，找到有许多个方面相同或相似的客户群体，以区分不同价值的客户，以便有效地分配销售、市场和服务资源，巩固企业同关键客户的关系。

(6) 依据客户价值来策划配套的客户关怀项目，即针对不同客户群的需求特征、消费行为、期望值、信誉度等制定不同的营销策略，配置不同的市场销售、服务和管理资源。

(7) 对关键客户（金字塔中最上层的金牌客户），即在过去特定时间内消费额最多的前10%客户，这类客户是企业的优质核心客户群，对企业的贡献最大，能给企业带来长期稳定的收入，必须花更多的时间和精力来提高该类客户的满意度。

(8) 营销人员（或客户代表）根据客户分类确定回访周期。经常联络，定期走访，为他们提供最快捷周到的服务。

(9) 密切注意客户的所处行业趋势、企业人事变动等其他异常动向。

(10) 应优先处理 A 类客户的抱怨和投诉。

(11) 有效挖掘 C 类客户的转化。按照"方便、及时"的原则，为他们提供大众化的基础性服务；或将精力重点放在发掘有潜力的"明日之星"上，使其早日升为 B 类客户甚至 A 类客户。

(12) 建立科学动态的分类管理机制。A、B、C 三类客户占企业客户的比例应根据具体情况而定，要充分利用企业的大数据，定期对客户资料进行科学的统计分析，并制定一套综合性的客户资信评价标准。

## 任务2.3  潜在客户开发

### 任务导入

陈刚是一名刚参加工作的汽车销售顾问，因为找不到客户，三个月都没有卖出一台车，所以心灰意冷，向主管提出辞职。主管询问他原因时，他回答："找不到客户，没有业绩，只好不干了。"于是主管拉着他走到窗口，指着大街问他："在人群中，难道你没有看到许多潜在客户吗？"之后主管又拿出手机问他："手机里面有什么？"陈刚若有所思，恍然大悟。如果你是陈刚，你知道怎样获取潜在客户的信息吗？怎样才能拓展客户渠道，进行客户的开发呢？

### 学习目标

（1）能够描述并区别潜在客户开发的主要渠道和方法；
（2）能够拟定客户开发方案；
（3）能够描述潜在客户拜访的流程并规范执行；
（4）培养资料收集整理能力，不断提高信息素养和职业规范礼仪；
（5）培养创新意识，提高抗挫折能力，具有良好的沟通表达能力；
（6）树立"怀抱梦想又脚踏实地，敢想敢为又善作善成"的职业进取心。

### 任务分析

随着汽车市场竞争的加剧，目前通过产品差别细分市场来创造优势已经越来越困难，企业发现消费者（潜在客户）是产品生产、渠道选择、售后服务等企业活动的决定力量。广泛的潜在客户是产生最终客户的肥沃土壤，汽车销售流程中的前期准备工作就是潜在客户的开发，只有先找到客户来源，才有销售流程的下一步。有效的潜在客户开发工作可以使更多的客户来了解和接触我们的产品，进而创造更多的销售机会。开发潜在客户是一种拓展客户来源的高效率、低成本的方法。对于销售顾问而言，对潜在客户中的目标客户实施销售跟进，努力促成交易，是潜在客户开发的最终目标。

### 知识链接

### 2.3.1  客户开发渠道

#### 一、媒介渠道

常用的媒介渠道开发客户的方式包括互联网渠道、广告渠道、报刊类渠道。

**1. 互联网渠道**

公司网站就是一个公司的对外窗口，网站展示的公司历史、产品、订购方式、付款方式、联系方式等方面的信息，必然能够吸引一些对公司及其产品感兴趣的人，通过对网络浏览器的统计查询就可能发现潜在客户。公司需要定期更换最新的车型信息与当前的价格活动等网络信息。对4S店来说，要及时查看门户平台上客户的交流信息，解答客户的疑虑，收集客户信息。销售顾问负责跟进这些客户，对这些客户进行进一步开发，以吸引客户来店看车。

销售顾问还可以利用专业的汽车网站（包括App），比如汽车之家、车行168、懂车帝App等收集潜在客户信息，由于网络之便，很多客户在计划买车时都会先在网上查看感兴趣的品牌与车型的信息，进行对比筛选，再决定去4S店看实车。

### 2. 广告渠道

电视广告的播放时间虽然很短暂，但经过重复的播放也能给人留下印象，从而引起客户的注意，引发客户的兴趣，汽车销售顾问通过查阅公司的各种广告反馈记录，可以了解到可能的客户。广告反馈信息应加工分类，分别传送到汽车销售顾问手中，成为发掘客户的线索。

物品广告也可以用来招揽客户。物品广告是指印刷在各种日用物品上的广告，常用的物品有手提袋、购物袋、衣服、雨披、雨伞、风扇等，这些物品广告都能使企业的产品信息在目标客户心中留下印象，从而招来客户。因此，物品广告也是汽车销售顾问寻找目标客户的一种方法和途径。

### 3. 报刊类渠道

报刊类资料主要是指与该汽车销售企业市场范围相关性较大的各类地方报纸，以及全国范围内颇具影响力的专业性报纸和杂志等。虽然目前网络盛行，但报刊依然占有一席之地，报刊这类传统媒介依旧广受大众喜爱。有些4S店会将近期的促销活动、政策动态等信息在报纸上公布，以吸引众多的客户关注这些信息，汽车销售顾问可利用这一机会开发客户。

## 二、4S店渠道

4S店渠道指的是利用汽车销售卖场、汽车品牌专卖店等销售汽车的展示场所，来寻找汽车潜在客户。

对于来店咨询客户的开发，主要形式为客户与汽车销售顾问之间的接洽、详谈。通常情况下，来店咨询客户的购车意向相对较强，最终成交率也普遍较高，基于这样的原因，汽车销售卖场一般情况下在接待来店客户方面，都制定了相应的硬性管理规范。汽车销售顾问在来店客户进门的时候，就要礼貌相迎，给予良好的服务，提供良好的看车环境，在客户需要的时候给予专业的帮助，也要注意留给客户独立看车的时间与空间。对此类客户，汽车销售顾问要充分利用"询问"和"聆听"的需求分析技巧，充分挖掘客户需求，在满足其需求的基础上变潜在客户为现实客户。

对于来电咨询客户的开发，来电咨询客户一般已经通过媒介或者展销会渠道对心仪的车辆有了一定的了解，打电话的目的是进一步核实车型的相关信息，比如是否有货、该车型的具体优惠政策等。因此客户来电时，应仔细倾听客户的询问，将其中一些重要的细节适当记录下来，抓准时机迅速切入交流主题并邀请客户到店面谈，挂断电话之后，应详细地将谈话内容记录下来，并登记在来电客户表上，定期进行整理、归档，以便于后期及时跟踪。

## 三、汽车展示会渠道

汽车展示会也是收集潜在汽车客户的有效渠道之一，自己公司组织、举办的汽车展示会以及其他公司的汽车展示会，是汽车展示会的两种主要形式，这两种展示会都是收集潜在汽车客户的方法与渠道。

汽车销售顾问在参加汽车展示会之前，必须做好充分的准备工作，做到有备而战。首先，提前准备好相应的工具，包括公司宣传册、名片、纸、笔、相机、电脑、信息登记表等；其次，在参加自己公司组织、举办的汽车展示会时，应提前了解并参与到展示会的策划方案设计工作中去，全面掌握汽车展示会的各个具体环节以及整个流程的基本情况，有针对性地制作一份潜在客户信息调查问卷，对客户感兴趣的关键点进行预测，对客户感兴趣的问题制定方案对策，以便于现场给予及时有效的解答；最后，在参加其他公司汽车展示会时，应全面收集展示会信息，准确了解参展品的特征、参展单位的基本情况，收集潜在客户和竞争对手的资料。

## 2.3.2 客户开发方法

### 一、个人观察法

个人观察法也称现场观察法，是指汽车销售顾问根据个人的知识、经验，通过对周围环境的直接观察和判断，寻找目标客户的方法。

只要销售顾问时刻留心、细心观察，就会发现到处都有客户。利用个人观察法寻找潜在客户，要求销售顾问具有良好的职业意识，即具有随时随地挖掘潜在客户的习惯和敏锐的观察能力。有了这种意识，销售顾问即能在别人不注意的时间和地点找到客户。使用个人观察法时，销售顾问首先要善于用眼睛看，即用眼睛去观察一切可能捕捉到的信息。不同的出版物，如杂志、报纸、贸易评论等都可以提供目标客户。其次，销售顾问还要善于用耳朵听，从广播、别人的谈话里发现信息。有时一位朋友无意中谈起的一条信息，对你寻找客户可能就会起到良好的作用。

此外，在利用个人观察法寻找客户时，销售顾问必须具有主动精神，必须充分调动各种感觉器官。个人观察法可以说是其他各种方法的基础，因为其他任何方法的运用实际上均离不开销售顾问个人的观察。运用个人观察结果寻找潜在客户，使销售顾问直接面对市场、面对客户，对提高推销能力、积累推销经验有很大帮助。对汽车销售顾问来说，个人观察法是寻找客户的一种简便、易行、可靠的方法。汽车销售顾问花费较少的时间、精力，就能迅速地找到自己的客户，因而可以节省销售费用。

个人观察法销售顾问可以直接面对现实，面对市场，排除一些中间干扰，与事物直接接触，不需要其他中间环节，观察到的结果、所获得的信息资料真实可靠，是第一手资料，可以使推销人员扩大视野，培养推销人员的观察能力，积累推销经验，提高推销能力。但个人观察法受销售顾问个人素质和能力的影响，且由于事先完全不了解客户对象，故失败率比较高。在销售实践活动中，应将个人观察法与其他方法配合使用，扬长避短，相辅相成，充分发挥其作用。

### 二、普遍寻找法

普遍寻找法也称逐户寻找法或者地毯式寻找法，指汽车销售顾问在事先约定的范围内挨家挨户访问的方法，也叫作地毯式搜索法、逐户访问法、上门推销法。它是在不熟悉客户或不完全熟悉客户的情况下，销售顾问对某一特定地区和特定行业的所有单位或个人进行访问，从中寻找潜在的客户。所采取的寻找客户的方法就是把销售顾问按地区划片分工，逐户去访问。地毯式的访问所依据的原理是平均法则，即认为在被访问的所有对象中，必定有汽车销售顾问所要寻找的客户，而且分布均匀，客户的数量与被访问的对象的数量成正比关系。因此，只要对特定范围内所有对象无一遗漏地寻找查访，就一定可以找到足够数量的客户。地毯式的访问，由于访问面广，了解市场信息较全面，故也可以扩大汽车产品在社会上的影响。由于直接接近客户，可听到各种意见，故可以积累推销工作经验。但如果活动可能会对客户的工作、生活造成不良的干扰，则一定要谨慎进行。普遍寻找法可以通过汽车销售顾问亲自上门、发送邮件、打电话以及与其他促销活动结合进行的方式展开。

### 三、资料调查法

资料调查法也称资料查询法，是指通过查阅各种有关的情报资料来寻找客户的方法，即运用单位内部和外部的历史统计资料，包括政府机关、金融机构、经济科研单位、市场调查情报网，以及报刊网络所登载的有关市场调研资料、市场信息等来进行调查分析市场情况。

汽车销售顾问通过查阅资料寻找客户时，首先要对资料的来源及提供者的可信度进行分析，如果这些资料的来源或提供者的可信度较低，则会阻碍销售工作。同时，还应注意所收集资料的时间问题，应设法去获取那些最新的、有价值的资料。

采用资料调查法，可以较快地了解大致的市场容量和准客户的情况，成本较低，但是时效性比较差。

### 四、委托助手法

委托助手法，就是汽车销售顾问雇用他人在产品销售地区与行业内寻找客户及收集情况，再利用现代化通信设备传递有关信息，然后由销售人员自己去接见与洽谈的一种方法。这些汽车销售顾问常雇用有关人士来寻找准客户，自己则集中精力从事具体的销售访问工作。

这种方法使销售顾问能把更多的时间和精力花在有效销售上，而助手又能帮助销售人员不断开辟新区，从深度和广度两个方面来寻找合格的客户。但这种方法会使得汽车销售顾问处于被动地位，其销售绩效要依赖销售助手的合作。

### 五、交易会寻找法

交易会寻找法是指利用各种交易会寻找准客户的方法。每年都有不少交易会，如车展，每年在北京、上海、广州、深圳等地大大小小的车展有几百个，一般来说，众多的汽车厂商和经销商都会有针对性地派人去参加车展。

交易会不仅能实现交易，更重要的是寻找客户、联络感情并沟通了解，这是一种很好的获得目标客户的方法。参加交易会往往会让汽车销售顾问在短时间内接触到大量的潜在客户，而且可以获得相关的关键信息，对重点意向的客户也可以做重点说明，约好拜访的时间。

去过车展的人都知道，展会现场汽车品牌、型号众多，客户通常是无暇顾及每一个展位的，这就需要我们掌握一定的技巧，并保持热情的态度，以给客户留下一个良好的印象。对于每一位来自己展位咨询的客户，都应认真对待，不可以貌取人或敷衍了事，并尽可能地取得他们的联系方式，以便日后跟踪联系。对于那些购买意向特别强或对你的汽车特别感兴趣的客户，你要尽可能地邀请他们去门店参观，做进一步的洽谈。

### 六、中心辐射法

中心辐射法也称名人介绍法、中心开花法、权威介绍法等，是指汽车销售顾问在一定的销售范围内发展一些具有较大影响力的中心人物或组织来消费自己的产品，然后再通过他们的影响力把该范围内的其他个人或组织变为自己的目标客户。一般来说，中心人物包括某些行业里具有一定影响力的、声誉良好的权威人士，因为中心人物往往是在某方面有所成就，因而被人尊重甚至崇拜的人物。中心人物具有相当的说服力，对广大消费者具有示范效应，因而容易取得他们的信任。但完全将成交的希望寄托在某一个人身上，风险比较大，而且选择恰当的人选是非常重要的。

### 七、连锁介绍法

连锁介绍法是指销售人员依靠他人，特别是现有客户，来推荐和介绍有可能购买产品的潜在客户的一种方法。这种方法要求汽车销售顾问设法从自己的每一次销售谈话中寻找到更多的潜在客户，为下一次销售访问做好准备。一份调查报告显示：在寻找新客户的各种途径中，由现有客户推荐而取得成功的占38%，而其他方法均在22%以下。它与中心开花法的本质区别在于是否开发出核心人物，连锁介绍法中包括核心人物在内的所有人员都在开发的范围内，而中心开发法只限定于核心人物。

连锁介绍法在西方被称为最有效的寻找客户的方法之一，之所以如此，主要有以下几个原因：

（1）在这个世界上，每个人都有一张关系网，每个企业都有一张联络图。曾经销售过13 000多辆汽车，创吉尼斯世界纪录的美国汽车销售大王乔·吉拉德有一句名言："买过我汽车的客户都会帮我推销。"他的60%的业绩就来自老客户及老客户所推荐的客户。他提了一个"250定律"，就是在每个客户的背后都有"250人"，这些人是他们的亲戚、朋友、邻居、同事，如果你能发挥自己的才能，利用一个客户，就等于得到250个关系，其中，就可能有要购买你产品的客户。

（2）每个客户都有自己的信息来源，他可能了解其他客户的需求情况，而这些信息是汽车销售顾问较难掌握的。研究表明，日常交往是耐用品消费者信息的主要来源，有50%以上的消费者是通过朋友的推荐而购买产品的，有62%的购买者是通过其他消费者得到新产品的信息的。

（3）连锁介绍法能够增加销售成功的可能性。一般来说，客户对汽车销售顾问是存有戒心的，如果是客户所熟悉的人推荐来的，就增加了可信度。研究表明：朋友、专家及其他关系亲密的人向别人推荐产品，影响力高达80%，向有客户推荐的客户销售比向没有人推荐的客户销售，成交率要高3～5倍。

连锁介绍法可以减少销售过程中的盲目性，现有客户推荐的新客户大多是他们较为熟悉的单位或个人，甚至有着共同的利益，所以提供的信息准确、内容详细，如果销售顾问赢得了现有客户的信任，那么通过这种内在的联系来寻找客户，会取得较高的成功率。但由于潜在客户要靠现有客户引荐，故事先难以制订完整的销售访问计划；由于寻找潜在客户受到现有客户的制约，故可能使整个销售工作处于被动的地位。

以上介绍了多种寻找客户的方法与技巧，它们均具有很强的适用性，但是在具体使用时又因产品、客户、汽车销售顾问的不同而有所差异。汽车销售顾问要根据实际情况选择具体的方法，并根据市场变化而随时调整，灵活运用各种方法来提高汽车销售业绩。

## 2.3.3 潜在客户拜访

上门拜访客户是汽车销售顾问进行潜在客户开发最常用的方法之一，与客户第一次面对面地沟通，有效地拜访客户，是汽车销售迈向成功的第一步。只有在充分的准备下拜访客户，才能取得成功。

### 一、拜访前的准备

**1. 计划准备**

1）计划目的

由于销售模式是具有连续性的，因此上门拜访的目的是介绍公司、品牌与产品，向客户提供选择产品的理由。

2）计划任务

销售顾问的首要任务就是把自己"陌生之客"的立场在短时间内转化成"好友立场"，并让客户能够记住你。

3）计划路线

销售顾问要做好路线规划，统一安排好工作，合理利用时间，提高拜访效率。

4）计划开场白

好的开场白对于整个拜访计划的成功起到至关重要的作用，汽车销售顾问可以根据潜在客户的兴趣特征设计自己的开场白，常见的有效开场白包括赞美、举例、演示、请教、赠品等。

**2. 外部准备**

1）仪表准备

"第一印象的好坏90%取决于仪表"，上门拜访要成功，就要选择与场合相协调的服装，以体现专业形象，以期通过良好的个人形象向客户展示品牌形象和企业形象。穿戴公司统一的制服，着装整洁，衬衫、领带和西服要协调，鞋袜搭配协调，会让客户觉得公司很正规、管理很规范。

2）资料准备

"知己知彼，百战不殆！"要努力收集到客户资料（购买动机、消费习惯、兴趣爱好、社交范围、购买能力等），了解潜在客户属于哪个类型，什么是其真实的购买动机，付款能力怎样，大概的采购时间，等等。

3）工具准备

"工欲善其事，必先利其器。"一位优秀的销售顾问除了要具备锲而不舍的精神外，一套完整的销售工具是绝对不可缺少的。凡是能促进销售的东西，销售顾问都要带上。调查表明，销售顾问在拜访客户时，利用销售工具可以降低50%的劳动成本，并提高10%的成功率和100%的销售质量。这里所说的销售工具包括名片、产品宣传图册、产品实物演示光盘、笔记用具、价格表、意向性协议书和合同等。

4）时间准备

汽车销售顾问在拜访之前一定要预约，预约好了时间，最好是提前5~7分钟到达，做好进门前的准备工作。

**3. 内部准备**

1）信心准备

汽车销售顾问在拜访客户前一定要情绪高昂，保持积极进取的心态，充满激情，用激情去感染客户。

2）知识准备

储备丰富的专业知识，包括企业知识、产品知识、销售知识、市场知识等。

3）拒绝准备

大部分客户是友善的，换个角度去想，在接触陌生人的初期，每个人都会本能地抗拒以保护自己，所以会找一个借口回绝你，但并不是真的讨厌你。

## 二、拜访客户

### 1. 上门拜访的 10 分钟法则

1）开始 10 分钟

虽然销售人员与从未见过面的客户之间没有沟通过，但见面三分情，因此刚开始的 10 分钟很关键，这 10 分钟主要是用于消除陌生感而进行的沟通。

2）重点 10 分钟

了解客户需求后自然过渡到谈话重点，千万不要画蛇添足地超过 10 分钟。这 10 分钟主要是用于情感沟通，以判断客户是否是目标客户。

3）离开 10 分钟

为了避免客户烦躁导致上门拜访失败，最好在重点交谈后 10 分钟内离开客户家，给客户留下悬念，使其对活动产生兴趣。

### 2. 第一次上门拜访的步骤

1）确定进门

进门之前应先按门铃或敲门，然后站立门口等候。敲门以 3 下为宜，声音有节奏但不要过重。采用的话术："××在家吗？我是××公司的小×！"主动、热情、亲切的开场白是顺利打开客户家门的金钥匙。对方开门后一定要展示自己诚实大方的精神面貌，不要有傲慢、慌乱、卑屈、冷漠、随便等不良态度。同时，严谨的生活作风能代表公司与个人的整体水准，千万不要让换鞋、雨伞滴水等小细节影响正事。

2）赞美观察

上门拜访过程中会遇到形形色色的客户，每一位客户的认知和态度是不同的，要持有一个理念："没有不接受产品和服务的客户，只有不接受销售产品和服务的营销人员的客户。客户都是有需求的，只是选择哪一种品牌的产品或服务的区别而已"！

人人都喜欢听好话，赞美的语言是最好的销售武器。可以通过房间布局和布置、气色、气质、穿着等话题进行交流。赞美是一种非常好的沟通方式，但不要过于夸张地进行赞美，这会给你留下不好的印象。

观察六要素指的是门前的清洁程度，进门处鞋子的摆放情况，家具摆放及装修状况，家庭成员及气氛明朗程度，宠物、书画，屋中杂物摆放状况，据此了解客户的身份、地位、爱好等，从而判断是否是目标客户。

3）有效提问

销售顾问是靠口才来赚钱的，凡是优秀的销售顾问都具备良好的沟通能力。但"客户不开口，神仙难下手"，销售顾问应通过有效的提问，让客户来主动讲话，从而与客户进行有效沟通。

4）倾听推介

销售人员要少说话，多听、多看。销售人员应通过倾听获取客户信息，这有助于对客户进行需求分析，在倾听时要集中精神、快速思考，抓住内容的精髓。

5）克服异议

在汽车销售的过程中，任何时候客户都有可能提出异议。因此，销售人员应该正确对待客户异议，明白客户异议是成交的开始，只有处理好客户异议才能促进成交。

6）确定达成

销售人员应该从客户的举止言谈中正确识别客户的成交信号，并抓住这些信号，进而把握成交的契机。

### 三、拜访结束

初次上门拜访时间不宜过长，一般控制在20~30分钟。谈话结束前要对客户谈话的要点进行总结并表示感谢，其次约定下次拜访的时间和内容。在结束初次拜访时，汽车销售顾问要再次确认一下本次来访的主要目的是否达到，然后向客户叙述下次拜访的目的，约定下次拜访的时间。

客户拜访的过程时间很短，但前期准备的很多，只有做好充分的准备工作才能在拜访中抓住机遇，提高拜访的成功率。

## 任务实施

| 一、任务场景 |  |
|---|---|
| 汽车营销实训室。 |  |
| 二、任务设备 |  |
| 教学用具、教学电脑、产品实物演示光盘、产品宣传图册、谈判桌椅、潜在客户信息表、销售夹等。 |  |
| 三、任务要求 |  |
| 1. 演练任务：潜在客户开发。<br>2. 演练目的：<br>①掌握客户开发的渠道和方法；<br>②掌握潜在客户拜访的流程和规范话术。<br>3. 演练内容：<br>①制订客户开发计划；<br>②进行重要客户的拜访。 |  |
| 四、任务分组 |  |
| 在这个任务中，采用分组实施（含角色扮演）的方式进行，4~8人为一组，通过学生自荐或推荐的方式选出组长，负责本团队的组织协调工作，带头示范、督促、帮助其他组员完成相应工作。 |  |
| 五、任务步骤 |  |
| 1. 销售顾问在拜访潜在客户之前要做好各方面的准备工作，请写出准备的要点。 |  |

| 销售顾问工作准备 ||
|---|---|
| 计划准备 |  |
| 内部准备 |  |
| 外部准备 |  |

2. 请写出拜访潜在客户的步骤。

3. 请写出 10 分钟法则中销售人员的重点介绍内容及注意事项。

| 10 分钟法则 |||
| --- | --- | --- |
| 10 分钟法则 | 重点介绍内容 | 注意事项 |
| 开始 10 分钟 | | |
| 重点 10 分钟 | | |
| 结束 10 分钟 | | |

4. 销售顾问小李最近业绩不佳，为了开发客户，他通过以下方法获得了客户信息，请写出相应话术。

(1) 借助基盘客户获得潜在客户资料（××单位的老总）。

(2) 通过媒介渠道开发客户（××物流公司需要采购 5 辆商务用车）。

5. 销售顾问应该如何在车展上找寻属于自己的客户呢？真正的汽车消费者会在车展上表现出哪些特征？

## 六、任务反思

1. 学到的新知识点有哪些？

2. 掌握的新技能点有哪些？

3. 你对自己在本次任务中的表现是否满意？写出课后反思。

4. 客户开发需要工作方法的不断改进更新和工作人员持续的跟进，以小组为单位，讨论对"工匠精神"的理解，谈谈你心目中的"大国工匠"。

## 任务评价

各组介绍任务完成情况，展示任务成果，进行学生自评、学生互评和教师评价。在上述任务中，对扮演"销售顾问"的学生按照评分表 2-6 进行评价。

表 2-6 销售顾问（潜在客户开发）表现评分表

| 序号 | 评价项目 | 评价指标 | 分值 | 自评（30%） | 互评（30%） | 师评（40%） | 合计 |
|---|---|---|---|---|---|---|---|
| 1 | 职业素养 30 分 | 分工合理，制订计划能力强 | 5 | | | | |
| | | 爱岗敬业，责任意识，服从意识 | 5 | | | | |
| | | 团队合作，交流沟通，分享能力 | 5 | | | | |
| | | 遵守行业规范，现场 12S 管理 | 5 | | | | |
| | | 完成任务积极主动 | 5 | | | | |
| | | 采取多种手段收集信息、解决问题 | 5 | | | | |
| 2 | 专业能力 60 分 | 销售顾问着装得体、拜访礼仪规范 | 10 | | | | |
| | | 提问和倾听的方法得当 | 10 | | | | |
| | | 洽谈、应对方式得当 | 10 | | | | |
| | | 专业知识储备 | 10 | | | | |
| | | 收集客户信息完整 | 10 | | | | |
| | | 拜访前的准备工作完整（辅助工具、拜访计划、精神状态等） | 10 | | | | |
| 3 | 创新意识 10 分 | 创新性思维和行动 | 10 | | | | |

## 巩固练习

### 一、不定项选择题

1. 常见的客户开发渠道有（　　）。
   A. 媒介渠道　　B. 4S 店渠道　　C. 汽车展会　　D. 老客户介绍
2. 常见的媒介开发客户的方式有（　　）。
   A. 互联网渠道　　B. 广告渠道　　C. 报刊类渠道　　D. 新媒体 App
3. 常见的客户开发方法有（　　）。
   A. 个人观察法　　B. 资料调查法　　C. 普遍寻找法　　D. 委托助手法
4. 关于潜在客户拜访说法正确的是（　　）
   A. 上门拜访客户是汽车销售顾问进行潜在客户开发最常用的方法之一
   B. 上门拜访时销售顾问可捎带一些特色礼品
   C. 初次上门拜访时间不要太长，控制在 30 分钟以内为佳
   D. 上门拜访时销售顾问要注意观察，判断客户的爱好等个人信息
5. 汽车销售顾问在一定的销售范围内发展一些具有较大影响力的中心人物或组织来消费自己的产品，然后再通过他们的影响力把该范围内的其他个人或组织变为自己的目标客

户。这种开发客户的方法为（　　）。

　　A. 中心辐射法　　　B. 连锁介绍法　　　C. 普遍寻找法　　　D. 委托助手法

## 二、案例讨论

　　乔·吉拉德曾连续 15 年成为世界上售出新汽车最多的人，他的秘诀之一就是名片满天飞。他到处送名片，就餐付账时名片夹在账单中；在运动场上，他把名片大把大把地抛向空中。吉拉德认为要让更多的人知道他是干什么的、销售的是什么商品，就可能得到更多的机会。

　　案例讨论：列举生活中各种适合发名片的场合，并简述如何发才能让别人记住你。

## 知识拓展

### 比亚迪拓展海外市场，开启中国汽车新篇章

　　随着新能源汽车的不断发展，全球汽车市场格局也发生了很大转变，而以比亚迪为首的国产新能源品牌开始迅速崛起，成为全球汽车市场关注的焦点。根据中国海关总署统计的数据来看，2022 年 1—8 月份中国汽车出口量达到了 191 万辆，超越德国跃居全球第二，实现了历史性突破。

　　作为世界 500 强企业之一，比亚迪汽车在产业布局方面一直极具前瞻性，除了在国内市场稳定发展之外，它还在积极布局全球市场，它从 1998 年开始踏足海外市场，时至今日，业务已从电池领域扩展到太阳能、储能、轨道交通、新能源汽车以及电子等多个领域，运营足迹也是遍及全球 70 多个国家、400 多个城市。目前在海外市场布局方面，比亚迪又进行了十分积极的投入，其海外拓展布局的框架也已经初步成型。

　　在纯电动商用车领域，比亚迪已经成功进入欧、美、日、韩、澳等发达国家市场。在欧洲市场，除了交付了英国、西班牙、瑞典在内的欧洲多国订单之外，又先后斩获了罗马尼亚、德国、英国、瑞典、芬兰等国家的多个大订单。与英国巴士制造商合作伙伴亚历山大丹尼斯（ADL）联袂打造了 1 000 台纯电动大巴，并成功交付给英国知名公交运营商 Stagecoach。近日又与德国汽车租赁公司 Sixt 签署合作协议，在未来六年内，Sixt 将购买至少 10 万辆比亚迪电动汽车，投放到德国高端汽车租赁市场。

　　在美洲市场，除了在墨西哥交付拉美最大纯电动物流卡车车队之外，还成功中标哥伦比亚 1 002 台大巴订单。在亚太市场，比亚迪的布局也初步建成，除了进入日本、韩国、澳大利亚和新加坡等发达国家之外，足迹也遍布亚太 20 多个国家和地区的 40 多个城市。在日本，比亚迪纯电动巴士市占率排名第一，并与京阪巴士及关西达成电力合作。此外，比亚迪还与多国合作伙伴签订合作协议，比如蒙古、印度、老挝、马来西亚、约旦、菲律宾、柬埔寨以及泰国等，比亚迪的首个海外乘用车工厂也正式落户泰国。比亚迪公司与泰国 WHA Corporation Public company Limited 正式签署了在 WHA Rayong 36 工业区购买土地（96 公顷①或 237 英亩②）和建设工厂的合同。泰国被称为东盟最大的汽车市场和东南亚的汽车制造中

---

① 1 公顷＝0.01 平方千米（km²）。
② 1 英亩＝0.004 05 平方千米（km²）。

心，拥有强大的电动汽车雄心。该工厂预计将于 2024 年投产，年生产能力约为 15 万辆。泰国制造的电动汽车将在当地销售并出口到邻近的东盟国家和其他地区。比亚迪在世界卫生工业园区开设了一家新的海外乘用车工厂，标志着比亚迪向全球扩张迈出了重要一步。

除了终端产品合作之外，在基础服务方面也在不断业务合作伙伴，比亚迪与壳牌集团成功签署全球战略合作协议及股权合作协议，它们将共同推进能源转型，优化比亚迪新能源汽车用户的充电体验。比亚迪又携比亚迪唐、汉和 ATTO 3（国内车型元 PLUS）三款车型亮相巴黎车展，与壳牌集团一起宣布将向车主开放欧洲境内约 30 万个壳牌充电桩使用权。值得一提的是，BYD ATTO 3（国内车型元 PLUS）经过各项严苛测试，获得 2022 年欧盟新车安全评鉴协会（Euro NCAP）五星安全评级。

而比亚迪之所以能迅速打开海外市场，除了品牌优势之外，比亚迪推出的刀片电池、DM-i 超级混动、e 平台 3.0 和 CTB 电池车身一体化等颠覆性技术，也赢得了消费者们的认可。其中值得一提的是，相比传统磷酸铁锂电池，刀片电池的寿命更长、安全性更高、续航也更长，而且它还通过了行业内公认的对电池电芯安全性最为严苛的"针刺穿透测试"。而以电为主的 DM-i 超级混动技术，具有超低油耗、静谧平顺和卓越动力等特点。纯电专属 e 平台 3.0 搭配 CTB 电池车身一体化技术，其安全、高效、操控和美学方面也都实现了新的突破。

从比亚迪的身上，我们看到了中国汽车企业在海外市场地位的转换。当年国内车企依靠低价换取海外市场的格局，已经变成了"用品质与服务"征服合作伙伴与用户。无论是品牌影响力、核心技术还是营销战略，比亚迪无疑为其他国内车企，尤其是新能源汽车品牌起到了榜样作用。凭借在海外市场超过 20 年的发展经验，比亚迪目前已经积累了非常成熟的国际化业务与管理团队，而且积累了丰富的国际化运营经验，甚至在不同国家的市场实现了人才本土化积累。未来，比亚迪还将继续发挥自己在新能源汽车领域的优势，保证国际市场稳定快速的发展，从而进一步推动全球汽车市场向新能源领域的过渡与转型，打响中国品牌的知名度。

# 项目 3　汽车推介

## 项目简介

汽车推介是汽车销售流程中重要的一个工作项目，销售顾问对于来店客户，需要运用正确的商务接待礼仪和语言沟通技巧与客户建立联系和信任，根据客户的个人情况和购车需求进行顾问式的推荐和车型介绍。准确的汽车推介能够给后续的商务洽谈打下良好的基础，也关系着销售顾问和企业双方的业绩，是销售顾问必备的核心技能。

## 任务 3.1　客户接待

### 任务导入

比亚迪和平 4S 店地理位置优越，环境优美，交通便利。客户陈先生通过朋友推荐打算来店看车，来店之前，陈先生拨打了 4S 店的联系电话进行相关信息咨询。作为 4S 店的工作人员，我们如何做好客户来电的接待，并邀约客户进店呢？对于来到展厅的客户，在接待方面有哪些注意事项？接待前有哪些准备工作？怎样接待才能让客户愉快地留下联系方式并进行下一步的交流呢？

### 学习目标

(1) 熟悉接待前的各项准备工作；
(2) 能够叙述客户接待的流程；
(3) 规范完成展厅客户接待；
(4) 规范完成来电客户接待；
(5) 养成以礼待人的工作作风，提升职业素养；

(6) 培养爱岗敬业的精神和"客户至上"的服务意识，并内化为日常习惯；

(7) 践行社会主义核心价值观——文明、友善、敬业。

## 任务分析

客户接待是汽车销售企业的对外窗口，代表企业的形象和整体水平，良好的接待礼仪和规范的服务流程可以给客户留下难忘的第一印象，这个过程中工作人员与客户的沟通交流对于企业非常重要，能够直接影响企业的销售业绩。

## 知识链接

### 3.1.1 接待前准备

车辆是使人们生活变得更舒适的消费品，客户购车希望是在一个舒适、干净、整洁、有品位的环境中进行，所以客户接待的目的就是通过对人、车、物的不断准备与完善，保证展厅时刻处于接待客户的最佳状态，给客户营造一种适合购车的整体环境。

#### 一、展厅环境准备

汽车销售的展厅环境非常重要，良好的展厅环境可以给客户留下好的第一购车印象，提升客户的购车欲望，所以展厅的硬件设施要整洁、完好、可用，布局做到分区合理、错落有致。

**1. 展厅整体布置**

(1) 展厅内、外墙面及玻璃墙等保持干净整洁，应定期清洁，墙面无乱贴的广告宣传海报等。

(2) 展厅的地面、展台、空调、灯具、视听设备等保持干净整洁。

(3) 展厅内部相关标识的使用应符合各品牌公司有关 CI、VI 的要求。

(4) 展厅内所有布置物应使用公司提供的标准布置物。

(5) 展厅内摆设型录架，在型录架上整齐地放置与展示车辆相对应的各种型录。

(6) 展厅内保持适宜、舒适的温度。

(7) 展厅内的照明要求明亮，令人感觉舒适，依照标准，照度应在 800 流明左右。

(8) 展厅内须有隐蔽式音响系统，在营业期间播放舒缓、优雅的轻音乐。

**2. 客户接待台**

(1) 客户接待台位置醒目，一般处于展厅的中心位置，台面要保持干净、整洁、无杂物，各种文件、名片、资料等整齐放在台面下。

(2) 客户接待台处的电话、电脑等设备保持良好的可使用状态。

**3. 车辆展示区**

(1) 注意车辆的颜色搭配。展示区域的车辆不能只有一种颜色，几种颜色搭配的效果会更好一些。

(2) 注意车辆的型号搭配。同一个品牌的车，可能有不同的系列，车型从小到大，不同型号与配置都应搭配展示。

(3) 注意车辆的摆放角度，让客户感觉错落有致，而不是零乱无序。

（4）注意重点车型的摆放位置。要把它们放在合适醒目的位置，属于旗舰的车型一定要突出它的位置。可以把一些特别需要展示的车辆停在一个展台上，同时配置一些聚焦的灯光，突出重点。

（5）展厅内不许摆放其他品牌的轿车、装饰和宣传物品。

### 4. 业务洽谈区

业务洽谈区的桌椅摆放整齐有序，保持洁净，桌面上备有烟灰缸，每次在客人走后及时清理干净。桌椅的摆放应注意与展车的距离，应方便客户观察展车。注意每套桌椅之间的布置，考虑相互之间的影响和洽谈的互不干扰性。

### 5. 客户休息区

（1）客户休息区应保持整齐清洁，沙发、茶几等摆放整齐并保持清洁。

（2）客户休息区的桌面上备有烟灰缸，烟灰缸内若有3个以上（含3个）烟蒂，应立即清理；每次在客人走后，立即把用过的烟灰缸清理干净。

（3）客户休息区应设有杂志架、报纸架，各备有5种以上的杂志和报纸，其中含有汽车杂志、报纸，报纸应每天更新，杂志超过一个月以上需要更换新版。

（4）客户休息区应设有饮水机，并配备标准的杯托和一次性杯子。

（5）客户休息区需摆放绿色植物盆栽，以保持生机盎然的氛围。

（6）客户休息区需配备大屏幕彩色电视机、影碟机等视听设备，在营业时间内可播放汽车广告宣传片或专题片。

### 6. 卫生间

（1）卫生间应有明确、标准的标识牌指引，男女标识应易于区分；做到客人和员工分离，有专人负责卫生清洁，并由专人负责检查与记录。

（2）地面、墙面、洗手台、设备用具等保持清洁，台面、地面无积水，大小便池不许有脏物。

（3）卫生间内无异味，应放置除味剂来消除异味。

（4）卫生间内相应位置应随时备有充足的卫生纸，各隔间内设有衣帽钩，小便池所在的墙面上应悬挂赏心悦目的图画。

（5）卫生间洗手处须有洗手液、烘干机、擦手纸和绿色盆栽装饰，台面保持无积水和其他杂物。

（6）在营业时间播放舒缓、优雅的背景音乐。

### 7. 儿童游戏区

（1）儿童游戏区应设在展厅的里端，位置应相对独立，有专人负责儿童活动时的看护工作（建议为女性），不宜离楼梯、展车、电视、型录架、规格架等距离太近，需保证展厅内的客户能看到儿童的活动情况。

（2）儿童游戏区要能够保证儿童的安全，所用的儿童玩具应符合国家有关的安全标准，应由相对柔软的材料制作而成，不许采用坚硬锐利的物品作为儿童玩具。

（3）儿童游戏区的玩具具有一定的新意，色调丰富，保证玩具对儿童有一定的吸引力。

## 二、销售顾问的准备

销售顾问在与客户交往时，第一印象十分重要。第一印象在心理学上被称作"最初印象"，是指人们初次见面后对彼此形成的印象，通过仪表、礼节、言谈举止，对他人态度、表情及说话的声调、语调、姿态等诸多方面，产生基本评价和看法。第一印象一旦形成，便很难改变。对销售顾问来说，给客户的第一印象往往决定交易的成败，客户对销售顾问有好的第一印象，自然会对后续的产品和购买方案产生好感。

### 1. 销售顾问的自我心理准备

（1）自信。对于一个销售顾问来说，首要的是成功的自信，要时刻怀有"我一定能完成自己的目标""我一定能成为优秀的销售顾问"的信念。销售顾问要对所在企业、销售的产品还有自己充满信心，并将这份信心传递和感染给客户。客户会因为你的自信而信任你和你的产品。

（2）热情。销售顾问必须保持饱满的工作热情才能给予客户良好的服务体验，在与客户洽谈交流的过程中，客户也会因此为感动，容易达到预期效果。

（3）毅力。汽车销售中一次成交的机会是很少的，销售顾问必须保持持之以恒的态度和毅力，不断争取，才能获得成功。

（4）勇气。销售工作中最常遇到客户的异议和拒绝，这往往会给销售顾问造成一定的心理障碍。因此，克服这种心理障碍就成为销售顾问能否成功的标志，这需要足够的勇气。

（5）目标。销售顾问必须给自己定一个远期和近期的目标，包括全年销售目标及每月、每周的目标，每天打电话的数量，拜访客户的数量。销售业绩要用数字说话，用目标来督促自己不断努力。

### 2. 销售顾问的形象准备

汽车销售顾问是公司和产品的代言人，销售顾问的形象在某种程度上也代表公司、企业和品牌。得体的形象会给客户留下良好的第一印象，汽车销售顾问必须注重自己的仪容仪表和言谈举止，以最佳的职业形象展现在客户面前。

### 3. 销售顾问的知识准备

1）产品专业知识

汽车销售顾问应对汽车的基本构造原理和最新的品牌及车型的发展有所掌握；对品牌的悠久历史、品牌定位和市场表现有所了解，并能用生动的语言加以描述；了解各种车型的特点和配备；熟悉竞争对手的品牌和产品，能够进行客观的竞品比较等。只有熟练掌握汽车产品的专业知识，才能够在汽车销售中熟练应对客户的异议。

2）非产品专业知识

汽车销售顾问应该熟悉汽车市场；熟悉必备的商务礼仪和销售工作的每个环节；熟悉一些基础的营销知识和客户心理；讲究谈判和语言艺术；熟悉各种票据、财务手续等。

总之，销售顾问的服饰、仪表、举止礼仪是内在形象的外在表现，长期的知识储备和个人素养积累会使其散发出独特的魅力。因此，在销售活动中应尽力保持自己最佳的仪表，争取最佳的商谈结果。

## 三、车辆和资料准备

### 1. 车辆准备

在客户视线以内，车辆的展示有以下标准：

（1）按规定摆放车辆的资料展示架。

（2）展车要全面清洁卫生，无手纹、无水痕（包括发动机室、车身、门槛、门缝、门拉手、前脸等部位）。车辆发动机盖打开后，凡是视线可及的范围内都不允许有灰尘。轮胎清洗干净之后用亮光剂喷亮。

（3）轮毂中间的 LOGO（车标牌）应与地面成水平状态。轮胎导水槽内要保持清洁，无异物。

（4）调整好倒车镜、后视镜，使其处于一个合适的位置。

（5）转向盘摆正并调到最高位置，如果太低，客户坐进去以后会感觉局促别扭。前排座椅调整到适当的距离，而且前排两个座位从侧面看必须一致，也就是乘客腿部空间和座椅靠背的角度要一致，而且座位与转向盘也要有一个适当的距离，以方便客户的进出。

（6）后座椅安全带折好塞到后座椅座位中间的缝隙里面，留 1/2 在外面。

（7）将仪表盘上的时钟调校出标准的北京时间。

（8）行李舱整洁有序，无杂物。

（9）确认电台广播、音乐播放、地图导航等智能网络功能使用无误，车主常用的交通台、文艺台等广播频道事先调好且音量适中。

（10）展车内部放好脚垫，如果是品牌定制脚垫（沃尔沃的脚垫上有沃尔沃的标志），摆放时应注意标志的方向。同时注意脚垫放正，脏了以后应及时更换。

**2. 资料准备**

展示汽车产品的各种宣传材料，包括展车宣传手册、多媒体影音资料、展览用零部件、照片、广告海报、产品目录、价格表等。每个资料架上必须整齐摆放附近展车的车型资料，并贴上醒目标识，资料数量要充足。

1）展厅需备有的物品

（1）饮水机、饮品、杯子、糖果、烟灰缸（干净）、雨伞等。

（2）电脑、展厅集客统计表、洽谈记录本、名片、笔等。

（3）商品车库存（品种、颜色、数量、优惠标准等）查看系统。

（4）当月工作计划与分析表。

2）销售顾问准备的物品

（1）办公用品：计算器、笔、便笺纸、记录本、名片（夹）、面巾纸、来店客户登记表及电话记录表、公司内部电话本等。

（2）资料：公司简介资料、荣誉介绍、产品介绍、竞争对手产品比较表、媒体报道剪辑、客户档案资料、促销信息资料、售后服务有关信息资料等。

（3）销售表：产品价目表、新（旧）车协议单、一条龙服务流程单、试驾协议单、保险文件、按揭文件、新车预定单等。

## 3.1.2 来电接待

**一、来电客户接待流程**

来电客户具体的接待流程如图 3-1 所示。

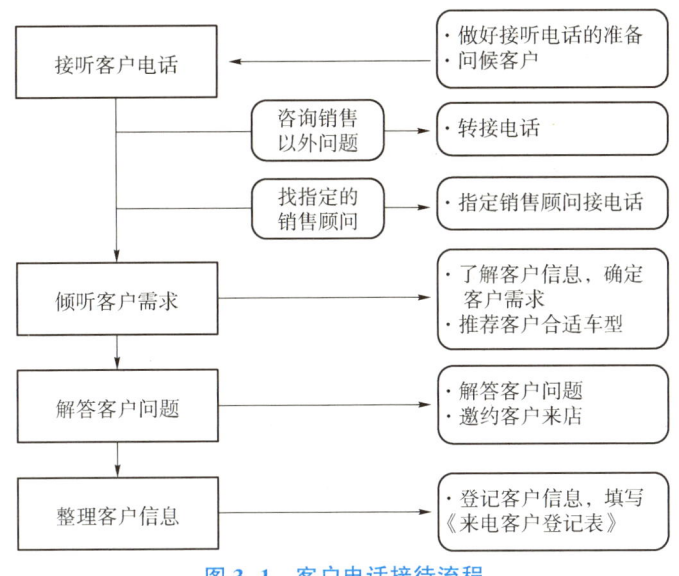

```
接听客户电话 ← ·做好接听电话的准备
              ·问候客户
    │
    ├── 咨询销售以外问题 → ·转接电话
    │
    ├── 找指定的销售顾问 → ·指定销售顾问接电话
    │
倾听客户需求 → ·了解客户信息，确定客户需求
              ·推荐客户合适车型
    │
解答客户问题 → ·解答客户问题
              ·邀约客户来店
    │
整理客户信息 → ·登记客户信息，填写《来电客户登记表》
```

图 3-1　客户电话接待流程

## 二、接电话礼仪

### 1. 左手持听筒、右手拿笔

大多数人习惯用右手拿起电话听筒，但是在与客户进行电话沟通的过程中往往需要做必要的文字记录。在写字的时候一般会将话筒夹在肩膀上面，这样电话很容易夹不住而掉下来发出刺耳的声音，从而给客户带来不适。为了消除这种不良现象，应提倡用左手拿听筒，右手写字或操纵计算机，这样就可以轻松自如地达到与客户沟通的目的。

### 2. 电话铃声响过两声之后接听电话

通常，应该在电话铃声响过两声之后接听电话，如果电话铃响三声之后仍然无人接听，客户往往会认为这个公司员工的精神状态不佳。

### 3. 报出公司或部门名称

在电话接通之后，接电话者应该先主动向对方问好，并立刻报出本公司或部门的名称，例如，"您好，这里是某某公司……"。如果拿起电话张口就问："喂，找谁，干吗？……"是很不礼貌的，应该注意改正，彬彬有礼地向客户问好。

### 4. 确定来电者身份

实际工作中，很多规模较大公司的电话都是通过前台转接到内线的，如果接听者没有问清楚来电者的身份，在转接过程中遇到问询时就难以回答清楚，从而浪费宝贵的工作时间。在确定来电者身份的过程中，尤其要注意给予对方亲切随和的问候。

### 5. 听清楚来电目的

了解清楚来电的目的，有利于对该电话采取合适的处理方式。电话的接听者应该弄清楚以下一些问题：本次来电的目的是什么；是否可以代为转告；是否一定要指名者亲自接听；是一般性的电话销售还是电话往来。

### 6. 注意声音和表情

接听电话时要注意声音和表情。虽然电话双方无法看到彼此面容，但双方的喜悦或烦躁会通过语调流露出来。微笑地说话，声音也会传递出愉悦的感觉，听在客户耳中就显得有亲和力。所以，汽车销售人员要注意让面容处于微笑状态，让声调充满笑意。

#### 7. 保持正确姿势

接听电话过程中应该始终保持正确的姿势，身体不要下沉，不要趴在桌面边缘，这样可以使声音自然、流畅和动听。

#### 8. 复诵来电要点

电话接听完毕之前，不要忘记复诵一遍来电的要点，防止记录错误或者偏差而带来误会，使整个工作的效率更高。例如，应该对会面时间、地点、联系电话、区域号码等各方面的信息进行核查校对，尽可能地避免错误，以便准确和及时地帮助客户解决问题。否则会影响公司的服务，造成不好的影响。

#### 9. 最后道谢

最后的道谢也是基本的礼仪。来者是客，以客为尊，千万不要因为是电话而不是客户直接面对而认为可以不用搭理他们。实际上，客户是公司的衣食父母，公司的成长和盈利的增加都与客户的来往密切相关。因此，公司员工对客户应该心存感激，向他们道谢和祝福。

#### 10. 不要先挂断电话

通话结束后，客户的耳朵可能尚未离开话筒，此时挂断电话是不礼貌的行为。所以，销售人员要等客户挂断电话之后再挂电话。

### 三、来电客户接待规范

#### 1. 接电话规范

电话来访是发掘潜在客户的重要渠道，接听电话时要按照电话礼仪要求，礼貌接听和交流，做好三件事情：一是客户信息的登记；二是根据交流情况判断客户的购车意向，采取合适的跟踪策略；三是主动邀约客户来店看车与试乘、试驾。

#### 2. 转电话规范

如果客户要找之人不在店内，或者不能及时接听电话，则必须委婉说明原因，询问客户是否需要留话或者等待，尽力留下客户的联系方式，把客户的留言准确无误地传达给同事，并请同事第一时间回拨客户的电话。

#### 3. 回答问题的规范

当来店客户提出问题时，接听电话的工作人员一定要注意内容回答的准确性与专业性，要让知道的人来回答对应的问题。如客户询问汽车新车型的功能配置和价格，销售顾问要根据情况向客户解释介绍，如客户提出售后服务或二手车问题，销售顾问不能包办代替，可转接对应的部门，让具体的业务人员进行回答，避免回答有误给后续工作带来麻烦。

## 3.1.3 展厅接待

### 一、展厅客户接待流程

店内接待的一般流程是：迎接、问候、自我介绍、倒茶、咨询（需求分析）、推荐合适车型、试乘试驾、价格磋商、成交、送别客户等。对于第一次到店的一般客户，各汽车 4S 店的客户接待流程大体相同，如图 3-2 所示。

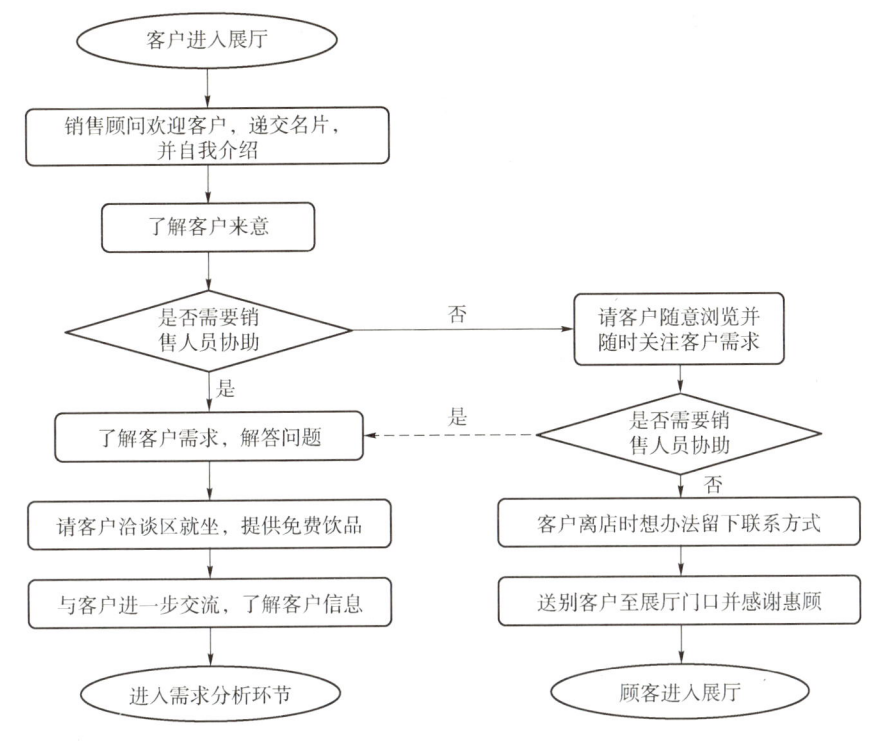

**图 3-2 客户来店接待流程**

## 二、展厅客户接待规范

### 1. 客户进门时

（1）在展厅大门内热情迎接客户，询问客户的来访目的。
（2）及时递上名片，简短自我介绍并请教客户尊姓。
（3）与客户的同行人员一一打招呼。

### 2. 客户想独自参观车辆时

（1）按客户意愿进行，请客户随意参观。
（2）明确说明自己的服务意愿和所处的位置，"如有需要，请随时召唤，我就在这边"。
（3）在客户所及范围内关注客户需求，保持一定距离，避免给客户有压力的感觉。
（4）当客户有疑问时，汽车销售顾问应主动上前询问。

### 3. 客户希望与汽车销售顾问商谈时

（1）先从礼貌寒暄开始，扩大谈话面，给客户机会，引导对话方向。
（2）先回应客户提出的话题，倾听、不打断客户谈话。
（3）第一时间奉上免费饮料（矿泉水、茶水、速溶咖啡等）。
（4）介绍本店与本人的背景与经历，增加客户信心。
（5）争取适当时机，请客户留下个人信息。

（6）恰当安排客户带来的儿童。

### 4. 客户离开时

（1）放下手中其他事务，送客户到展厅门外。
（2）感谢客户光临，并诚恳邀请再次惠顾。
（3）目送客户离开，直至客户走出视线范围，挥手告别。

### 5. 客户离去后

（1）整理、记录客户有关信息。
（2）进行客户信息的系统登记。
（3）进行潜在客户的分级。
（4）制订潜在客户跟进计划。

以一汽大众为例，客户到店接待的行为规范见表3-1。

表3-1　客户到店接待的行为规范

| 序号 | 对应环节 | 执行人 | 行为规范 |
| --- | --- | --- | --- |
| 1 | 欢迎问候 | 门卫/保安 | （1）敬礼并热情问候客户，统一用"欢迎光临"作为问候用语；<br>（2）询问客户到店目的，根据来访目的，指引客户到展厅，或是服务接待区；<br>（3）如果客户开车，主动引导客户停车 |
|  |  | 前台接待（可由销售顾问轮岗） | （1）客户进店第一时间主动接待，微笑问候，给予客户关注与引导；<br>（2）如遇雨雪等特殊天气，打伞出门迎接客户至展厅 |
| 2 | 前台接待与分流 | 前台接待（可由销售顾问轮岗） | （1）询问客户姓名，始终以姓氏尊称；<br>（2）询问客户来访意图，是否首次来店，对于首次进店的客户，按排班顺序分配并通知销售顾问进行接待或1分钟内递上名片（名片上设置经销商微信公众号/个人微信二维码），进行自我介绍（适用于销售顾问在前台轮岗的经销商）；<br>（3）对于非预约再次进店的老客户，通知相应的销售顾问/在线销售顾问进行接待；<br>（4）对于预约进店的客户，询问销售顾问/在线销售顾问的姓名，若客户无法记起，则提醒客户查看微信/短信，或帮助客户查询之前的接待人员；<br>（5）对于电话营销专员邀约进店的客户，需通知相应的电话营销专员进行接待；<br>（6）如销售顾问暂时无法接待客户，应及时告知客户原因并请求客户谅解，同时提供解决方案（如继续等待或接受其他销售顾问）；<br>（7）对于从服务区前来展厅的保有客户及随行人员，需要及时安排接待 |

续表

| 序号 | 对应环节 | 执行人 | 行为规范 |
|---|---|---|---|
| 3 | 销售顾问接待 | 销售顾问/在线销售顾问/电话营销专员/前台接待 | （1）做好接待客户的准备，如有客户到店或接到前台接待的通知，第一时间前往接待，对于首次到店客户，1分钟内递上名片（名片上设置经销商微信公众号/个人微信二维码）并自我介绍；<br>（2）对于电话营销专员邀约进店的客户，需由电话营销专员将客户引荐给在线销售顾问，在线销售顾问递上名片并自我介绍；<br>（3）请教客户的称谓，交谈时以姓氏尊称客户，若客户携带其他人员，也应问候，避免冷落；<br>（4）主动向客户提供饮品（饮品种类至少两冷两热）以及休闲饼干或糖果，询问偏好；<br>（5）告知客户店内有无线网络免费使用；<br>（6）如客户表示想自行看车，在销售顾问充足的情况下，在客户招呼所及范围内关注客户，当观察到客户需要服务时，主动趋前询问；若客户自行看车超过3分钟仍无寻求服务的意愿，应主动接触客户进行引导；<br>（7）与客户在洽谈区就座时，尽量将朝向客户意向展车的座位留给客户，同时坐在客户的右手边；<br>（8）如遇特殊情况，如手机响、有事需离开等，需征得客户同意后，接听电话或暂时离开，避免让客户长时间等待（≤5分钟），如紧急情况需长时间离开（>5分钟），应在征得客户许可的前提下，推荐其他销售顾问/在线销售顾问进行接待；<br>（9）不接待客户的销售人员与客户面对面经过，有眼神对视时应微笑点头示意 |
| 4 | 客户离店 | 销售顾问/在线销售顾问 | （1）客户离开前，询问客户是否有未尽事宜和没有做出决策的原因，确认已提供客户所需信息；<br>（2）告知客户接下来会联系客户，确定客户偏好及联系方式和联系时间；<br>（3）如客户未添加微信，则邀请客户关注微信号并说明关注微信号的好处；<br>（4）提醒客户携带随身物品以免遗漏；<br>（5）将客户送至展厅门外，使用统一的道别感谢用语"感谢光临，请慢走"，目视客户离开；<br>（6）对于已获得微信还未添加的客户，客户离店后第一时间添加；<br>（7）客户离店30分钟之内向其发送微信/短信，对客户光临表示感谢；<br>（8）在系统中及时更新客户信息，对客户级别进行判定，设置客户回访计划 |
|  |  | 门卫/保安 | 送行客户，用"感谢光顾，请慢走"作为送行语 |

### 三、留下客户联系方式的方法

**1. 刚坐下洽谈时索要**

通常来说，客户进店后接待人员会邀请客户入座休息并递上饮品，自我介绍的同时可以自然询问客户的称呼以及联系方式，此时客户比较放松且不会立刻站起，所以获得联系方式的可能性较大。

**2. 在客户询问优惠活动时索要**

当客户询问有没有价格优惠政策时，销售顾问可以假装说现在优惠比较少，可能要过一段时间才会有，如果有的话，一定立马通知客户，于是直接向客户索要电话号码，以便及时通知到位。

**3. 在体验产品时索要**

体验产品前拿出体验产品登记表，让客户填写个人身份证号码和个人电话号码，表示这是公司规定的办理体验产品的手续，客户顺理成章地填写了电话号码。

**4. 告知客户有中奖机会时索要**

给客户介绍完产品之后，告知客户专卖店正在搞一个来店有奖抽奖活动，抽奖依据是写有客户真实电话号码和姓名的小票放进抽奖箱去抽奖，于是拿出小票让客户填写。为了获得抽奖机会，客户也会很高兴地提供个人电话号码。

**5. 客户领取礼品时索要**

专卖店搞一些来店有礼活动，在客户领取礼品时要求他先填写一份客户信息登记表，完成之后再把礼品发放给客户，这种方法也可以获得客户的电话号码。

**6. 送别客户离店时索要**

在客户起身要离店时，拿着手机跟客户说："先生留个电话或微信吧，我们店一有什么活动，我肯定第一时间通知到您。您绝对可以放心，我不会在您休息的时间打搅您的，也不会无缘无故给您打电话。"

## 任务实施

| | |
|---|---|
| 一、任务场景 | |
| 汽车营销实训室。 | |
| 二、任务设备 | |
| 教学用具、教学电脑、电话、整车、谈判桌椅、名片、销售夹等。 | |
| 三、任务要求 | |
| 1. 演练任务：客户接待。 | |
| 2. 演练目的：掌握客户接待的流程和服务要点，规范完成来电接待和展厅内接待。 | |
| 3. 演练内容： | |
| （1）陈女士是一位刚参加工作的医院护士，由于上班需要想购置一辆比亚迪新能源汽车，她先在网上做了相关车型的了解，搜索到4S店联系方式，随后进行了电话咨询，销售顾问小李进行来电接待。 | |
| （2）张先生是一位企业白领，最近想添置一辆新车，他比较喜欢大众品牌，对之前购车时的销售顾问也很满意，但是忘记了联系电话，于是在网上找到品牌4S店的电话进行询问，销售顾问小王进行来电接待并邀约客户到店。 | |

（3）李先生和宋女士即将结婚，想购置一辆新车作为家用，两人在周末一起来到了4S店看车，销售顾问杨帆进行展厅接待。

四、任务分组

在这个任务中，采用分组实施、角色扮演的方式进行，每4人为一组，选取组长一名，学生轮流扮演客户（抽取客户信息卡）、销售顾问（线上销售顾问）、前台接待和摄像记录员，通过小组协作，培养学生团队合作和互帮互助精神。记录员对整个模拟过程进行摄像留影，并将结果视频作为小组作品在教师和全班同学前展示汇报。

五、任务步骤

1. 填写完成展厅准备的环境布置表格

| 展厅环境准备 |||
|---|---|---|
| 区域划分 | 布置要求 ||
| 客户接待台 | | |
| 车辆展示区 | | |
| 业务洽谈区 | | |
| 客户休息区 | | |
| 卫生间 | | |
| 儿童游戏区 | | |

2. 销售顾问在进行客户接待之前要做好各方面的准备工作，并写出准备的要点。

| 销售顾问工作准备 ||
|---|---|
| 心理准备 | |
| 形象准备 | |
| 知识准备 | |
| 资料准备 | |

3. 画出来电客户接待的流程图。

4. 写出下列情境下客户接待（来电）的话术。

| 来电接待话术 ||
|---|---|
| 客户 | 接待人员 |
| 请问你们店的地址在哪里？ | |
| 我想找一下你们店的销售顾问李想…… | |
| 我在网上看到你们店里有最新款的迈腾，有现车吗？现在价格多少啊？ | |

5. 在角色扮演过程中填写用到的来电客户登记表。

### 来电客户表

| 序号 | 类别 | 信息 |
|---|---|---|
| 1 | 来电时间 | |
| 2 | 姓名 | |
| 3 | 性别 | ○男　○女 |
| 4 | 年龄 | |
| 5 | 联系方式 | |
| 6 | 居住区域 | |
| 7 | 购车目的 | |
| 8 | 购车需求 | ○款式　○价格　○品牌　○其他 |
| 9 | 认识途径 | |
| 10 | 询问内容 | |
| 11 | 预约时间 | |
| 12 | 接待人 | |

6. 画出来店（展厅）客户接待的流程图。

7. 写出下列情境下客户接待（展厅）的话术。

### 来店接待话术

| 客户 | 接待人员 |
|---|---|
| 我想看一下你们店最新款的迈腾…… | |
| 我第一次来你们店，给我推荐一下吧…… | |
| 我先自己在展厅看一下…… | |
| 我们先回家考虑一下…… | |

8. 请销售顾问填写在角色扮演过程中用到的到店客户登记表。

### 到店客户表

| 编号 | 客户姓名 | 电话号码 | 来店人数 | 来店方式 | 来店时间 | 离店时间 | 拟购车型 | 有望程度 | 客户特性跟踪 | 接待人员 |
|---|---|---|---|---|---|---|---|---|---|---|
| | | | | | | | | | □初次来店 | |
| | | | | | | | | | □已受邀客户 | |
| | | | | | | | | | □产品资料 | |
| | | | | | | | | | □希望 | |
| | | | | | | | | | □再次联络时间 | |

## 六、任务反思

1. 学到的新知识点有哪些？

2. 掌握的新技能点有哪些？

3. 你对自己在本次任务中的表现是否满意？写出课后反思。

4. 你见过智能接待机器人吗？在营销服务行业它与人工接待有什么优势与劣势？谈谈互联网时代下汽车行业客户接待的新模式。

## 任务评价

各组介绍任务完成情况，进行学生自评、学生互评和教师评价。在上述任务中，对扮演"销售顾问"的学生按照评分表 3-2 进行评价。

表 3-2　销售顾问（客户接待）表现评分表

| 序号 | 评价项目 | 评价指标 | 分值 | 自评（30%） | 互评（30%） | 师评（40%） | 合计 |
|---|---|---|---|---|---|---|---|
| 1 | 职业素养 30 分 | 分工合理，制订计划能力强，严谨认真 | 5 | | | | |
| | | 爱岗敬业，责任意识，服从意识 | 5 | | | | |
| | | 团队合作，交流沟通，分享能力 | 5 | | | | |
| | | 遵守行业规范，现场 12S 管理 | 5 | | | | |
| | | 完成任务积极主动 | 5 | | | | |
| | | 能采取多种手段收集信息、解决问题 | 5 | | | | |
| 2 | 专业能力 60 分 | 销售顾问着装得体、礼仪规范 | 10 | | | | |
| | | 展车布置符合要求 | 10 | | | | |
| | | 接听客户电话话术规范、流程完整 | 10 | | | | |
| | | 能够成功邀约客户来店 | 10 | | | | |
| | | 接待来店客户话术规范、流程完整 | 10 | | | | |
| | | 能够留下来店客户的联系方式 | 10 | | | | |

续表

| 序号 | 评价项目 | 评价指标 | 分值 | 自评（30%） | 互评（30%） | 师评（40%） | 合计 |
|---|---|---|---|---|---|---|---|
| 3 | 创新意识 10分 | 创新性思维和行动 | 10 | | | | |
| | | 合计 | 100 | | | | |
| | | 综合得分 | | | | | |

## 巩固练习

### 一、判断题

1. 4S店洽谈区桌椅的摆放注意与展车的距离，应方便客户观察展车。如果空间有限，可以缩小每套桌椅之间的布置，尽可能照顾到多人同时进行。（    ）

2. 4S店展车内的仪表盘时钟应该准确，要调校出标准的北京时间。（    ）

3. 对意向客户的跟进可以采用发短信、打电话、上门拜访、邮寄资料等方式。（    ）

4. 想要成长为优秀的销售顾问，必须管理好自己的情绪，要用积极的情绪来感染客户。（    ）

5. 销售顾问之间的竞争是非常激烈的，为了获得更好的销售业绩，销售顾问不会让同事来参与自己客户的所有销售工作。（    ）

6. 接听客户电话时要注意声音和表情。虽然电话双方无法看到彼此面容，但双方的喜悦或烦躁会通过语调流露出来。（    ）

7. 前台接待通常应该在电话铃声响过三声之后接听电话，如果太久无人接听，客户会认为这个公司员工的精神状态不佳。（    ）

8. 展厅环境的布置是很重要的，摆放企业领导人的宣传海报可以增加客户的购买信心。（    ）

9. 当客户离开展厅时，销售顾问应该放下手中其他事务，送客户到展厅门外。（    ）

10. 销售顾问给客户倒水时应倒满，以表示服务的热情。（    ）

### 二、多项选择题

1. 以下哪些是优秀销售顾问必备的知识（    ）。
   A. 汽车结构    B. 营销技巧    C. 市场发展    D. 行业法规

2. 车辆展示区的做法正确的是（    ）。
   A. 展示区车辆的颜色要注意搭配，不能只有一种颜色
   B. 展示区要有不同系列、不同型号与不同配置的车
   C. 展示区的车辆要注意摆放角度
   D. 展示区可以适当对比摆放其他品牌的轿车、装饰和宣传物品

3. 对于来电客户的接待，说法正确的是（    ）。
   A. 主要以邀约客户到店为主要目的
   B. 客户询问车辆价格可以尽量说清楚优惠活动，争取以低价获得客户到店
   C. 来电客户的信息要注意收集整理
   D. 当客户询问售后事项时可以代为回答

4. 关于展厅客户的接待，说法正确的是（　　）。
A. 客户第一次来店时要询问有无认识的销售顾问
B. 客户想自行参观时要按客户意愿进行，请客户随意参观
C. 多位客户同时进店时销售顾问可以只发一张名片
D. 销售顾问与客户的交谈应该先从礼貌寒暄开始，扩大谈话面

5. 对于4S店儿童游戏区的要求正确的是（　　）。
A. 儿童游戏区应设在展厅的里端，位置应相对独立，有专人负责儿童活动时的看护工作
B. 儿童游戏区要能够保证儿童的安全，所用的儿童玩具应符合国家有关的安全标准
C. 儿童游戏区的玩具具有一定的新意，色调丰富，保证玩具对儿童有一定的吸引力
D. 儿童游戏区不宜离展车太近，需保证展厅内的客户能看到儿童的活动情况

## 拓展阅读

### 赞美客户的技巧

#### 一、赞美要从一个点开始

演讲需要主题，赞美客户也需要理由。在与客户沟通的过程中我们不可能凭空捏造一个点就去赞美客户，而是应该从客户身上的某一点着手去赞美他们。比如，从客户的兴趣爱好、为人品质、工作能力、家庭事业、待人接物、着装礼仪等方面去夸奖他们；再比如，抓住客户身上的细节去称赞他们，等等。只有从一个特定的、符合事实的点展开去夸奖他们，才能让客户感受到你的诚意，进而留下良好的印象。

#### 二、赞美要符合实际情况

从客户的优点着手赞美客户是一个不争的事实，但在称赞时要对既定的事实加以赞美，要具体化，要符合实际的情况，才会让客户感觉到你的赞美是真心的，没有过度夸张的地方，更不会让客户觉得你是纯粹在拍马屁，客户在听到后也会更心安理得地接受。

#### 三、赞美时可适度指出客户的变化

赞美时适度指出客户的变化会让客户有惊喜之感，让客户的心理有种莫名的喜悦。这就像你换了一个新发型希望得到别人的夸奖，但是别人都没有发现，如果这时有一个同事发现并指出了你的变化，让你会觉得特别的喜悦，这样的赞美会让人很有存在感，并且心情愉悦。

所以，赞美时在乎客户的变化，会让客户觉得自己受到了尊重与关注，会让客户舒心，同时也会让客户对你多一层好感，认为你是一个细心的人，把事情交给你绝对没问题。所以在沟通时不妨试着指出客户的变化吧，或许这能提升你在客户心目中的印象哦！

常见的客户变化有外形、体态、着装、精神面貌，等等。

#### 四、用自己的语言表达出赞美之情

赞美贵在自然，需发自内心，不能矫揉造作、信口开河。其实在赞赏客户时最好先来反

问一下自己：你希望听到什么样的赞美之词？什么样的赞美会让你舒心，不会让你觉得虚假、浮夸？人与人虽然不同，但在情感上大多是很有共性的，你不喜欢的态度，客户就不会喜欢，你喜欢的说话方式，客户可能就不会反感，将心比心才能引起客户的共鸣。因此，在对客户进行赞美时，你所说的话一定要是通过自己的语言组织的，要以一种自然而然的方式进行表达，不要为了赞美而去堆砌一些华丽的辞藻，有时候朴素的语言也可以体现出你的赞赏之情，甚至会让客户更易接受。

### 五、抓住时机进行赞美

想要表达自己对客户的赞美，就要懂得抓住时机去赞美，即要在适当的时机把赞美的话说出来，这样才会更有成效。那么什么样的时机适合赞美呢？

#### 1. 客户心情愉悦之时

客户心情好的时候，听到赞美，心情会更好，此时不赞美客户更待何时？比如：客户刚刚结婚、度蜜月，心情大好，那么就可以借着这个机会夸夸客户的结婚照很美，新郎（新娘）很帅气（漂亮），度蜜月的地方风景很美，等等。

#### 2. 客户得意之时

客户得意、炫耀的时候，就是你赞美他的时候。比如：客户说最近生意经营得很不错，赚了不少钱，那么就赞美他经营能力强，很有本事，能把生意经营得蒸蒸日上；客户刚刚升职加薪，那么你在恭喜他的同时就可以自然而然地表达出你的尊敬和赞美；客户朋友圈里晒了孩子，可以赞美他的孩子漂亮、可爱，等等。

### 六、间接表达对对方的赞美

直接向客户表达赞美，客户肯定能感受到，但通过间接的赞美，客户同样会欣然接受。与客户在一起时，我们可以把别人对他的赞美转达给他，这样既不会尴尬，也会十分自然，获得双方的好感。比如："刘总，上次我跟小王一起来拜访您，他对您的评价特别高！觉得您谈吐大方，见识广阔，跟我们之前拜访的很多客户都不一样。"这时客户听到后心情就会比较愉快，你再顺着这话题跟客户聊下去也就不是什么难事了。其实对于第三者的评价客户当不当真是一回事，但你说不说又是另一回事，可能你的一句不经意间的表达，就会让客户原本沉寂的心活跃起来，对你接下来的话提起兴趣。

下面总结一些适合女性客户的赞美：

（1）您今天的气色很不错啊，看来您这段时间运气非常好，跟您经常走动，我觉得我的运气也会好起来！

（2）您今天的衣服很适合您，显得您的气色非常好。

（3）您剪的短发真的很适合您，显得您更年轻了！

（4）您真是博学多才，跟您聊了这么久我感觉自己也是受益匪浅。

（5）从您挑选的产品可以看出您是一个很细心的人啊，您老公娶了您，真是他的福气。

（6）您说得太对了，跟我的想法真是不谋而合。

（7）您的意见很中肯，回去后我一定跟领导反馈，谢谢您不吝赐教！

（8）您说得很有道理，我怎么没有想到呢？真是听君一席话，胜读十年书啊！

（9）从您对待产品的态度上，我能看得出来您是一个严于律己的人，对人对事都很认真，想来您一定是一个做大事的人。

（10）您的想法很新颖，真是很独到。

适合男客户的赞美：

（1）您今天领带的搭配很有个人风格，让人过目不忘啊！

（2）您好幽默啊，跟您这样的人一起工作、生活肯定很有意思。

（3）您这么年轻就已经是公司一把手了，真是年轻有为啊！

（4）您真是一位懂车的行家啊，既不单纯看外观，也不单纯看指标，会做综合的比较，要是所有的客户都像您这样就好了！

（5）从跟您的聊天中，我能感受到您平时的爱好广泛，对各项事物都充满好奇心与热爱，真是让人佩服！

（6）我真的很欣赏像您这种百忙之中还能抽空读书的人，现在这样的人真是越来越少了！

（7）您的眼光跟其他客户都不一样，真的很与众不同。

（8）您的建议非常好，让我深受启发，我一定会向我们领导传达您的想法。

（9）从您挑选的产品来看，您平时做事相当的实在、靠谱。

（10）从您的谈话中，我能感受到您是一位十分理智的人，对人对事都有自己的想法，对风险的把控能力也很强，真是让我心生敬佩！

赞美是一种艺术，但赞美也有"过"和"不及"，不同的客户需要不同的赞美方式，只有把握了适度的原则，才能让赞美更加有效！

## 任务 3.2　需求分析

### 任务导入

小王是一汽大众某 4S 店的销售顾问。在天气晴朗的一天，客户陈先生和他的家人来至 4S 店看车，面对展厅内展出的速腾、迈腾、新 CC、探岳等车型，陈先生面露难色，犹豫不决，作为销售顾问的小王第一次与陈先生见面，该如何快速了解陈先生的购车信息，运用正确的沟通方法和技巧建立陈先生的信任感，并为他推荐合适的车型呢？

### 学习目标

（1）识别客户类型并确认客户风格；
（2）分辨客户的购买动机；
（3）阐述需求分析的内容，灵活收集客户信息；
（4）能够根据客户类型拟定推荐方案；
（5）培养客户至上的职业精神，养成尊重客户、保护客户个人信息和隐私的职业素养；
（6）坚持正确的义利观，具备系统观念和全局意识，为客户推荐适合的车型；
（7）培养学生节能环保意识，树立"绿水青山就是金山银山"的环保理念。

### 任务分析

作为销售顾问，我们要协助客户挑选适合可选购的车型，因此分析客户需求十分重要，销售顾问要通过热情礼貌的接待，鼓励客户发言，主动充分地表达购车需求。在这个过程中，销售顾问通过认真倾听，适当提问，挖掘与收集客户的显性和隐形需求，并进行总结。最后还需要结合自身产品给予客户合理的推荐，以便商品说明的进行。

### 知识链接

#### 3.2.1　客户需求类型与风格判定

**一、客户需求类型与特点**

汽车销售理论中有一个说法，表面的现象称之为显性的问题，也叫作显性动机，还有一种是隐性的问题，也叫作隐性动机。冰山理论就是用来解释这个显性和隐性问题的，如图 3-3 所示。冰山既有露在水面以上的部分，也有潜藏在水面以下的部分。水面以上的部分是显性的，就是客户自己知道的，能说出来的那部分；水面以下的是隐藏的那部分，有的是客户不想说出来的，也可能是客户自己没有意识到的需求。总体来说，汽车客户的需求有两大类：一类是显性需求或理性需求；另一类是容易被大家忽视但在整个汽车销售过程中起着关键作用的隐性需求或感性需求。

图 3-3 冰山理论

### 1. 显性需求

客户的显性需求一般为物质层面的，比如有的客户明确提出要买比亚迪秦 PLUS EV 作为工作、生活两用的代步工具，价格实惠还环保，作为国产新能源汽车的代表品牌，品质也值得信赖，这种需求就是显性需求。事实上，在实际的汽车销售过程中，很少有客户能够在选车的阶段把自己的显性需求完整表述，因为显性需求具有笼统性和不完整性，是由消费决策过程的特征决定的。而汽车产品的特征参数有很多，所以消费者的购买过程本身就是一个不断收集信息、理解信息的学习过程。销售顾问要利用沟通技巧逐步让消费者将其显性需求清晰化。

对于汽车消费者来说，其显性需求主要包括豪华舒适、质量可靠和安全性高等。

### 2. 隐性需求

相对于显性需求的清晰表达，隐性需求是没有表达出来的，但又的确是客户所需要的。隐性需求一般是精神层面的，客户潜意识中有需求，但对自己的需求很模糊，或者完全没有意识到，没有直接提出、不能清楚描述的需求。比如，有的客户只告知购买汽车是为了解决代步问题，能够确定车型、配置、排量等车辆特征，但没有意识到汽车品牌的内涵要符合车主的价值观，品牌将彰显车主的内在形象，有车一族不仅是拥有一部车，更重要的是拥有时尚的消费观念和高品质的生活，所以消费者在买车时有些隐性需求需要销售顾问进一步挖掘，使消费者对汽车需求上升为对精神层面的需求，更能激发其购买欲望。

隐性需求主要包括显示其身份地位，满足其生活追求，赢得同伴的关注，获得周到的服务等。隐性需求来源于显性需求，并且与显性需求有着千丝万缕的联系。在很多情况下，隐性需求是显性需求的延续，满足了用户的显性需求，其隐性需求也会随之而出，两者需求的目的都是一致的，只是表现形式和具体内容不同而已。美国心理学家马斯洛将人的需求分为生理需求、安全需求、社交需求、尊重需求和自我实现需求五个层次（见图 3-4）。在实际的汽车销售过程中，隐性需求是汽车销售顾问应重点挖掘的需求，针对隐性需求，汽车销售顾问应该站在更高的需求层次上，从社会认可、被尊重和自我实现等精神需求的角度去引导客户，把隐性需求逐步转变成显性需求，从而实现销售。

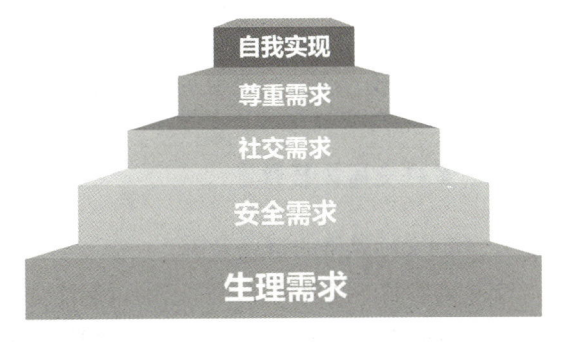

图 3-4 马斯洛层次需求理论示意图

## 情景小案例

**老太太买苹果的故事**

【情景 1】

小贩 A：我这里有苹果，您要买苹果吗？

老太太：我正要买苹果，你这个苹果好吗？

小贩 A：我的苹果又大又甜，特别好吃。

老太太：（来到水果面前仔细看了看，苹果果然是又大又红，就摇摇头）我不买。

【情景 2】

小贩 B：我这里是苹果专卖店，有大的，有小的，有酸的，有甜的，有国产的，有进口的，您到底要什么样的苹果？

老太太：要买酸苹果。

小贩 B：我这堆苹果啊特别酸，您要不要尝一口。

老太太：（尝了一口，酸得受不了）真酸，来一斤。

【情景 3】

小贩 C：老太太，别人都买甜的，您为什么买酸苹果呀？

老太太：我的儿媳妇怀孕了，想吃酸的。

小贩 C：您对您儿媳妇真好，您儿媳妇喜欢吃酸的，就说明她要给您生个孙子，所以您天天给她买苹果吃，说不定能生出一个大胖小子。

老太太：（高兴地）你可真会说话。

小贩 C：您知不知道孕妇最需要什么样的营养？

老太太：我不知道。

小贩 C：孕妇最需要的是维生素，因为她要供给胎儿维生素。您知不知道什么水果含维生素最丰富？

老太太：不知道。

小贩 C：这水果之中，猕猴桃含维生素是最丰富的，如果您天天给儿媳妇买猕猴桃补充维生素，儿媳妇一高兴，说不定就生出一对双胞胎来。

老太太：（很高兴）不但能够生胖小子还能生双胞胎，那我就来一斤猕猴桃。

小贩 C：我每天都在这里摆摊，而且水果都是新鲜进来的，您下次再来呢，我再给您优惠。

**案例讨论**：从三位小贩的推销策略分析客户需求挖掘的重要意义。

## 二、客户交际风格判定

### 1. 不同交际风格的特点分析

交际风格的不同表现在对自己的自制能力和对他人的支配能力的强弱不同，因此，心理学家依据自制力和支配力的强弱变化将消费者划分为四种不同的交际风格，分别是驾驭型、分析型、亲切型和表现型。其特点分析如下：

1）驾驭型

（1）特征：自我约束力强，高度自信，果断；目的性强，注重效率与结果；不太重视人际关系；对工作高度专注，喜欢告知别人如何去做，很少关注别人的感受；有冒险精神和强烈的领导欲望，权力崇拜者。

（2）弱点：没有耐心，较难沟通、接近；缺乏亲和感；顽固、易独断。

（3）基本需求：权力、成就。

（4）沟通要领：坦白、正式、准时；较全面的准备工作；讨论目标；提供资料；直截了当；让对方做决定；避免直接对立；注意会谈的时限、方式。

（5）表象：快速有力，重点强调，工作负责。

2）分析型

（1）特征：爱提问，注重事实和资料；讲求秩序，有敏锐的观察力；遇事慎重，关注工作细节；忽略说服技巧，完美主义者。一般不愿与别人分享信息，接受新事物能力较差，销售时间较长。

（2）弱点：封闭，寡言少语，不易接近。

（3）基本需求：秩序、安全。

（4）沟通要领：可靠；列出详细的资料与分析；公事公办，避免谈太多闲话；有计划、步骤，语言准确，注意细节。

（5）表象：语速慢，动作少，工作是谈话重点。

3）亲切型

（1）特征：随意，合群，有耐心；待人客气，喜欢聊天，容易沟通；关注融洽的合作关系。

（2）弱点：无时间观念，原则性较差；反复不定，优柔寡断，不愿承担风险。

（3）基本需求：合作、安全。

（4）沟通要领：容纳；经常性沟通，注重私人关系的培养；以安全为主要目标，提供特定的方案和最低的风险；理解其对时间的拖延，不诋毁竞争对手；以轻松的方式谈生意，提供帮助，带领其达至目标。

（5）表象：表情温和，寻求接纳，放松，谈话重点是人的沟通。

4）表现型

（1）特征：交际风格外向乐观，注重人际关系，情绪化；精力充沛，具有冒险精神；幽默合群，容易沟通，擅言词；关注过程表现，冒险主义者。

（2）弱点：逻辑性差，没有时间观念；随意性大，易冲动，情绪化，因此经常后悔；反复无常。

（3）基本需求：认同、成就。

（4）沟通要领：沟通；投其所好，争取好感，先附和，再切入；注意互动，交换意见；经常联络并邀请其参加活动；多谈目标，少谈细节；培养私人感情。

（5）表象：表情丰富，衣着随意，谈话重点是人的沟通和感觉。

**2. 选择不同交际风格的沟通方式**

1）针对驾驭型交际风格的消费者的沟通方式

（1）避免个人化和浪费时间，注重事实。

（2）直截了当，保持快节奏，注意客户的想法与目的。

（3）避开细节、谈论要点。

（4）强调产品解决客户问题的能力。

（5）提出建议，由对方来做决定。

2）针对分析型交际风格的消费者的沟通方式

（1）避免个人化和明显施压。

（2）做好充分的产品知识准备，树立专家形象。

（3）正规的交流场合，完整详尽的信息，系统性的交流方式。

（4）对工作程序要有耐心，注意细节，向客户提供具体行动步骤与相关文本。

（5）慎重报价。

3）针对亲切型交际风格消费者的沟通方式

（1）注意礼节和创造好的交流氛围，以个人身份与其打交道。

（2）提供步骤明确的流程表和计划书。

（3）不要过分施压，采用让步式报价方案。

（4）耐心解答，建议其征求他人意见。

（5）保持经常性接触，多听少说。

4）针对表现型交际风格的消费者的沟通方式

（1）友好、非正式的会谈。

（2）引导其谈论解决方案，对其想法表现出热情。

（3）多听少说，保持快节奏。

（4）常以书面形式表达其想法，并获得书面承诺，但注意不可太烦琐。

（5）多谈产品实现的利益，帮助其处理细节。

（6）订单签订后，要注意私人关系的建立。

## 3.2.2 需求分析的程序与方法

　　需求分析是销售顾问进行良好销售的重要基础，我们只有对客户的购车需求有充分的了解，才能有针对性地进行后续产品介绍。在实际工作中，大多数客户是不善于主动表达购车需求的，但同时又希望自己对于车辆的个性化需求被充分理解、尊重和响应，所以销售顾问要通过正确的需求分析方法，挖掘客户需求，给客户提供最满足或最接近的解决方案，引导客户做出购买决策。

### 一、需求分析的程序

#### 1. 询问

询问是指对客户的需求要有清楚、完整以及有共识的了解。

（1）完整：客户的所有需要及其优先次序。

（2）共识：对事物的认识与客户相同。

（3）清楚：客户的具体需求是什么，这些需求对客户来说为什么重要。

#### 2. 倾听

关注客户的话语，尽力理解客户的需求。

## 3. 观察

注意观察并尽可能多地了解客户（话语、问题、行为动作、非语言交际等）。

## 4. 调整

根据对客户的了解，改进工作方式和行为方式。

## 5. 建议

使用了解到的一切情况，尽量理解客户的真正需求，然后提供顾问性建议。

## 二、需求分析中应收集的信息

探寻客户的购车信息是销售顾问进行需求分析的主要工作，既包含了客户的显性需求，也包含了客户的隐性需求。冰山理论告诉我们，人们通常被观察到或简单询问到的是客户的显性需求，即水面上的冰山一角，但真正代表人们"自我"的隐性需求往往是水下面蕴藏的内容，即人的情绪、感受、期待和渴望等。对于这些隐性需求，有时候客户自身都没有自我意识到，需要销售顾问仔细观察、认真询问和反复揣摩。

例如，某客户打算花20万元钱买车，这个价格是显性需求，而这个价位的车型给客户带来的生活舒适感、出行便利和科技观念就很有可能是客户的隐性需求，需要销售顾问深度挖掘。

需求分析中应收集的主要信息如表3-3所示。

表3-3 收集客户信息项目

| 信息 | 目的 | 细项 |
| --- | --- | --- |
| 客户的个人情况 | 了解客户的情况有助于营销企业了解客户的实际需求、他们对经销商的感觉以及他们处于决定的哪个环节 | 生活方式；预算/经济状况；职业；家庭结构；兴趣爱好等 |
| 过去使用车的经验 | 如果客户过去有车，了解他们过去使用车的经验，有助于理解客户再买车究竟想要什么、不想要什么 | 过去的车；购车原因；对经销商的态度 |
| 对新车的要求 | 询问客户的需求和购买动机有助于营销人员帮助他们选择出正确的车型。之后，可以针对客户的需求了解具体车型的主要特征和利益，以便更好地为这些客户服务 | 特征/对选装项的要求；购买用途；是否考虑新能源 |

## 三、需求分析的方法

### 情景小案例

**信徒的询问**

一位信徒问牧师：在祈祷的时候可以抽烟吗？牧师回答说：不行！
另一位信徒问牧师：我在抽烟的时候可以祈祷吗？牧师回答说：可以！
启示：①提问时，首先要思考提什么问题；②如何表述；③何时提出问题。

## 1. 询问

1）询问的形式

询问形式有开放式和封闭式两种。

（1）开放式的询问。

开放式的询问能让客户充分阐述自己的意见、看法及陈述某些事实情况，可以让客户自由发挥。提出一个问题后，回答者不能简单地以"是"或者"不是"来回答，以获得较多信息。开放式询问分为两类：

①探询事实的问题：以何人、何事、何地、什么时候、如何、多少等询问去发现事实，目的在于了解客观现状和客观事实。如，"您的购车预算大概是多少啊？""您想要什么样的配置？"

②探询感觉的问题：是通过邀请对方发表个人见解来发现主观需求、期望、关注的事。如："您对新能源汽车怎么看呢？""您觉得怎么样？"

开放式询问有两种提问方式：

①直接询问，如"您认为这种车型如何？"

②间接询问，首先叙述别人的看法或意见，然后再邀请客户表述其看法，如"有些客户认为目前贷款买车是很不错的选择，自己的多余资金可以用作其他投资，您觉得呢？"

开放式提问通常从 5W1H 的角度来收集信息。

①为什么 WHY：您为什么一定要选择六座车型呢？

②什么 WHAT：您的购车用途是什么呢？预算大概是多少？

③哪里 WHERE：您是从哪里获得的这些信息啊？

④何时 WHEN：您预计在什么时候购车啊？

⑤谁 WHO：车子买来主要谁使用呢？

⑥如何 HOW：您觉得大众品牌的车子动力性怎么样？你觉得这款车外观怎样？

（2）封闭式的询问。

封闭式的询问也称有限制式问法，是让客户针对某个主题在限制选择中明确地回答的提问方式，即答案为"是"或"否"，或是量化的事实问题二者择一，"有没有""是否""对吗""多少"等。如："我们店这两天搞活动，您是今天过来还是明天啊？""我看您之前开的车是比亚迪，考虑置换购车吗？"

封闭式询问只能提供有限的信息，显得缺乏双方沟通的气氛，一般多用于重要事项的确认。例如："您要加装选装包吗？""您想买的车是商务用还是家用？""您首先考虑的是新能源汽车还是传统燃油车？"

封闭式询问的目的是获取客户的确认，在客户的确认点上发挥自己的优点，引导客户进入你要谈的主题，缩小主题范围和确定优先顺序。

2）询问的步骤

通常先用开放式询问，当对方被动无法继续谈下去时，才能用封闭式询问，如把"您同意吗？"改为"您认为如何？"

3）询问的注意事项

（1）提问一定要有目的性，问完一个问题再问下一个问题，不要一次问多个问题导致客户反感不作答。

（2）可以采用"提问+客户回答+赞美/寒暄+提问下一个问题……"的方式。

（3）表达要简洁，让人听清楚、明白。

（4）微笑要真诚，但签合同时不要笑。

（5）要有同理心，站在对方角度思考问题。

销售顾问进行需求分析结束时可以这样总结："刚才跟您沟通了这么多，基本了解了您的需求，我总结一下……您看我是否正确？不知道您还有其他的需求吗？""基于以上您的需求，结合我对您的了解，选择×××提供的贷款方案是最为合适的，既可以通过较低的首付比例购车，又能享受非常低的利率，特别符合您对于资金规划的需求，我们也开展二手车业务，我可以请专业的评估师为您的爱车做一次免费评估，您看我这就帮您安排一下？如果您没有其他的问题，接下来我详细为您介绍一下新车，我们可以边看边聊，您也可以判断这款车是不是真正符合您的需求……"

## 2. 倾听

1）听的层次（见表 3-4）

表 3-4 听的层次

| 听的层次 | 状 态 |
|---|---|
| 设身处地地听 | 参与到对方的思路中去，引起共鸣 |
| 专注地听 | 关注对方，适时地点头赞同 |
| 选择地听 | 对自己感兴趣的就听下去，对自己不感兴趣的就不听 |
| 虚应地听 | 只是为了应付，心不在焉 |
| 听而不闻 | 无反应，像未听到的一样，对客户态度冷漠 |

2）听的形式

（1）听他们说出来的。

（2）听他们不想说出的。

（3）听他们想说又表达不出来的。

3）听的作用（见表 3-5）

表 3-5 听的作用

| 听的作用 | 状 态 |
|---|---|
| 听能创造良好的气氛 | 给客户表述的机会，创造良好的气氛，使对方感到有价值、愉快 |
| 听能捕获信息 | 跟客户谈话也是一样，如果你不注意捕获信息，就会充耳不闻 |
| 听能处理信息 | 客户跟你谈判时话语很多，很复杂，甚至语无伦次、杂乱无章，但只要你能认真听，就能听出他的表达重点，理解他的意思，并对此做出正确反应 |

4）倾听的技巧

（1）发出正确的信号——表明你对说话的内容感兴趣。

①与客户保持稳定的目光接触。

②不插话，让客户把要说的说完。

③保持并调动注意力。

(2) 注意与客户的距离。

人与人之间的距离在陌生阶段是很微妙的，那么什么距离客户才会有安全感呢？心理学认为：当一个人的视线能够看到一个完完整整的人，上面能看到头部，下面能看到脚，这个时候这个人感觉到是安全的。如果销售顾问与客户谈话时，双方还没有取得信任，马上走得很近，对方会有一种自然的抗拒、抵触心理。所以，销售顾问应该注意与客户的合理距离，尽快建立与客户的信任感，当客户觉得销售顾问不讨厌时，将会乐于与其沟通。

(3) 站在对方的立场，认同客户观点，仔细地倾听。

销售顾问要站在客户的立场，认同客户观点，不管对方是否正确，只要不涉及产品质量问题，与政策法规不冲突，就没有必要马上否定客户。销售顾问可以说："对，您说的有道理。""是的，我也这样认为……"同时加上点头、微笑等动作，既表明自己在认真倾听，又给予对方和蔼可亲的感觉，容易让客户感觉销售顾问很认同自己的观点，增进彼此的信任感。

(4) 善于运用心理学，掌握客户真正的想法和需求。

概括起来，倾听的技巧如表3-6所示。

表3-6 倾听的技巧

| 耳到 | 仔细听客户说话 |
|---|---|
| 眼到 | 仔细观察客户说话时的肢体语言 |
| 心到 | 以同理心理解客户说的内容 |
| 脑到 | 大脑思考，结合看到和听到的去思考他真正想表达的含义 |
| 口到 | 积极用语言、肢体回应客户，配合客户；如果没听明白，适时提问，再次确认客户说的意思 |
| 收到 | 勤做记录 |

### 3. 观察

在销售过程中察言观色是很重要的。销售顾问与客户交流沟通中要做到观其神情、察其言行。在汽车销售过程中，销售顾问除了始终要观察客户的神情状态、面部表情的变化和反应以外，还应该留心观察客户的一些外部特征和行为习惯，从而根据这些事实组织语言结构，调整沟通策略，具体可见表3-7。

表3-7 观察的技巧

| 衣着 | 一定程度反映客户的经济能力、品味、职业和喜好 |
|---|---|
| 肢体形态 | 身体、眼神、肤色、站坐行特点 |
| 随身物品 | 手机、手表、皮包、首饰等 |
| 随行人员 | 其关系决定对购买需求的影响 |
| 步行/搭车/开车 | 本次打算换购还是增购，以及之前购车品牌等信息 |

### 4. 提供建议

需求分析是后续车辆介绍的前提，销售顾问要结合客户的具体情况进行合适车型的推荐，因此给客户提供建议是非常重要的。提供建议的技巧有以下几种：

1）制定自己的标准说法

事先自己编出一套"说法大全"，有经验的销售人员通常在不知不觉中即把洽谈中的一部分内容加以标准化。也就是说，与不同的客户洽谈时，他就背熟了其中的一部分，且在任何洽谈中都习惯地使用。

2）避免突出个人的看法

销售顾问在整个销售的过程中对产品知识和服务流程要有专业的认识，但不能太过于突出个人的看法，销售的主体对象是客户，客户的需求和爱好才是销售顾问关心的重点，不能把个人的观点强加给客户。

3）把自己当作客户的购车顾问

顾问式销售是美国20世纪80年代后发展起来的一种标准销售行为。该销售方法要求销售人员具备行业知识，具备满足客户利益和体现顾问形象的技能。该销售方法不是从推销出发，而是从理解客户的需求出发，引导客户自己认清需求。顾问式销售是指销售人员以专业销售技巧进行产品介绍的同时，运用分析能力、综合能力、实践能力、创造能力、说服能力满足客户的要求，并预见客户未来的需求，提出积极建议的销售方法。顾问式销售，即从理解客户的需求出发，以特定的产品满足客户需求，实现客户价值，实现销售，达到"双赢"的目的。

销售人员给客户三点实用建议，以树立自身的顾问形象，具体如下：

（1）建议客户理性选择。

首先是预算问题，应该先确定客户经济能力所能承担的价格范围，然后选择其中性能价格比最高的车。其次是车型的选择，汽车销售人员要根据车辆的用途和客户个人喜好，推荐选择最适合客户的车型，包括新能源汽车与燃油车的选择、轿车与SUV车型的比较等。最后是车辆配置的选择，包括排量、内饰要适中合用。

（2）建议客户进行性能价格比较。

通过车辆说明书的性能参数，可以确定车辆的性能，性价比是客户确定投入的依据。汽车销售员一般要提供汽车的有关情况，供客户选购时参考。

（3）建议客户全盘考虑。

选购适用的车型和装置时不必贪大求全，而是要根据客户使用的实际需要，选购适用的车型和装置。既要认品牌又要讲车型，既要讲外形又要讲性能，进口车和国产车各有千秋，新能源汽车和传统燃油车各有优缺点，建议客户综合考虑使用的场所、用途和用车习惯等。

以一汽大众为例，销售顾问按照表3-8所列步骤来对客户进行需求分析。

表3-8 需求分析阶段行为规范

| 环节 | 对应环节 | 具 体 程 序 |
|---|---|---|
| 1 | 听取客户需求 | （1）眼神接触，关心的表情，身体前倾，热情倾听，表示对客户的关心与尊重。<br>（2）使用开放式提问，主动进行引导，让客户畅所欲言。<br>（3）留心倾听客户的讲话，了解客户真正的意见，在适当的时机做简单的回应，不断鼓励客户发表意见，客户说完后再讲述自己的意见。<br>（4）征得客户同意，详细记录客户谈话的要点 |

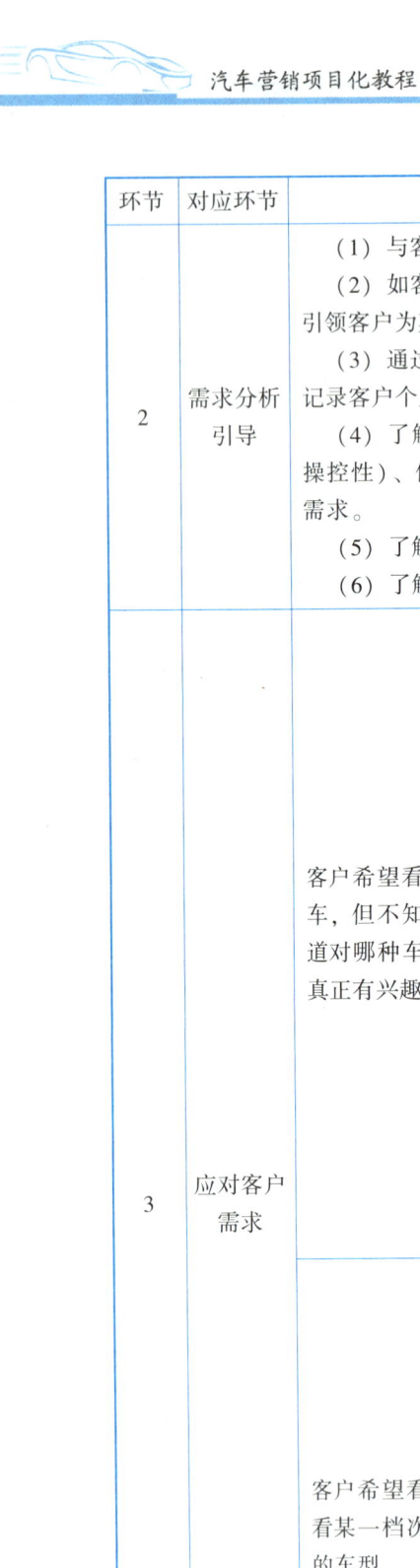

续表

| 环节 | 对应环节 | 具体程序 |
|---|---|---|
| 2 | 需求分析引导 | （1）与客户寻找感兴趣的话题，适当赞美，以拉近与客户的关系。<br>（2）如客户到店询问的是竞品的车辆信息，应及时告知本品牌同类型的车辆，并引领客户为其介绍，在介绍过程中循序渐进地进行需求分析。<br>（3）通过开放和封闭的问题，发掘客户的购车需求（显性需求和隐性需求），详细记录客户个人信息和购车需求信息。<br>（4）了解客户的预计购车时间、关注事项（如外形、动力、舒适性、安全性、操控性）、使用者、购车预算、有无金融保险的需求、有无二手车置换及评估的需求。<br>（5）了解客户获取信息的渠道：网络、报纸、电视、广播、亲朋好友推荐等。<br>（6）了解客户的看车经历，以判断客户目前的比较品牌、车型及了解程度 |
| 3 | 应对客户需求 | 客户希望看车，但不知道对哪种车真正有兴趣：<br>（1）请客户提供基本信息，以确定其购车动机，为了鼓励客户自愿提供信息，可采用开放式问题："为什么考虑要买一部新车？""对车最感兴趣的是什么？"等。<br>（2）让客户完全随意地回答你的问题，尽量不要让客户有压迫感。<br>（3）仔细倾听客户所说的话，和客户保持目光接触。点头，对客户表示赞同，可用"是的""我了解""您说得很有道理""还有呢"等语句。<br>（4）复述或表达所听到的，认同客户的看法，表示我们了解他的需求。<br>（5）请客户确认你的理解，以便他相信你已了解他的最重要的需求。<br>（6）回答客户可能提出的任何问题，如果你不能回答客户的问题，你就要主动表示要为其获得有关信息。<br>（7）根据客户提供的购车动机，为其推荐1~2种你认为他可能感兴趣的车型。<br>（8）给客户提供一本他感兴趣的车型的目录。<br>（9）提出可以带客户去看他所感兴趣的车。<br>注：不要勉强客户进入"产品介绍"或"协商"步骤 |
| | | 客户希望看看某一档次的车型：<br>（1）给客户提供一本他感兴趣的车型的目录。<br>（2）请客户告知其生活方式或所希望的汽车功能，以便决定向其推荐哪种档次的汽车。<br>（3）请客户告知他是否已决定购买哪种档次的车，以帮助确定其所感兴趣的具体车型。<br>（4）仔细倾听客户所说的话，和客户保持目光接触。点头，对客户表示赞同，可用"是的""我了解""您说的是""你说得很有道理""还有呢"等语句。<br>（5）复述或表达所听到的，认同客户的看法，表示我们了解他的需求。<br>（6）根据客户的信息，向客户推荐某一特定档次的车。<br>如果客户已选定所需的档次或档次已按上述方法确定，则：<br>①问客户以前是否已经看过这种车，以免浪费他的时间。<br>②问客户是否去过同类车型的专营店，以便确定他的购车经验。<br>注：不要勉强客户去考虑他并不感兴趣的车型 |

续表

| 环节 | 对应环节 | 具 体 程 序 |
|---|---|---|
| 4 | 确认客户需求 | （1）总结客户需求，并与客户达成一致意见，询问客户是否还有其他需求。<br>（2）如客户明确表达置换的需求，则引导客户进行二手车评估，通知二手车部门做好评估准备 |
| 5 | 推荐车型 | （1）实时掌握库存状态以及客户期望的交车时间，为客户推荐适合的车型，向客户解释推荐原因（针对适合客户的车型，优先推荐库存车型）。<br>（2）提供相应的车型资料，强化该车型对客户需求的满足，如客户提出异议或对车型不满意，迅速响应或重新询问并确认客户的个性需求。<br>（3）如客户离店，在系统中及时更新客户信息，对客户级别进行判定，设置客户回访计划 |

## 任务实施

一、实训场景

汽车营销实训室。

二、任务设备

教学用具、教学电脑、整车、谈判桌椅、需求分析记录表、销售夹等。

三、任务要求

1. 演练任务：需求分析。

2. 演练目的：掌握需求分析阶段客户信息收集的方式和技巧，规范完成询问、倾听、提供建议、总结需求和车辆推荐全部过程。

3. 演练内容：不同客户的接待与需求分析。

（1）陈女士刚参加工作，是1位小学教师，由于上班代步想购置一辆比亚迪新能源汽车，但对具体车型不太了解，只是希望节能经济、平顺好开、价位适中，销售顾问小李进行接待与需求分析。

（2）张先生是一个企业高管，爱人是医生，有两个小孩，父母一起帮忙带小孩，最近想置换一辆空间大一点可以全家出行的新车，家庭现有车型是大众速腾，他喜欢SUV车型，预算在40万元左右，也在网上反复比较了凯迪拉克、雷克萨斯、福特等车型，夫妻俩周末来到大众4S店进行相关车型的了解，销售顾问小王进行接待与需求分析。

（3）李先生和宋女士即将结婚，想购置一辆红旗品牌的新车作为家用，李先生注重车辆的动力性，宋女士比较关注外观，两人预算在20万元左右，销售顾问杨帆在展厅进行接待和需求分析。

（4）黄先生是一个民宿老板，打算购置一辆客货两用的商用车，既可以购买民宿食材和物品，又方便接送游客，由于自主创业，故预算在15万元左右，并且打算贷款购车，销售顾问李想进行接待与需求分析。

四、任务分组

在这个任务中，采用分组实施、角色扮演的方式进行，每4人为一组，学生2人扮演客户（抽取客户信息卡）、1人扮演销售顾问、1人为摄像记录员，模拟结束后角色轮换。通过小组协作，培养学生团队合作和互帮互助精神。记录员全程摄像留影，可制作过程视频，并在教师和全班同学前播放，也可作为小组作品进行展示。

五、任务步骤

1. 请填写以下资料信息：

（1）提供咨询时，询问形式有＿＿＿＿和＿＿＿＿两种。

(2) 倾听的原则有：_____、给予反馈信息_____、强调重要信息、_____、回答客户所有问题、_____、_____。

(3) 需求分析一般的工作顺序是_____、_____、_____、_____、_____。

2. 按照封闭式与开放式结合的提问方式，设计以下收集客户信息的话术。

| 信　息 | 细　项 | 销售顾问话术 |
| --- | --- | --- |
| 客户个人情况 | 性别/年龄 |  |
|  | 预算/经济情况 |  |
|  | 决策者做决定的过程 |  |
|  | 生活方式 |  |
| 过去有无用车经验 | 过去的车 |  |
|  | 购车原因 |  |
|  | 对经销商的态度 |  |
| 对新车的要求 | 特征/对选装项的要求 |  |
|  | 购车动机 |  |
| 对客户的建议 |  |  |

3. 请写出给客户提供建议的方法。

4. 请写出不同类型客户的性格特点和销售顾问的沟通要领。

| 客户类型 | 性格特点 | 沟通要领 |
| --- | --- | --- |
| 老鹰型客户 |  |  |
| 孔雀型客户 |  |  |
| 鸽子型客户 |  |  |
| 猫头鹰型客户 |  |  |

5. 请在完成需求分析的角色扮演过程中填写客户需求分析表。

<table>
<tr><td colspan="5">客户需求分析表</td></tr>
<tr><td>填表日期</td><td colspan="2">销售顾问</td><td colspan="2">客户姓名</td></tr>
<tr><td rowspan="4">基本信息</td><td>性别</td><td></td><td>联系电话</td><td></td></tr>
<tr><td>年龄</td><td></td><td rowspan="2">购车阶段</td><td rowspan="2">□进过其他品牌店<br>□进过对手品牌店</td></tr>
<tr><td>兴趣爱好</td><td></td></tr>
<tr><td>客户类型</td><td>□首购　□再购</td><td></td><td></td></tr>
<tr><td rowspan="3">车型预算</td><td>意向车型</td><td></td><td>客户级别</td><td>□A 级　□B 级<br>□C 级　□D 级</td></tr>
<tr><td>购车预算</td><td></td><td>二手车置换</td><td>□是　□否</td></tr>
</table>

| 用车历史 | 当前车型 |  | 金融产品 |  | □是 □否 |  |
|---|---|---|---|---|---|---|
|  | 当前行驶里程 |  | 当前车龄 |  |  |  |
| 用车性质 | 购车性质 | □私人 □公司 □政府 | 使用感受及问题 |  |  |  |
|  | 主要使用者 |  | 新车用途 | □商业 □休闲 □上班 □上学 □旅游 □其他 |  |  |
| 产品需求 | 性能偏好 | □外观 □内饰 □动力 □操控 □舒适 □安全 □使用成本 □其他 | 乘客类型及数量 |  |  |  |
|  |  |  | 配置要求 |  |  |  |
| 推荐方案 | 车型 |  | 金融方案 |  |  |  |
|  | 二手车方案 |  |  |  |  |  |

**六、任务反思**

1. 学到的新知识点有哪些？

2. 掌握的新技能点有哪些？

3. 你对自己在本次任务中的表现是否满意？写出课后反思。

4. 发展新能源汽车产业是汽车产业高质量发展的必然选项。新能源汽车产业也符合绿色发展理念，有助于经济社会发展绿色化、低碳化。谈谈你对新能源汽车的看法，以及你对党的二十大报告中"中国式现代化是人与自然和谐共生的现代化"的理解。

## 任务评价

各组介绍任务完成情况，展示任务视频，进行学生自评、学生互评和教师评价。在上述任务中，对扮演"销售顾问"的学生按照评分表3-9进行评价。

表 3-9　销售顾问（需求分析）表现评分表

| 序号 | 评价项目 | 评价指标 | 分值 | 自评（30%） | 互评（30%） | 师评（40%） | 合计 |
|---|---|---|---|---|---|---|---|
| 1 | 职业素养 30 分 | 分工合理，制订计划能力强，严谨认真 | 5 | | | | |
| | | 爱岗敬业，责任意识，服从意识 | 5 | | | | |
| | | 团队合作，交流沟通，分享能力 | 5 | | | | |
| | | 遵守行业规范，现场 12S 管理 | 5 | | | | |
| | | 完成任务积极主动 | 5 | | | | |
| | | 能采取多种手段收集信息、解决问题 | 5 | | | | |
| 2 | 专业能力 60 分 | 销售顾问着装得体、礼仪规范 | 10 | | | | |
| | | 需求分析内容（收集客户信息）完整 | 10 | | | | |
| | | 结合客户信息，推荐车型合适 | 10 | | | | |
| | | 提问和倾听的方法得当 | 10 | | | | |
| | | 判断客户类型准确，交流方式得当 | 10 | | | | |
| | | 考虑了二手车置换等增值服务 | 10 | | | | |
| 3 | 创新意识 10 分 | 创新性思维和行动 | 10 | | | | |
| | | 合计 | 100 | | | | |
| | | 综合得分 | | | | | |

## 巩固练习

**一、多选题**

1. 美国心理学家马斯洛将人类的需要按其重要性分为五个层次，其中属于精神需要的是（　　）。
　　A. 安全需要　　　　B. 尊重需要　　　　C. 自我实现需要
　　D. 生理需要　　　　E. 社交需要

2. 消费者的期望价值和（　　）有关。
　　A. 以往的相关经验　　B. 朋友的告知　　　C. 广告
　　D. 销售顾问的陈述　　E. 亲身体验　　　　F. 实际使用的效果

3. 客户购车的动机通常有（　　）。
　　A. 日常代步　　　　B. 凸显身份　　　　C. 财富的象征　　　　D. 商务需要

4. 青年消费者买车时心理表现为（　　）。
　　A. 追求时尚　　　　B. 凸显个性　　　　C. 注重科技配置　　　　D. 计划性强

5. 与驾驭型交际风格的消费者的沟通方式，以下说法正确的是（　　）。
　　A. 避免个人化和浪费时间，注重事实
　　B. 直截了当，保持快节奏，注意客户的想法与目的
　　C. 避开细节，必须强调品牌与产品的优势，获得客户认可
　　D. 强调产品解决客户问题的能力

## 二、判断题

1. 需求分析时为了更准确地向客户推荐车型，销售顾问可以询问客户的收入。（  ）
2. 需求分析时开放式提问通常用来确认客户的信息。（  ）
3. 很多时候，客户也未必明白自己所有的需求，所以需要销售顾问不断挖掘。（  ）
4. 与表现型的客户沟通时要投其所好，争取好感，先附和，后沟通。（  ）
5. 需求分析最后需要总结客户所有的需求，包括预算、购车用途、时间、关注的配置，等等。（  ）

## 三、问答题

1. 如果客户在新能源汽车和燃油车之间犹豫不定，销售顾问应该怎样进行引导和推荐呢？

2. 如果客户是开车前来4S店，销售顾问如何引导客户考虑置换购车？

## 拓展阅读

### 世界各国人民对汽车的喜好

#### 1. 美国

由于地广人稀、物资丰富，美国人民最喜欢买的车型始终是皮卡，能装人、能拉货、能拖车、能穿越荒漠，也能城市通勤，皮卡对美国人民来说简直是万能的主儿，在很多美国电影中你都能发现皮卡的身影。

长期以来，美国最受欢迎的皮卡车型都是福特F系列，自从1948年诞生以来，福特F系列一直深受美国人民的认可。到了1977年，福特F系列正式开启了属于自己的王者时代。时至今日，福特F系列已经蝉联全美最畅销卡车40多年。2021年，美国市场累计销量超过1 500万辆，仅次于中国市场的2 014.6万辆，而最畅销的三款车型依然是皮卡，分别为福特F-150（720 006辆）、道奇RAM（569 388辆）和雪佛兰索罗德（529 765辆）。值得一提的是，2020年美国销量前三的也是这三款车型，不过道奇RAM和雪佛兰索罗德互换了位置。

图3-5所示为福特皮卡车型。

图3-5　福特皮卡

## 2. 南美洲

南美洲虽然分布有众多国家，但该区域人民的喜好和美国人民一样，最畅销的车型也是皮卡，这是因为皮卡的多功能用途非常适合南美洲复杂的地理环境和路况，而且皮卡本身也比较耐用，维修的成本也不高，对于整体经济不太发达的南美洲而言，皮卡车型是一个最适合的选项。

在巴西，个子短小的菲亚特 Strada（见图 3-6）最为畅销，它也是菲亚特专门为南美量身定做的车型，年销量突破 10 万辆，而紧随其后的是现代 HB20 和菲亚特 Argo，它们都是小型车，年销量也突破了 8 万辆。而在阿根廷，皮实耐用的"战场神车"丰田 Hilux 则最受欢迎。

图 3-6 菲亚特 Strada

## 3. 欧洲

欧洲的城市街道比较窄，通过性比较好的小车在这里最受欢迎。

德国人同样对"自主品牌"十分认可，2021 年德国市场累计销量最好的三款车型分别是大众高尔夫（91 621 辆）、大众探歌（57 424 辆）和大众途观（55 527 辆）。德国市场 2021 年累计销量新车 2 622 132 辆，是全球第四大单一汽车市场。

英、法两国也非常认可自家的品牌，英国卖得比较好的是 MG（虽然已经被上汽收购），本土老品牌沃克斯豪尔也卖得很不错（虽然已经属于法国 PSA 集团）。在 2021 年的英国市场，沃克斯豪尔 Corsa（见图 3-7）以年销 40 914 辆的成绩夺魁，紧随其后的是特斯拉 Model 3 和 MINI，其中特斯拉 Model 3 是为数不多能上榜的纯电动车型之一，而 MINI 同样属于英国汽车品牌。拥有浪漫主义的法国人最认可的品牌也是标致，其中标致 208（见图 3-8）以年销 88 037 辆荣登 2021 年畅销车榜首；紧随其后的是雷诺 Clio，年销量为 85 370 辆；而第三名为达契亚 Sandero 车型，年销量为 77 067 辆，三者差距并不大。

图 3-7 沃克斯豪尔 Corsa

在意大利，虽然是"跑车之都"，但占据金字塔底层的依旧是平民品牌，菲亚特是这里当之无愧的王者，精致小巧的两厢车是讲究情调的意大利人的最爱。2021 年，菲亚特 Panda（112 298 辆，见图 3-9）、菲亚特 500（44 819 辆）和蓝旗亚 Ypsilon（43 735 辆）位居意大利市场销量榜前三。而三款车中，只有菲亚特 500 曾以进口的方式引进中国销售，不过由于当时较高的售价和不实用的属性，并没有受到国内消费者的青睐，故很快就停售，此后再也没有被引进过。

图 3-8　标致 208

图 3-9　菲亚特 Panda

### 4. 俄罗斯

苏联虽然留下不少衣钵给俄罗斯，但时至今日"战斗民族"在国际汽车市场的存在感越来越小。而在本土，诞生于苏联时期的拉达是销量王者，其中拉达 Vesta（见图 3-10）和拉达 Granta 都是销量排名靠前的产品。值得一提的是，拉达在中国最知名的产品是"泥瓦"，人称拉达"小吉普"，20 世纪末北京地区的出租车很多都是拉达泥瓦。

图 3-10　拉达 Vesta

### 5. 日韩

日本品牌通过多年的耕耘，不仅让丰田在海外备受欢迎，在日本国内同样受到青睐。日本汽车市场 2021 年累计销量达 4 448 340 辆，是全球第三大单一汽车市场，其中最畅销的三款车分别是丰田雅力士（212 927 辆，见图 3-11）、丰田 Roomy（134 801 辆，见图 3-12）和丰田卡罗拉（110 865 辆）。而再往后的也基本是丰田、日产和本田，可见日本人对自家车系非常厚爱。丰田雅力士和丰田卡罗拉在中国同样有不小的群众基础，尤其是卡罗拉，已经成为细分市场的标杆。韩国方面，现代汽车这个"巨头"则卖得比较好，旗下的现代伊兰特、现代索纳塔都是排行榜上的常客。

图 3-11　丰田雅力士 GR

图 3-12　丰田 Roomy

### 6. 中国

中国消费者特别喜欢三厢轿车以及 SUV。近年来随着"自主品牌的崛起"，越来越多的国人已经不再对自主品牌有偏见，但论品牌影响力和市场占有率，海外品牌依旧是主流。

2021年中国市场销量最好的前五车型分别为日产轩逸（见图3-13）、大众朗逸、五菱宏光MINI、哈弗H6以及丰田卡罗拉。轩逸能拿到销冠，很大一部分是网约车司机贡献出来的；朗逸则属于"特供车型"，针对性的设计很受消费者的欢迎；至于宏光MINIEV（见图3-14），需要注意的是它和日产轩逸、大众朗逸的定位完全不同，所以虽然销量上有一拼，但本质上自主品牌还有很长的路要走。

图3-13 日产轩逸　　　　图3-14 五菱宏光MINEV

综合以上来看，可以发现在大多数国家和地区，最受欢迎的往往都是本土品牌。每个国家人民的用车需求和用车环境不同，因此导致喜爱的车型也不一样，不管如何，销售人员向客户推荐最适合的、客户最喜欢的即是正确的。

## 任务 3.3　车辆介绍

### 任务导入

客户张先生是一位中年医生，近期打算购买新车。经过朋友介绍和自己了解，对红旗品牌的新能源汽车比较感兴趣，来到展厅后销售顾问小王接待了他，通过交流与沟通，小王给他推荐了 2022 款红旗 E-HS9 的 690 KM 旗悦七座版，并准备带张先生去实车边进行介绍和体验。那么，在接下来的工作中，她应该如何做好车辆展示与介绍呢？通过哪些介绍方法能够让张先生喜爱和认可这个产品，产生进一步的购买欲望呢？

### 学习目标

（1）理解车辆六方位介绍方法，能够说出各方位的介绍要点；
（2）区别传统车型和新能源汽车的介绍要点；
（3）能够说出 FAB 法的含义，适当拓展为 FABI 和 FABE；
（4）能够结合客户需求，利用产品资料进行车辆讲解；
（5）养成认真负责和诚实守信的工作作风，提升职业素养；
（6）培养专业、敬业的职业精神，弘扬平等友善的价值观；
（7）培养自主创新、敢为人先的开拓精神，突出民族自豪感和自信心。

### 任务分析

作为销售顾问，向客户介绍产品是最基本也是最核心的工作任务。想要较好地完成这个任务，除了熟悉车辆的产品参数、配置功能外，还应该掌握正确的介绍方法，运用通俗易懂的话术，结合客户的具体需求和爱好特征进行有针对性的介绍，突出产品的卖点和优势，提高客户对产品的认可度。

### 知识链接

### 3.3.1　汽车产品介绍方法

#### 1. 六方位绕车介绍法

环绕产品对汽车的六个部位进行介绍，有助于销售人员更容易且有条理地记住汽车介绍的具体内容，并且更容易向潜在客户介绍最主要的汽车特征和优势。在进行环绕介绍时，销售人员应确定客户的主要需求，并针对这些需求做讲解。销售人员针对客户的产品介绍，进行车辆展示，以建立客户的信任感。销售人员必须通过直接传达针对客户需求和购买动机的相关产品特性，帮助客户了解一辆车是如何符合其需求的，以便于客户认识其价值。

图 3-15 所示为展厅中进行六方位绕车介绍图。

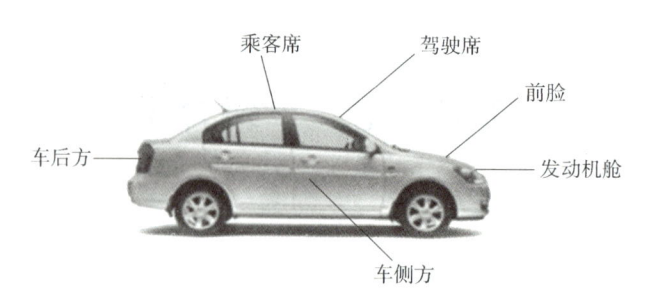

图 3-15　车辆六方位介绍图

1）第一方位

汽车的正前方是客户最感兴趣的地方。

当汽车销售人员和客户并排站在汽车的正前方时，客户会注意到汽车的标志、保险杠、前照灯、前风窗玻璃、刮水设备，还有汽车的高度、越野车的接近角等。汽车销售人员在此时要做的就是向客户介绍车辆的品牌历史及以上特征，让客户在第一时间就喜欢上这款车。

2）第二方位

汽车销售人员要引领客户站在汽车的左侧，从而发掘客户的深层次需求。无论哪一类客户，看到汽车的第一眼就心动的都不多见。哪怕客户看起来与汽车很投缘，还是要做进一步的考察。走到一辆轿车的侧面，让客户感受整车的流线造型和车长、轴距，听听钢板厚实或轻薄的声音，介绍底盘的平稳和车身骨架的安全设计，客户就能将自身的需求与汽车的外在特性对接起来，再加上汽车销售人员的介绍和赞美，可以加深客户对车的好感。

对于新能源汽车，销售顾问在这个方位可以加入对三电系统和安全防护的介绍，车辆的强劲电芯、侧面电池防护技术、车桩双重智能防护和充电功能设计等都可以加深客户对车辆的认知。

3）第三方位

汽车销售人员引导客户来到汽车的正后方，站在轿车的背后距离约 60 cm，从行李舱开始，依次介绍高位制动灯、后风窗加热装置、后组合尾灯、尾气排放和一脚蹬功能等。可以邀请客户开启行李舱，掀开备胎和工具箱外盖进行介绍。

4）第四方位

大部分客户对车内是非常感兴趣的，所以此时销售人员应该邀请客户打开车门并坐到乘客席的位置，亲身体会车辆的乘客席，销售顾问可以给客户介绍车辆乘客席的腿部空间、头部空间、座椅可折叠性、后排空调出风口和独立电源配置等。当然，如果是一个客户的话可以直接进入第五方位。

5）第五方位

任何车辆的购买者都会想坐进驾驶席，手握转向盘，亲自感受车辆的内饰特征。所以，介绍这个方位正是销售人员争取与客户谈话的好时机，销售人员应该邀请客户打开车门，触摸车窗，邀请客户坐到驾驶席并调整座椅至合适位置。销售顾问在征得客户同意以后可以同时坐进副驾驶位，进行讲解和指导。介绍内容应包括座椅的材质与调节、多功能转向盘、开车时的视野、中控仪表台的合理设计、安全气囊、制动系统、音响和空调等，注意观察客户喜欢触摸和眼光所涉及的东西，告诉客户汽车操控的优异性、乘坐的舒适性、内饰材料的环保性和具体按键的操作方法，尤其是当客户对智能驾驶（辅助驾驶系统）感兴趣时，可以立即邀约客户试乘、试驾。当客户审慎衡量和提问时，应认真回答客户的问题，并注意适当地保持沉默，不要给客户一种强行推销的感觉。

对于新能源汽车，车辆的智能化水平很高，很多全新易用、体现人性化驾驶体验的科技设计都可以在这里给客户进行详细的介绍并适当演示，如大众的 IQ. Drive 全速域驾驶辅助系统、IQ. Light 智能灯光系统、IU 智能座舱、AR HUD 抬头显示系统、ID. Welcome 智能迎宾系统等。

6）第六方位

最后，销售顾问引导客户回到车前方，打开发动机舱盖，向客户介绍发动机舱。汽车销售人员站在车头前缘偏右侧，依次向客户介绍发动机舱盖的吸能性、降噪性、发动机布置形式、防护底板、发动机技术特点和发动机信号控制系统等。发动机是车辆的动力来源，所有的客户都会关注发动机。因此，汽车销售人员应把发动机的基本参数包括发动机缸数、排量、最高输出功率、最大扭矩、百公里加速时间和百公里油耗等给客户做详细的介绍。

对于新能源汽车，尤其是纯电动汽车，由于第六方位没有了发动机的配置，故销售顾问应该主要介绍车辆的电池技术，包括续航里程和充电时间等。

总之，六方位绕车介绍法是从车前方到发动机舱，刚好沿着整辆车绕了一圈，这样可以让汽车销售人员把车的配置状况做一个详细的说明和解释。这样的介绍方法很容易让客户对车型产生深刻的印象。销售顾问在运用六方位绕车法向客户介绍汽车时，在各个不同的位置应该阐述汽车的特征及它带给客户的利益，灵活利用一些非正式的沟通信息，展示汽车独到的设计和领先的技术，从而将汽车的特点与客户的需求结合起来，促成销售。

六方位绕车介绍的步骤和要点可参考表 3-10。

表 3-10　六方位绕车介绍实施程序表

| 环节 | 对应项目 | 具 体 程 序 |
| --- | --- | --- |
| 1 | 绕车介绍准备工作 | 六方位绕车前准备工作：<br>（1）转向盘调整至最高位置；<br>（2）确认所有座椅都调整至垂直位置；<br>（3）将钥匙放在随时可取放的地方；<br>（4）对驾驶员的座椅适量往后移；<br>（5）前排乘客座椅要适量后移；<br>（6）将座椅的高度调整至最低的水平；<br>（7）对收音机进行选台；<br>（8）清洁车辆；<br>（9）确保蓄电池有电 |
| 2 | 前部（左前方）介绍 | 最有利于看清车辆特征的角度，通常可以在这个位置向客户做产品概述（例如，品牌荣誉、历史销量、车辆标志、车辆线条、制造工艺、车身颜色、保险杠、前照灯、前风窗玻璃、刮水器等） |
| 3 | 车侧介绍 | 可以考虑致力于整车尺寸和安全性能的介绍（例如，整车长宽高、轴距、车门防撞钢梁、车身结构和工艺、车身材质、悬架系统、车身稳定系统配置、轮胎等） |
| 4 | 车后方 | 可以突出尾灯和保险杠，汽车的排放也可以在这里提及（例如，大面积尾灯、一体式后保险杠、行李舱的容积、行李舱盖的开启方式、倒车影像的设计等） |

续表

| 环节 | 对应项目 | 具 体 程 序 |
|---|---|---|
| 5 | 乘客席 | 突出乘坐的空间和舒适便利（例如，头部空间、头枕设计、腿部空间、空调出风口、USB 接口、老板键等） |
| 6 | 驾驶席 | 鼓励客户打开车门进入内部进行体验（例如，多功能转向盘、安全带、座椅、仪表台、安全气囊、音响、空调、离合器、车联网技术、智能驾驶辅助系统等） |
| 7 | 发动机舱介绍 | 介绍整车性能好的地方（例如，排量、电池技术与续航、动力性能指标参数、油耗、变速箱设计、自动启停与制动力回收、碰撞吸能区、前保险杠、发动机管理系统等） |

**2. 关键要素介绍法**

据调查，消费者在选择汽车时经常会考虑以下几个方面：车型、排量、品牌、色彩、性能、价格、售后服务等。因此，销售顾问在介绍汽车产品的过程中，要突出重点，兼顾一般，将客户最在意的几个方面做重点介绍。

1）车型推荐

随着新能源汽车的兴起，消费者购车首先要在新能源汽车和燃油车之间进行对比取舍。新能源汽车经济省油，在原油价格日渐上涨和国家对新能源汽车财政补贴的背景下，价格优势非常明显，尤其是在许多一线城市，新能源汽车还有上牌无须摇号的优势。此外，新能源汽车普遍造型时尚、科技配置感强，所以销售趋势呈现上扬。对于有摇号困扰、注重节能环保、仅为上班代步的客户和添置第二辆车的家庭，销售顾问可以重点推荐。

车型方面，消费者主要是在普通轿车、SUV、越野车、面包车和 MPV 中做出取舍，即取决于购车的用途、成本、爱好和家庭人数。

（1）普通轿车：其是用途最广泛、购买量最大的车型，代步、旅行都适用，而且乘坐舒适度高，这是很多家庭购买时的首选。其不足之处是轿车底盘比较低，对于恶劣路况的出行不太适合。轿车也有两厢和三厢车型的选择，越来越多的车款会有两厢与三厢并存的"双子星"车型，使得许多消费者陷入了纠结之中。同一款车型中，两厢版往往被设计得更加运动化，三厢版则走的是稳重的路线，其最大的差别在于行李舱，三厢版的行李舱容量更大，两厢版的行李舱比较灵活，可以有多种组合，汽车销售顾问一般应对家庭人数较多的推荐三厢版，对两口或三口之家，尤其是年轻人推荐两厢版。

（2）SUV：学名是运动型多用途汽车，是近年来销售最火的车型，其外形时尚，造型新颖，既有轿车的舒适性，又具有越野车的通过性，属于一种跨界车型。SUV 的特点是动力强、越野性好、宽敞舒适及具有良好的载物和载客功能，城市出行和外出旅游都适用，比较受年轻人的喜爱，满足了他们代步、旅行、时尚的需求。汽车销售顾问可以为年轻人、中年人，尤其是喜欢出门旅游的人推荐这款车型。

（3）越野车：非常有个性的车型，有较高的底盘，较好抓地性的轮胎，较大的马力和粗大结实的保险杠。越野车可以适应野外的各种路面状况，是为越野而特别设计的汽车。越野车给人一种粗犷硬朗的感觉，不足之处是舒适性略低，比较费油。汽车销售顾问可为有探险偏好或者经常出入工地的消费者推荐这种车型。

（4）面包车：是轿车和客车的交叉车型，既可以载人，也可以运货，一般为六至七座，面包车的后排座椅通常可以放倒，腾出行李舱的空间以装载少量的货物，而且面包车的售价比较便宜，是一款性价比很高的车型，不足的是面包车的舒适性相较于轿车略低。汽车销售顾问对于在乡镇工作、经济条件一般，或者有一些运货需要的客户可推荐此款车型。

（5）MPV：是从旅行轿车演变而来，它集旅行车宽大的乘员空间、轿车的舒适性和厢式货车的功能于一身，一般为两厢式结构，可以坐七至八人。它在内部结构上具有很大的灵活性，还有一定的行李空间，座椅布置灵活，可全部折叠或放倒，有些还可以前、后、左、右移动甚至旋转。在放倒第三排座椅后，其就像是一辆具有超大行李空间的卧车。对于企事业单位的商务用车，或者一些多人口的家庭，尤其是有了二孩之后的家庭，汽车销售顾问可以为其推荐MPV车型。

2）排量推荐

一般同一款车型，厂家为了满足不同用户的需求，会设计几种不同的排量。排量如何选取决于个人对汽车性能和使用经济性的考虑。

（1）小排量汽车经济实用，购车和用车成本都很低，买车主要用于代步，省钱又省力；不足是汽车的动力性不强，在爬坡、行驶中带空调等情况下显得动力不足。如果车型小、自重轻的车，小排量非常合适；如果车身大，排量小就会出现小马拉大车的现象。对经济实力不是很强的消费者，汽车销售顾问可以推荐小排量汽车，更加经济实用。

（2）大排量的车型开起来动力强劲，尤其是在恶劣路况、爬坡、负载大、追求速度的情况下优势明显，但油耗很高，购买成本和使用成本都很高。对于那些追求动力性、越野性、豪华性的消费者，汽车销售顾问可以推荐大排量汽车。

（3）带涡轮增压的车型。涡轮增压发动机在涡轮介入后动力充沛，更容易做到降低排放，且由于排量的下降，购置税等要相对便宜。同排量的自然吸气发动机对机油和燃油品质的要求相对更为宽泛，怠速安静，动力输出平顺，冷车起动时噪声低。对于那些对动力和油耗方面都有要求，又经常开高速的消费者，汽车销售顾问可以推荐带涡轮增压的车型；如果只是在市区代步，则更在意平顺性和舒适感，那就可以选择一般排量（1.6 L左右）的自然吸气车型。

3）品牌推荐

品牌的选择也是令消费者十分纠结的事情，其实品牌不仅代表了某种汽车系列，更蕴含了各个汽车企业想表达的一种审美观、价值观和品牌定位，在相同的汽车性能指标下，消费者更愿意选择符合个人价值观的汽车品牌，这就是所谓的见车如见人。

汽车销售顾问在介绍汽车品牌时，要介绍不同品牌的内涵，即在此按照品牌归属国分析各汽车品牌的内涵，销售顾问可以根据消费者的喜好做出准确的推荐。

英国车稳重、豪华、有内涵，具有英国贵族和绅士风范，如具有贵族血统、雍容高贵的劳斯莱斯，前卫时尚、奢华高端的阿斯顿马丁；德国车技术精湛，深藏不露，体现了严谨、认真的风格，如奔驰、宝马、奥迪和大众；法国车追求时尚浪漫，充满人文关怀，如雪铁龙、标致；意大利车给人以豪放、洒脱之感，多以性能和外形吸引客户，如法拉利、兰博基尼、玛莎拉蒂和菲亚特；美国车凸显豪放狂野、动力强劲，内部设施豪华，但一般不重视经济性，使用成本较高，但福特、通用近些年的产品比较经济实用，如福特经济型车及别克、雪弗兰汽车等；日本车注重外表，经济实用，性价比高，如丰田、本田；韩国车集欧、美汽车技术于一体，借鉴日本汽车风格，既洒脱又稳重，有一种"骑士"风范，如现代、起亚；中国车体现了中庸、稳重、实用的风格，其中也有进取、追求时尚的元素，如红旗、长城。

值得一提的是中国的国产品牌比亚迪，凭借出色的技术研发和创新能力，已经掌握电池、电机和电控等新能源汽车核心技术。自2008年推出全球首款插电式混合动力车型以来，陆续推出e6、秦、唐、宋等多款新能源车型，获得了市场的极大认可，助力中国汽车工业真正实现了"弯道超车"，也成为广大消费者购买新能源汽车的首选品牌。

4）汽车颜色显个性

在这个充分展示个性的时代，消费者对汽车颜色的选择很讲究。车身的颜色如同人的外衣一般，选择不同颜色的汽车，可以从中感悟车主的不同个性。有研究表明：选择黑色车的人，车主性格很严谨，自我克制能力较强；喜欢银（灰）色车的人，个性好静，凡事花尽心思努力去做；喜欢白色车的人表现出其超乎常人的适应能力；选择红色车的人，注重自我，是潮流的追随者；选择黄色车的人，性格活跃而且慷慨大方，喜欢挑战；喜欢蓝色车的人，头脑灵活，反应敏捷，性格沉着冷静而且容易满足；喜欢绿色车的人，通常比较谨慎，富有观察力和好奇心。

汽车的颜色往往是消费者最后一项选择的内容，汽车销售顾问在推荐时要充分考虑客户用车的目的，最重要的是看车主的喜好。通常商用的高档轿车推荐黑色、灰色、深蓝、黑灰等比较稳重的颜色；家用轿车的颜色一般根据消费者的喜好，选择范围比较大，大型轿车的颜色多选择白色、银灰色、黑灰、黑蓝、深蓝、暗红等色系，小型轿车则会选择红色、黄色、宝石蓝色、紫色等色系。颜色的选择与职业也有一定的关系，医生、教师、公务员这些比较庄重的职业人士，一般推荐相对稳重的色彩，而自由职业者则推荐奔放、富有激情的色彩。不同年龄段对色彩的选择也会有一定差别，对年轻人推荐更加鲜艳的色彩。在汽车销售的过程中，对于汽车颜色的选择，往往家庭女主人的意见比较重要，汽车销售顾问要重视女主人的意见。

5）汽车服务花样繁多

汽车服务不仅能满足消费者的用车需要，还成为厂家获利的重要渠道。汽车服务范围涉及汽车消费的各个方面，汽车服务的种类按消费过程可分为购销服务、使用服务和权益服务三大类。购销服务包括整车销售、配件销售、二手车交易、金融贷款、广告宣传、购车咨询、汽车展览等；使用服务包括管理代理、燃料供应、维护修理、美容装饰、停车租赁、导航支持、意外救援、防盗保安、驾驶培训等；权益服务包括法规咨询、检测仲裁、事故分析、保险理赔等。汽车销售顾问可以推荐消费者在本店进行一站式的服务，汽车在保修期内是免费服务，过保修期后，选择4S店更专业，但价格略高，其他声誉好的专业服务机构也能够提供更具特色的服务，比如专做轮胎的专卖店。

6）汽车性能

汽车的性能指标包括动力性、舒适性、越野性、操控性、经济性等指标，汽车销售顾问要对这些指标的内涵、汽车性能的影响有深入的了解，才能为消费者做出正确的解释和有针对性的介绍。

## 3.3.2　车辆介绍技巧与注意事项

### 一、车辆介绍的技巧

#### 1. 爱达模式

注意、兴趣、欲望和行动四个单词的英文缩写为AIDA，中文译为爱达。爱达模式内容可概括为：有效的推销活动一开始就应引起客户的注意，把客户的注意力吸引到推销活动中及其所推销的产品上，进而引起客户对所推销产品的浓厚兴趣，于是客户的购买欲望自然产生，最终就会激发客户的购买行为。

#### 2. 埃德帕模式

第一个步骤：Identification，确认客户需要，把推销的产品与客户的愿望联系起来；

第二个步骤：Demonstration，向客户示范合适的产品；

第三个步骤：Elimination，淘汰不宜推销的产品；

第四个步骤：Proof，证实客户已做出正确的选择；

第五个步骤：Acceptance，促使客户接受推销产品，做出购买决定。

## 3. 费比模式（FAB法）

FAB法也就是特征利益法，F是特征（Feature）、属性，指的是产品的参数、配置等信息，也包含车辆的独特设计、材料、颜色等眼睛可观察到的事实状况，销售顾问可以按照车辆的性能、构造、操作性、耐用性、经济性和价格等进行列举，对于信息参数及专业术语，要结合客户理解能力予以专业化解释；A（Advantage或Action）是作用、好处或者优势，销售顾问向客户解释某项具体参数、配置的作用或工作原理，在讲解时应言简意赅，针对客户感兴趣的原理进行详细讲解；B是指利益（Benefit），是产品能够满足客户的特定需要，给客户带来期望的或者意想不到的好处和利益，它可能是优越的质量带来的安全可靠，可能是操作的便利简单，也可能是省时、省力、省钱或者品牌带来的名望感。

在FAB的基础上，我们可以根据具体情况进行适当的延展介绍，如FABE或者FABI，E（Evidence）指的是证据，销售顾问可以通过列举证据加强客户的购买信心；I（Image）指的是情境冲击，即商品的好处会给客户带来什么样的冲击，在描述了产品优点和对客户本身的好处之后，为客户营造一个氛围，给客户一个想象的空间，冲击客户的用车痛点，增加购买决心。具体使用可参考表3-11和表3-12。

表3-11　FABE的使用

| 顺序 | 用法 | 举例 |
| --- | --- | --- |
| 1 | F：把产品的特征属性介绍给客户 | ×先生，我们这款车的轴距达到了2 871 mm…… |
| 2 | A：充分分析产品的作用和优点 | 轴距对于车辆内部乘坐空间的影响是最直接的，同时也能体现出这台车的档次和定位…… |
| 3 | B：尽述给客户带来的利益 | 当您的生意伙伴坐进迈腾的后排时，跷二郎腿绰绰有余，既舒适又有面子，您说是吧？ |
| 4 | E：用证据说服客户购买 | 您看我的身高是1.8 m，我坐进去给您看一下…… |

表3-12　FABI的使用

| 顺序 | 用法 | 举例 |
| --- | --- | --- |
| 1 | F：把产品的特征属性介绍给客户 | ×女士，我们这款车搭载了Travel Assist一键式智能驾驶辅助系统，达到了L2+的级别，这是目前B级车的最高级别 |
| 2 | A：充分分析产品的作用和优点 | 您只需要按下这个按键，即可实现车辆横向和纵向的自动控制，车辆会保持在车道内行驶，不会出现偏离，它还可以实时探测前方车辆进行跟车，科技感十足…… |
| 3 | B：尽述给客户带来的利益 | 既能跟着加速，也能跟着减速，甚至还能跟停，大大提高了您驾车的便利性和安全性 |
| 4 | I：创设情境，冲击客户购买决心 | 比如我们在市区拥堵路段行驶时，再也不用一脚油门一脚刹车了，双脚可以得到彻底的解放…… |

在使用FAB法时，要注意以下几个原则：

（1）实事求是。

实事求是是非常重要的。在介绍产品时，切记要以事实为依据，夸大其词、攻击其他品牌，以突出自己的产品都是不可取的。因为客户一旦察觉到你说谎、故弄玄虚时，出于对自己利益的保护，就会对交易活动产生戒心，反而会让你难以推动这笔生意。每一个客户的需求是不同的，任何一种产品都不可能满足所有人的需求。如果企图以谎言、夸张的手法去推荐产品，反而会让那些真正想购买的客户退却。

（2）清晰简洁。

一种产品本身会包含许多元素，比如特性、成分、用法等，在介绍时可能会涉及许多专用术语，但是客户的水平是参差不齐的，并不是每一位客户都能理解这些术语，所以我们要注意在介绍时尽量用简单易懂的词语或是形象的话代替。在解说时要逻辑清晰、语句通顺，让人一听就明白。

（3）主次分明。

介绍产品除了实事求是、清晰简洁外，还要注意主次分明，不要把关于产品的所有信息都灌输给客户，这样客户根本无法了解到产品的优点，也就不会对产品有兴趣了。我们在介绍产品时，应该是有重点、有主次。重要的信息，比如产品的优点，可以详细地阐述；对于一些产品的缺点、不利的信息，我们可以简单陈述，而且这种陈述必须是有技巧地说出来。

## 二、车辆介绍应注意的问题

销售人员在进行产品推介时，需要注意的事项有很多。例如：维持良好的产品说明气氛，选择恰当的时机进行产品说明，产品说明中切不可逞能及与客户辩论等。

### 1. 了解自己的产品，对自己介绍的内容要有信心

一次成功的销售与销售人员对本产品及本行业专业知识掌握的程度有直接联系。只有对本产品的知识熟练掌握，同时明确本产品与行业内竞争对手产品的优点和缺点，才能在产品展示与推介过程中扬长避短、发挥优势。产品的基本知识包括以下几点：

（1）产品的硬件特性：产品的性能、品质、材料、制造方法、重要零件、附属品、规格、改良之处及专利技术等。

（2）产品的软件特性：设计的风格、色彩、流行性、前卫性等。

（3）使用知识：产品的使用方法，如用途、操作方法、安全设计、使用时的注意事项及提供的服务体制等。

（4）交易条件：付款方式、价格条件、物流状况、保修年限、维修条件、购买程序等。

此外，客户在向销售人员了解情况时，非常注意销售人员非语言部分的信息表达。客户们除了要对销售人员所讲的内容进行分析外，还会根据销售人员讲话时的表情、语气、声调和态度来做出判断。如果销售人员对自己讲的内容有所怀疑、缺乏信心，则自信心将会受到影响，随之面部表情也会发生微妙的变化。尽管销售人员可能会竭力掩饰，但这种微妙的变化会马上让客户感觉，连销售人员自己都不认可的产品，凭什么我们还要去买。这就是为什么要求销售人员在进行产品展示与说明时应充满自信、充满激情、面带微笑。

### 2. 介绍内容不能求全求多，要有所侧重，有的放矢

车辆介绍方位多、内容多、数字多，如果全部给客户详细介绍，销售顾问工作时间长

的同时客户也容易听觉疲劳,很难形成购买冲动。销售顾问要根据客户的需求,有针对性地选择介绍的方位和配置,例如:"×先生/女士,之前您提到了特别喜欢带着家人出去自驾游,请您移驾到后排来,我给您详细介绍一下这款车的后排空间和配置……"

### 3. 介绍中不能涉及太多的知识与概念,要用客户听得懂的语言

从心理学角度讲,客户在接收任何信息时一次只能接收 6 个以内的概念,但较多的销售人员不理解这个道理,在与客户洽谈的过程上,就怕讲得不多客户不接受,拼命将自己知道的向客户们倾诉。结果,当客户离开时只知道几个不重要的概念,而真正影响客户们决策的要点都抛在了脑后。因此,应找出客户购车时最关注的方面,然后用几个关键的概念建立客户的选择标准就可以了。

如介绍发动机时,技术参数包括输出功率、输出扭矩、油耗、气缸数量、涡流增压、噪声、气缸排列方式、压缩比、单顶置凸轮轴或双顶置凸轮等,如果这么多的概念全部介绍给对汽车并不专业的客户,客户就会如坠云雾之中,根本不知道什么最重要。此时,销售顾问只要告诉客户"一般 1.3 L 排量的发动机,如输出功率能够达到 60 kW,输出扭矩能够达到 100 N·m 以上,而且气门数量在 16 个以上就是一款好的发动机"。这里只用了三个概念就让客户有了一个自己的选择标准。此时,如果客户对发动机兴趣浓厚,希望多了解一些的话,可以再把气缸数、压缩比、凸轮轴等概念介绍给客户。

注意,这样的介绍不能单纯只是一个概念,而应该把该概念的含义及对客户的利益清楚地表达出来。如单凸轮轴和双凸轮轴,它不仅仅是用一根轴还是两根轴来控制进气和排气,双凸轮轴的结构对发动机的性能有提升,但会增加投资成本。如果客户关注发动机的性能而对投资不做计较的话,选择双凸轮轴的发动机会更好。归纳一点,在向客户介绍和展示汽车产品时,必须针对客户关注的那一点说清楚,同时最多只能给出 6 个概念,除非客户在这方面很专业或客户对销售人员的介绍非常感兴趣并愿意接纳。此外,销售人员在进行产品展示时,一定要使用客户能够听明白的语言。对于一些专业术语、行话,要用通俗易懂的语言表达清楚,千万不要故弄玄虚、不知所云。

### 4. 介绍产品的过程不仅仅是销售顾问的个人讲解,要与客户形成有效的互动

销售顾问在展示产品的过程中,千万不能把自己当成唯一的主角,要积极地邀请客户加入对车辆的体验和评价,只有与客户形成有效的互动,才能了解客户对车辆的真正感想,为后续服务做好准备。例如,我们在介绍驾驶席的座椅时可以这样说:"×先生/女士,全新××前排的座椅头枕采用了四项调节,您可以根据您的偏好将头枕调整到最舒适的位置(同时将调整方法演示给客户),您自己动手调整感受一下……是不是非常方便?"

### 5. 介绍的方法不是数据上的简单罗列和灌输,更要为客户提供直观感受

车辆的性能参数很多,单纯地列举数字对客户不足以造成视觉和触觉的冲击,很难给客户留下深刻印象,销售顾问要学会使用各种方法给客户提供直观的感受。例如,当我们介绍车辆的离地间隙时可以这样设计"×先生/女士,全新迈腾的离地间隙高达 145 mm,在同级别车中已经非常不错了。您看(把手中的本夹竖着插入展车下),这么宽的本夹都能放进去,我们生活中能遇到的路况都是没有任何问题的。"

### 6. 要学会处理意外情况

产品展示与说明中经常有意外的情况发生,可能是销售人员介绍错误,更可能是客户的看法错误。此时,要注意做到以下几点:

（1）马上修正自己的错误并向客户表示歉意。

任何人都不可能不出错，关键的是出错后的表现。有一位销售人员在向客户介绍新能源汽车的续航里程数时说道"我们这款车的高配车型续航里程可以达到510公里，低配也有460公里"，客户马上提出质疑说自己朋友的车在冬天达不到这个里程。销售顾问没有意识到电池的续航里程数和电池温度是有关联的，没有意识到自己在专业知识上的错误，还是一味强调官方数据的可信度，最终客户因为对销售顾问专业知识的不信任而没有成交。

（2）如果是客户的错误，应表示出"不要紧"的微笑。

在汽车销售过程中，经常会遇到一些对汽车有一定了解但又并不专业的客户，客户们为了在洽谈中左右谈判的局面，往往会表现出自己很专业的样子，但实际对某些问题提出的看法又往往不正确。此时，销售人员最容易冲动的行为是试图去纠正客户的说法。如果销售人员这样做了，就会让客户很难堪，下不了台，甚至感觉非常没有面子，结果就是该客户再也不会找这位销售人员买车了。遇到这用情况，最佳的处理方式是：如果客户没有意识到这样的问题，销售人员千万不要自作聪明地去纠正；如果客户已经认识到自己出错了，要面带微笑地说："不要紧，谁都会发生这样的错误，刚开始时我也出了错。"如果此时销售人员给足了客户面子，客户反过来也会回报销售人员并买单。

（3）别在客户前说第三者的坏话。

这里的"第三者"主要指竞争对手。一般而言，客户为了降低自己购车的风险，往往会花费大量的时间去广泛地调查。因此，有可能对调查过的销售商与销售人员会建立认识和好感，而有些汽车销售人员往往由于经验不足，当客户提及竞争对手时会紧张，怕这些对手抢走自己的生意。因此，会针对这些"第三者"提出贬低的评价，这些评价就有相当一部分与客户已经建立起来的认识发生冲突，结果不但没有降低客户对第三者的认同，反而再一次增加了客户对竞争对手的关注和认同。

此时如何巧妙地处理这样的情况就成为一个销售人员是否专业的一个标志。最佳的做法是轻描淡写或以忽略的方式，或先认同客户的看法，再以"只是""不过""如果"等转折词进行变换，千万不能用"是的……但是"这样非常强硬的语气来表示。如果销售人员对客户提出的竞争对手的优势表示出不以为然的表情，则客户就会觉得他们提出的问题不应该是汽车选购中最应关注的问题，反而有利于提高客户对销售人员所涉及内容的关注度。

"第三者"还包括销售人员自己的同事。有时某些销售人员为了自己的业绩，会在销售中对客户提及的前面与客户打交道的同事进行贬低，殊不知越贬越让客户觉得这家公司不可信，这位销售人员不值得合作。如果能够在客户面前对自己的同事大加赞美的话，不仅不会失去客户，反而会让客户对销售人员产生敬佩，更有利于达成交易。

（4）保全客户的面子。

一个成功的销售是让客户高兴而来，满意而归，谁也不希望在与销售人员的接触过程中发生不愉快的行为，但有时会由于销售人员无意识的行为让客户动怒，从而不利于销售的顺利进行。有这样一个案例，即客户的小孩用玩具敲打宝马轿车车盖，当时那位销售人员告诉小孩如果敲坏的话要孩子父亲赔，客户听到这句话后说了一句"不就才一百多万元，有什么了不起！"如果此时销售人员换一种说法就可以让客户挽回面子，例如，"实在对不起，我说的不是这个意思，我只是不希望您买回去的是一部不完美的宝马轿车"。

### 7. 要学会巧妙赞美客户

巧妙地介绍自己的产品,有效地赞美客户,将产品的优点与客户的利益点有效地结合起来。在展示产品的过程中,不动声色地赞美客户,赢得客户的好感与信任,这就是聪明的销售人员必须学习的成功秘诀。

### 8. 要掌握产品的诉求重点与竞争差异,懂得扬长避短

销售人员要能够有效地说服客户,除了必须具备完备的产品知识外,还需要明确重点地说明产品的诉求点。有效、明确的诉求重点来自平时对各项情报的收集整理和与客户的多次接触。

基于一个基本的市场原则,即市场竞争的存在性,销售人员可以将同类产品进行比较性分析,从而找出自身产品的优点与不利因素,在产品展示的过程中做到趋利避害。进行产品展示时,切忌对本产品的缺点做过多的解释,否则就会越描越黑。采取摆事实、讲道理的方法,针对客户的需求,突出产品优势,回避产品不足,以优点弥补缺憾,才会收到令人满意的效果。

## 任务实施

| | |
|---|---|
| 一、任务场景 | |
| 汽车营销实训室。 | |
| 二、任务设备 | |
| 教学用具、教学电脑、整车、谈判桌椅、车型资料架、销售夹等。 | |
| 三、任务要求 | |
| 1. 演练任务:车辆介绍。<br>2. 演练目的:掌握展厅车辆介绍的方法和技巧,规范完成六方位绕车介绍。<br>3. 演练内容:结合客户需求的车辆进行介绍。<br>(1)陈女士一人看车,关注车辆外观和燃油经济性,销售顾问李想在展厅进行车辆介绍。<br>(2)张先生夫妇俩共同看车,先生重点关注重车辆的动力性和安全性,太太比较关注车辆空间和环保排放,销售顾问小王在展厅进行车辆介绍。<br>(3)李先生和朋友一起看车,关注新能源汽车的科技配置及与传统燃油车的区别,销售顾问杨帆在展厅进行车辆介绍。<br>(4)黄先生一人看车,关注车辆的车身工艺、舒适性和操控性,销售顾问李想在展厅进行车辆介绍。 | |
| 四、任务分组 | |
| 1. 在这个任务中,采用分组实施、角色扮演的方式进行,每4人为一组,学生2人扮演客户(抽取客户信息卡)、1人扮演销售顾问、1人为摄像记录员,模拟结束后角色轮换。通过小组协作,培养学生团队合作精神和协调沟通能力。记录员全程摄像留影,可制作过程视频,并在教师和全班同学前播放,也可作为小组作品进行展示。<br>2. 扮演客户的2位同学要尽可能真实地模拟现实生活中客户的各种身份、人物关系、性格与外在行为,扮演销售顾问的同学要注意六方位绕车介绍的方位顺序、FAB等技巧在话术中的运用,结合客户的需求点有针对性地进行介绍,过程中注意与客户的互动,完整地模拟车辆六方位介绍的全部流程。 | |

五、任务步骤

　　1. 填写车辆六个方位的名称。

　　2. 写出车辆各个方位的介绍要点（注意传统车与新能源汽车的区别）。

1号位车前方

2号位车侧方

3号位车后方

4号位车后座

5号位驾驶室

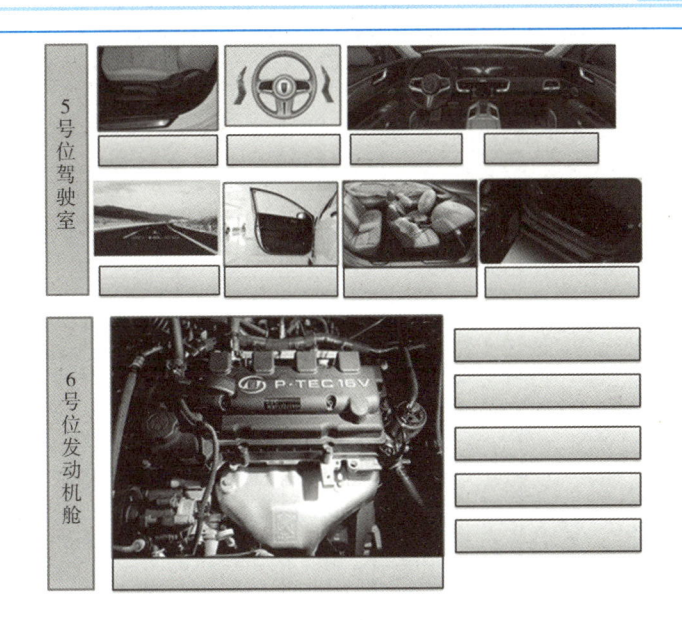

6号位发动机舱

3. 解释以下名称及其作用。

TST+DSG：_____

HUD：_____

ABS +EBD：_____

ACC：_____

激光焊接技术：_____

热成形钢板：_____

4. 请结合具体车辆特征，填写完整的 FAB 话术，为六方位绕车介绍做好准备。

| 方位 | 细项 | F（特征、属性） | A（作用、优势） | B（利益、好处） |
|---|---|---|---|---|
| 前部<br>（左前方） | 车辆标志 | | | |
| | 车辆线条 | | | |
| | 保险杠 | | | |
| | 前照灯 | | | |
| | 前风窗玻璃 | | | |
| | 进气格栅 | | | |
| 驾驶席 | 转向盘 | | | |
| | 座椅 | | | |
| | 安全带 | | | |
| | 仪表盘 | | | |
| | 内饰 | | | |
| | 音响 | | | |
| | 空调 | | | |
| | AUTO-HOLD | | | |
| | 车联网技术等 | | | |
| | | | | |

131

| 方位 | 细项 | F（特征、属性） | A（作用、优势） | B（利益、好处） |
|---|---|---|---|---|
| 乘客席 | 腿部空间 | | | |
| | 头部空间 | | | |
| | USB 接口等 | | | |
| | | | | |
| 车后方 | 尾灯 | | | |
| | 行李舱容积 | | | |
| | 自动感应装置 | | | |
| | 倒车影像等 | | | |
| | | | | |
| 车侧 | 车门钢梁 | | | |
| | 车身结构 | | | |
| | 悬架系统 | | | |
| | 油箱 | | | |
| | 轮胎 | | | |
| | 车身尺寸 | | | |
| | | | | |
| 发动机舱 | 油耗 | | | |
| | 动力指标参数 | | | |
| | 管理系统配置 | | | |
| | 环保排放 | | | |
| | 整体布局 | | | |
| | | | | |

5. 请用情境创设法（构图法）介绍以下车辆配置。

（1）自动感应式行李舱。

（2）AFS 自适应前照灯。

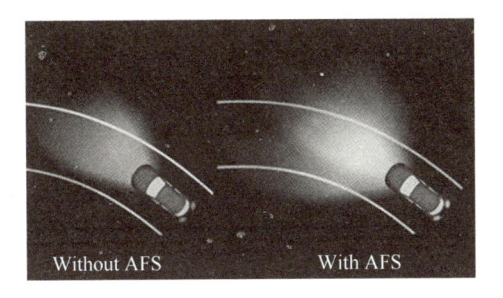

（3）全景天窗。

（4）远程遥控系统。

## 六、任务反思

1. 学到的新知识点有哪些？

2. 掌握的新技能点有哪些？

3. 你对自己在本次任务中的表现是否满意？写出课后反思。

4. 你知道中国四大汽车集团是哪4个吗？其中自主品牌比例如何？谈谈你对"中国制造"的看法。党的二十大报告提出"推进新型工业化，加快建设制造强国、质量强国、交通强国、网络强国、数字中国。"作为未来的中国汽车人，你能为此做出哪些贡献呢？

## 任务评价

各组介绍任务完成情况，展示任务视频，进行学生自评、学生互评和教师评价。在上述任务中，对扮演"销售顾问"的学生按照评分表3-13进行评价。

表3-13 销售顾问（车辆介绍）表现评分表

| 序号 | 评价项目 | 评价指标 | 分值 | 自评（30%） | 互评（30%） | 师评（40%） | 合计 |
|---|---|---|---|---|---|---|---|
| 1 | 职业素养 30分 | 分工合理，制订计划能力强，严谨认真 | 5 | | | | |
| | | 爱岗敬业，诚信意识，安全意识 | 5 | | | | |
| | | 团队合作，交流沟通，分享能力 | 5 | | | | |
| | | 遵守行业规范，现场12S管理 | 5 | | | | |
| | | 完成任务积极主动 | 5 | | | | |
| | | 能采取多种手段收集信息、解决问题 | 5 | | | | |
| 2 | 专业能力 60分 | 销售顾问着装得体，手势、走位、礼仪规范 | 10 | | | | |
| | | 六方位绕车介绍方法准确、话术规范 | 10 | | | | |
| | | FAB法的运用熟练 | 10 | | | | |
| | | 车辆功能和配置介绍准确 | 10 | | | | |
| | | 讲解热情，语言合适，与客户有互动 | 10 | | | | |
| | | 结合客户需求进行了针对性介绍 | 10 | | | | |
| 3 | 创新意识 10分 | 创新性思维和行动 | 10 | | | | |
| | | 合计 | 100 | | | | |
| | | 综合得分 | | | | | |

## 巩固练习

**一、多选题**

1. 当客户重视车辆的动力性能时，销售顾问应该介绍（　　）。

A. 最高车速　　　　B. 加速时间　　　　C. 百公里油耗　　　　D. 爬坡能力

2. FAB 介绍法是指销售顾问要将（　　）介绍给客户，提升客户对产品的认可程度。
A. 产品特征　　　　　　　　　　　B. 产品作用
C. 产品给客户带来的好处　　　　　D. 产品的优势
3. 对汽车产品进行介绍时，正确采用六方位介绍的是（　　）。
A. 必须按顺序进行　　　　　　　　B. 对每一个客户都要全面进行车辆介绍
C. 根据客户实际需求，有针对性地介绍　　D. 针对客户的疑问随问随答
4. 新能源汽车六方位介绍的方位是（　　）。
A. 侧面底盘　　B. 正前后方　　C. 三电系统　　D. 安全防护
5. 同等级的欧系车和日韩系车相比的优势是（　　）。
A. 品牌历史悠久　B. 动力性能更好　C. 乘坐舒适性更好　D. 操控性更好

二、判断题
1. 六方位介绍的目的在于能够全面了解和满足客户的要求，因此在介绍中要随时挖掘客户的需求。（　　）
2. 汽车销售流程是从寻找客户、了解客户需求开始，一直到与客户签订购车合同为止。（　　）
3. 对于购车目的明确的客户，我们可以只讲客户关注的车辆配置。（　　）
4. 纯电动汽车的三电系统是电池、电机和电控，销售顾问必须都进行介绍。（　　）
5. 车辆介绍中销售顾问要注意扬长避短，车辆的缺点尽量不提，客户提问时也要尽量回避。（　　）

## 拓展阅读

## 2023 款迈腾车辆六方位介绍

### 1. 车前方

现在展示在您面前的就是我们第八代 380 豪华型迈腾（见图 3-16），自上市以来，迈腾以其高科技及卓越的性能成为 B 级车的引领者，在中型车市场上，长期占据销冠的位置，是全球最受欢迎的 B 级车。全新迈腾正面采用德国大众最新的设计语言，前格栅横向拉伸，整车看起来更加宽大，与老款迈腾相比，纵向采用了雨滴镀铬点缀装饰，充满时尚气息。

图 3-16　2023 款迈腾 380TSI DSG 旗舰型

××先生，您平时夜间开车有遇到过道路盲区的情况吗？那您来看一下我们迈腾的前照灯，它采用的是 LED 自适应矩阵式前照灯，可实现远近灯光的自动调节，节能又环保，而且它还具备随动转向和灯光高度自动调节功能，可以根据您的行车需要改变灯光照射范围，

大大提高夜间行车的安全性。除此之外，全新迈腾还配备了LED日间行车灯，点亮之后既安全又美观。

### 2. 车侧方

全新迈腾车身全长4 866 mm，车宽1 832 mm，高度可达1 479 mm，比老款迈腾增高了8 mm，整车车身的线条非常的流畅舒展，完美地营造出简洁利落的视觉效果。全新迈腾承袭了大众车的安全口碑，整个乘员舱都采用了热成形钢板，质量更轻、刚度更高，一指甲盖大小的热成形钢板可以承受10 t的压力，也就是说在迈腾上放九辆捷达也不会变形。此外，全新迈腾的高强度钢板比例达到了81%，在同级别车中比例是最高的。

刚才听到两位对车身工艺也比较关注，××先生，您可以来摸一下我们迈腾的车顶，是不是非常光滑感觉不到任何的焊点呢，因为我们这款迈腾采用了长达42 m的激光焊接技术，比普通点焊的强度至少高出了40%，大大提高了整个乘员舱的坚固程度，让整车像小坦克一般坚不可摧。我有个客户，前阵子开迈腾不小心从高架桥上掉了下来，车子损坏了，但人毫发未损，在我这又置换了一辆迈腾，所以，我们买车还是要买结实的，关键时刻靠谱，保护您和家人的安全，您说对吧？

### 3. 车后方

全新迈腾的尾部采用水平镀铬饰条装饰，高档大气，与前脸相呼应，您看一下我们的LED尾灯组，它可以在制动和行驶时动态变换效果，在提高安全性的同时，更显科技质感。迈腾还配备了行李舱脚部感应开启功能，打开行李舱只需轻轻抬脚即可实现，××太太，您不妨亲自体验一下，这个配置是不是很方便？像您去超市购物的时候，双手都提满东西，站在我们车后方动动脚就能打开行李舱，真的特别实用。您再看一下我们的行李舱，不仅开口大，而且内部也十分工整，容积高达533 L，28寸的超大行李箱可以轻松放4个，满足您全家的出行需求。

### 4. 乘客席

××太太，您觉得我们迈腾的内部空间怎么样呢？迈腾的乘坐空间是很宽敞的，1.8 m的大个都完全不会顶头，翘个二郎腿也是绝对没有问题的。陈先生，我们这款迈腾还搭载了三区独立空调，能独立调节主副驾驶和后排温度，照顾车内所有人的需求，非常的人性化。

### 5. 驾驶席

××先生，迈腾的座椅可以提供12项电动调节，这是它的调节按钮。转向盘也是可以四项调节的，您可以亲自尝试一下，调整出一个最适合您的角度。新迈腾是国内首款搭载IQ. Drive系统的大众车型，配备了Travel Assist一键式智能驾驶辅助系统，达到了L2+的级别，这是目前B级车的最高级别。您只需要按下这个按键，即可实现车辆横向和纵向的自动控制，车辆会保持在车道内行驶，不会出现偏离，它还可以实时探测前方车辆进行跟车，既能跟着加速，也能跟着减速，甚至还能跟停，科技感十足，比如我们在市区拥堵路段行驶时，再也不用一脚油门一脚刹车了，双脚可以得到彻底解放，大大提高了驾车的便利性和安全性。

全新迈腾还搭载了先进的车联网技术，您只需要在手机上下载一汽大众App就能通过手机控制车辆，当您在停车场找不到车的时候，点击闪灯鸣笛按钮，车辆灯会闪烁，喇叭会响，一下就能找到您的爱车，或者当我们把车停在了一条陌生的街道上，忘记了具体位置，可以用手机App定位人和车的位置，一键导航去找车就可以了，功能非常强大。

迈腾还采用了大众最新的软质环保材料，没有任何异味，对您和家人的健康不会有任何的影响。此外，迈腾的空调还配置了空气净化系统，能过滤99%的PM2.5，净化车内空气，保持空气清新，给您提供舒适健康的驾乘环境。

## 6. 发动机舱

迈腾发动机舱的整体布局井井有条，非常合理，大众最出色的EA888涡轮增压发动机搭配DSG七速湿式双离合变速器，是大众集团最先进的动力总成，最大扭矩为350 N·m，最大功率为162 kW，百公里加速时间仅为7.2 s。迈腾在经济性上的表现也是很不错的，百公里油耗仅为6.6 L，迈腾的排放达到了最新国六的标准，非常符合两位对于节能环保的要求。××先生，请问您带驾照了吗？那等会儿小李为您安排个试乘试驾，您可以亲自感受一下我们迈腾的动力性和操控性。

# 任务 3.4　试乘试驾

## 任务导入

客户张先生在红旗展厅进行车辆的选购，经过前面的需求分析，销售顾问李想给他推荐了 2022 款一汽红旗 H5 的经典款 1.8T 自动智联旗享版并在展厅进行了车辆的六方位介绍。为了让张先生更好地体验车辆的操控性、动力性和乘坐舒适性等特征，小李邀请张先生进行车辆的试乘试驾，那么，在接下来的工作中，试乘试驾专员应该如何做好这个工作呢？在试乘试驾的过程中，要注意哪些程序和问题？通过哪些介绍方法能够让张先生喜爱和认可车辆，产生进一步的购买欲望呢？

## 学习目标

（1）描述试乘试驾的流程；
（2）规划与介绍试乘试驾路线；
（3）厘清试乘试驾服务要点；
（4）能够根据客户需求，在客户试乘时动态介绍车辆特征；
（5）能够根据客户特征，规范指导客户试驾；
（6）提高分析问题、解决问题的能力，具备良好的团队协作能力；
（7）培养安全意识，增强安全观念，坚定道路自信。

## 任务分析

试乘试驾是车辆推介的重要环节，是让客户感性地了解车辆有关信息的最好机会，通过切身的体会和驾乘感受，客户可以加深对销售人员口头介绍的认同，消除疑虑，增强购买信心。在很多 4S 店，具体的试乘试驾任务是由试乘试驾专员进行，销售顾问要与之进行工作的对接，也可以陪同。想要较好地完成这个任务，试乘试驾专员必须熟悉车辆的功能配置和使用方法，事先规划好行车路线，在注意行车安全和遵守交通规则的前提下，将客户关注的性能和车辆的卖点特征进行动态展示，试驾过程中通过进一步的需求探寻和解答客户疑问，更加明确客户需求，激发购买意愿，提高试乘试驾的转化率。

## 知识链接

### 3.4.1　试乘试驾流程

#### 一、试乘试驾前准备

**1. 试乘试驾路线设计**

提供规范的试乘试驾路线图，规划至少两条路线供客户选择，评估道路情况是否能够满足试乘试驾的要求，尽量选择不拥堵的路况，时间控制在 15~20 min。

**2. 试乘试驾人员准备**

（1）专职或兼职的试乘试驾专员须具备销售和产品知识，了解竞品信息，以便满足客户试驾需求。

（2）试乘试驾专员着工装，驾驶证件随身携带。

（3）为了提高试乘试驾效率，节省时间，试乘试驾专员与销售顾问应实时保持沟通，从而使试乘试驾专员有针对性地进行准备，给客户创造良好的试乘试驾体验。

**3. 试乘试驾车辆准备**

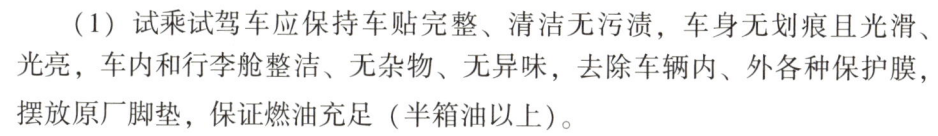

（1）试乘试驾车应保持车贴完整、清洁无污渍，车身无划痕且光滑、光亮，车内和行李舱整洁、无杂物、无异味，去除车辆内、外各种保护膜，摆放原厂脚垫，保证燃油充足（半箱油以上）。

（2）为确保试乘试驾车的安全运行，应定期进行技术检查。

（3）随季节变化，车内空调设置适宜温度，确认车内物品齐全，保证车内音响适度，准备不同风格的音乐，试乘试驾时供客户选择播放（U 盘/车载蓝牙/CD）。

（4）接收到客户试乘试驾需求后，在"试乘试驾使用登记表"准确记录试乘试驾车辆使用信息。

（5）试乘试驾专员将车辆整备完毕后开至展厅门口，下车等待客户。

（6）若客户是预约试乘试驾，则在约定时间前 10 min 准备好车辆（如车辆正在使用中不能提前准备好，需要向客户解释并取得谅解）。

**二、销售顾问主动邀约客户**

（1）介绍试乘试驾带给客户的好处，告知客户大概所需要的时间。

（2）主动邀请客户参加试乘试驾，如客户接受，需确认客户是否具备试驾资质，如是否携带驾照、是否饮酒等，如客户资质不符合，则建议客户进行试乘体验或预约试驾。

（3）若客户没有时间，则可以在征得客户同意的情况下为其预约下一次到店进行试乘试驾体验。

（4）通过"试乘试驾车使用登记表"确认车辆使用状态。

（5）如相应车型的试驾车被占用，应告知客户需要等待的时间，询问客户是否等待或考虑其他车型；如："××先生/女士，非常抱歉，××试驾车目前正在试驾，大概您还需要等待 20 min 左右的时间。您可以到休息区稍等片刻，我帮您拿一杯饮料好吗？……您也可以试驾我们另一款车型，两款车排量相同，会有相似的驾驶感受。"

（6）若客户在别处有过试乘试驾体验，可从询问其试乘试驾体验的感受切入，视情况再次邀约试乘试驾。

（7）若客户为增、换购客户，可通过意向车型与现有车型的动态对比说明引导，如针对客户疑问无法提供满意的答复，则需寻求技术人员帮助。

（8）若经销商没有配备相应的试乘试驾车型，则推荐类似的替代车型，并确认客户接受替代方案。

（9）暂时不能提供试乘试驾服务的，需向客户解释并征得客户谅解，询问客户是否愿意再次来店体验试驾或参加经销商组织的体验活动，若客户接受，则需进行预约。

### 三、手续办理与讲解

**1. 核对并复印客户证件**

销售顾问对符合试驾资质客户的驾照进行复印，也可以请其他同事帮忙，尽量避免客户等待。

**2. 协议讲解及签署**

签署"试乘试驾协议"之前，销售顾问要向客户讲解协议内容要点以及签署协议的必要性，解答客户异议，对不能试驾的客户，向客户解释并说明只能试乘。

**3. 路线讲解**

对照"试乘试驾路线图"，销售顾问向客户介绍试乘试驾的路线。试乘试驾路线图应包含路线长度、时间、每一路段的体验重点以及注意事项等信息，如图 3-17 所示。销售顾问首先告知客户有两条（或 3 条）试乘试驾路线供选择，依次介绍每条路线的体验点，给客户推荐建议，并询问客户的选择，然后告知客户整个试乘试驾流程和时长。为了让客户更好地熟悉车辆操作以及行驶路线，应强调先试乘后试驾，同时讲解换乘点。最后，销售顾问要告知客户在试乘试驾结束后回到展厅，给客户提供更为详细的方案介绍。

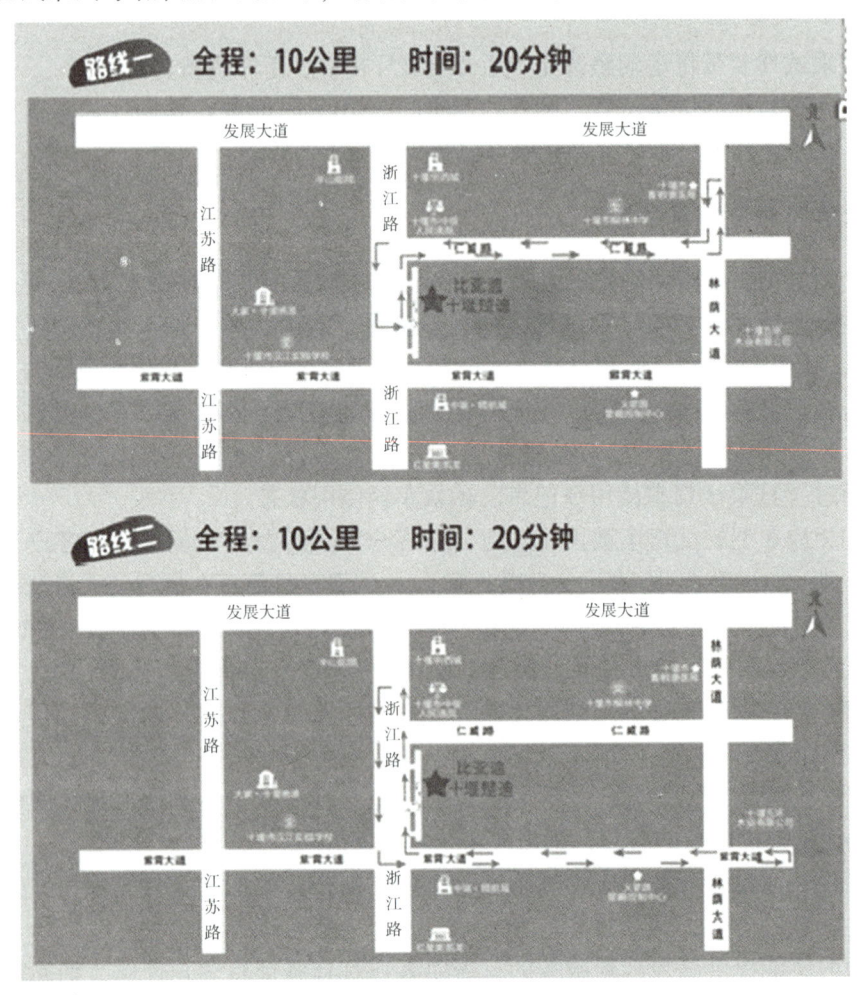

图 3-17 试乘试驾路线图

### 四、客户试乘体验

销售顾问需要向客户引荐本次试乘试驾的试乘试驾专员，同时向试乘试驾专员介绍客户，将路线选择和3个客户重点体验点告知试乘试驾专员。试乘试驾专员邀请客户进入到副驾驶位，提醒前、后排客户系好安全带，保证客户安全。在行驶过程中结合客户的用车场景与需求进行重点的动态说明和演示，结合客户感兴趣的功能有所侧重地进行展示（如车辆智能装备、操控性、平顺性、制动性、通过性等）并提醒客户关注，动态展示后询问客户感受，寻求客户试乘体验认同感。在每次不同体验项目前需要向客户简单介绍接下来的体验重点，尤其是在紧急制动、急加速或者急转弯等体验项目前，务必提醒前后排客户系好安全带，扶稳座椅。

通常情况下，试乘试驾的路况演示重点见表3-14。

表3-14 试乘试驾演示重点

| 演示路段 | 演示重点 |
| --- | --- |
| 发动与怠速 | 介绍如空调等需发动后才可使用的功能；体验怠速静肃性 |
| 起步时 | 请客户体验发动机的加速性、噪声、功率/扭矩的输出、变速器的换挡平顺性 |
| 直线巡航 | 体验室内隔声、音响效果及悬挂系统的平稳性 |
| 减速时 | 体验制动时的稳定性及控制性 |
| 市区路况 | 起步、加速、前中段的动力性、灵巧性及市区变换车道 |
| 快速路 | 0~100 km加速能力及紧急制动和正常制动能力 |
| 高速路 | 中高速巡航能力、超车、风噪、隔声 |
| 爬坡路 | 负重、发动机扭矩输出、轮胎抓地性、操控性 |
| 一般弯路 | 前风窗玻璃环视角度、前座椅的包覆性、转向性能、抗侧倾性能 |
| 急转弯道 | 转向性能、抗侧倾性能、操控性 |
| 空旷路段 | 示范行驶中使用转向盘上的音响、空调、电话控制键的便利与安全性 |
| 泥泞湿滑路面 | 电子安全配置、抗湿滑能力 |
| 颠簸路面 | 舒适性、通过性 |

### 五、客户试驾体验

试乘过程中确认客户熟悉了车内各项必要的功能配置和功能键后，试乘试驾专员与客户交换驾驶座位，提醒客户系好安全带，请客户将座椅调至最佳位置，调整好后视镜，请客户试踩制动踏板及加速踏板，感知它们的精确程度并了解挡位；嘱咐客户要精力集中驾驶，注意行车安全。

在客户驾驶过程中，应有意识地将客户参与和客户体验融入试乘试驾的活动中去。体验内容主要包括：

（1）关车门的声音，是实实在在的声音，并非空荡荡的感觉。

（2）发动机的动力、噪声，请客户感觉起动发动机时的声音及发动机怠速时车厢内的宁静。

（3）车辆的操控性，各仪表功能观察清晰、多向可调转向盘、自动恒温空调系统等各功能开关操控简便，触手可及。

（4）音响环绕系统保真性良好。

（5）试乘试驾的舒适性，即使车辆行驶在不平坦的路面上，由于车辆扎实的底盘、优异的悬挂系统与良好的隔声效果等特性同样让乘坐者舒适无比。

（6）直线加速，检验换挡抖动的感觉。

（7）车辆的爬坡性能，检验发动机强大扭矩在爬坡时的优异表现。

（8）体验车辆的制动精确、安全性，以及制动系统和安全系统等的特点。

这里值得注意的是：试乘试驾专员须在不妨碍客户试驾的情况下，回答客户提问，强调车辆好处。同时可以结合车辆的性能及装备，适度赞美客户的驾驶技术。如果试驾路线不能满足客户的体验需求，应该解释原因并在试乘试驾结束后向客户进行展示和解说。

### 六、试乘试驾后

（1）试乘试驾结束后，试乘试驾专员应主动提醒客户带好随身物品，感谢客户并与客户告别。销售顾问要及时引导客户至展厅洽谈区，主动询问客户试乘试驾感受，进行后续服务。

（2）销售顾问请客户填写"试乘试驾反馈表"（或"试乘试驾满意度调查表"）。针对客户特别感兴趣的性能和配备再次加以说明，并引导客户回忆美好的试驾体验。

（3）销售顾问结合客户的感受进一步介绍车辆性能，同时回答客户的异议，了解客户对车辆的认可程度，倾听客户反馈，探询客户意愿，主动邀约成交。

（4）针对不符合需求的客户，修正并向客户确认，推荐另一款适合车型，依据客户意愿执行流程。

（5）如客户离店，销售顾问要约定跟进时间，及时在系统中更新、维护客户试乘试驾信息，包括体验关注、试驾抱怨等，并制订后续跟进计划。

（6）销售顾问在客户完成试乘试驾后，对每一位客户均应热情道别，并感谢其参与试乘试驾，同时完成各项文件的记录。

## 3.4.2 试乘试驾服务要点

### 一、试乘试驾的技巧

**1. 销售顾问陪同，或者销售顾问与试乘试驾专员进行详尽而良好的沟通**

没有人会浪费时间去做没有意义的事，进行试乘试驾的客户，也必然带着其目的。销售顾问陪同客户（或者已与试驾专员进行详尽而良好的沟通）可以利用前期对客户需求的充分了解有针对性地进行介绍引导，提高成交的可能性。

**2. 抓住需求，放大亮点**

试乘试驾的体验点丰富，不同客户会各有侧重。在试乘试驾过程中，应抓住客户兴致点，着重放大其亮点。

### 二、试乘试驾的服务要点

在熟悉试乘试驾流程的前提下，为了更好地提高试乘试驾服务质量的转化率，可以在以下方面注重细节，提高客户满意度。

### 1. 试乘试驾前服务要点

（1）充分了解客户的背景资料，如职业、现有车辆、车辆用途等，了解客户的真正需求，以便确定车辆介绍的主要方向。

（2）针对客户的需求做适当的车辆介绍，并想方设法引导客户一起参与，以使客户对车辆有一定的认同和爱好。

### 2. 上车时服务要点

（1）主动与客户寒暄，对客户进行了解。

（2）替客户开关车门，防止客户头部碰到车门等。

（3）对方进入车内并确认坐好后，轻轻关闭车门，并提醒对方系好安全带。

（4）从车前绕过，进入驾驶位。

### 3. 试乘时服务要点

（1）多做主动介绍。

（2）被动回答客户疑问时，注意放慢车速。

（3）注意遵守交通规则，为客户试驾做好表率。

（4）试驾路线的关键点是做好路线介绍。

（5）危险动作提前告知。

### 4. 更换位置时服务要点

（1）更换驾乘人员时，一定要将车辆停靠在设定的安全地带，开启双闪。

（2）一定要熄火拉驻车制动，带着钥匙下车，并注意上下车安全。

（3）客户就座后提示客户调好转向盘、座椅、左右后视镜并系好安全带。

（4）引导客户熟悉车内常用操作按键。

（5）再次提示安全驾驶及遵守交规。

### 5. 试驾时服务要点

（1）提醒客户体验起步的平顺性、匀速静音效果、加速与制动、过弯稳定性、颠簸路面的减震性、换挡的平顺性、倒车入库操作。

（2）遇复杂路况时，提醒客户行驶路线和注意安全。

（3）对于客户的关注点，提示客户着重感受。

（4）避免此时进行过多的卖点介绍，以免分散客户的注意力。

（5）点明体验感觉，引导客户认同产品的性能配置和功能。

## 任务实施

| 一、任务场景 |
|---|
| 汽车营销实训室。 |
| 二、任务设备 |
| 教学用具、教学电脑、整车、谈判桌椅、车型资料架、销售夹等。 |

### 三、任务要求：

1. 演练任务：试乘试驾。
2. 演练目的：掌握试乘试驾的标准流程和服务要点，规范完成试乘试驾。
3. 演练内容：销售顾问与试乘试驾专员进行客户试乘试驾的工作衔接；试乘试驾专员首先进行试乘试驾路线的介绍，听取客户的选择，然后陪同客户试乘试驾。回到展厅后销售顾问进行工作跟进。

（1）陈先生一人试乘试驾，关注车辆动力性、操控稳定性和发动机噪声。

（2）张先生夫妇俩共同试乘试驾，时间充裕，平时主要是张先生开车，重点关注车辆的动力性和安全性，太太比较关注车辆空间和环保排放。

（3）李先生和朋友一起看车，共同试乘试驾，关注新能源汽车的科技配置及与传统燃油车的操作区别，重点想体验车辆起步、加速和紧急制动的表现。

### 四、任务分组

1. 在"试乘试驾"这个任务中，采用分组实施、角色扮演的方式进行，每4人为一组，学生1人扮演客户、1人扮演销售顾问、1人扮演试乘试驾专员、1人为摄像记录员，模拟结束后角色轮换。通过小组协作，培养学生团队合作精神和协调沟通能力。记录员全程摄像留影，可制作过程视频，并在教师和全班同学前播放，也可作为小组作品进行展示。

2. 因"试乘试驾"的任务需要室外环境，考虑教学安全和部分学生没有驾照的因素，采用"异地同步"（实训教师在场外操作车辆，通过网络同步直播，学生在教室内进行语言引导）或者"视频模拟路况"的方式进行实操，有VR设备的也可在电脑中进行模拟。

### 五、任务步骤

1. 请画出试乘试驾的工作流程图。

2. 请填写完整以下信息。

（1）试乘试驾前，销售顾问需要做的文件准备工作有_____。

（2）试乘试驾前，车辆需要做好的准备工作包括_____
_____。

3. 请根据下面的试乘试驾路线图给客户进行路线介绍并根据客户需求适当推荐。

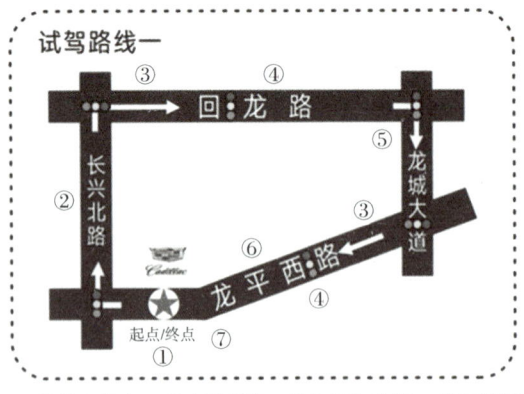

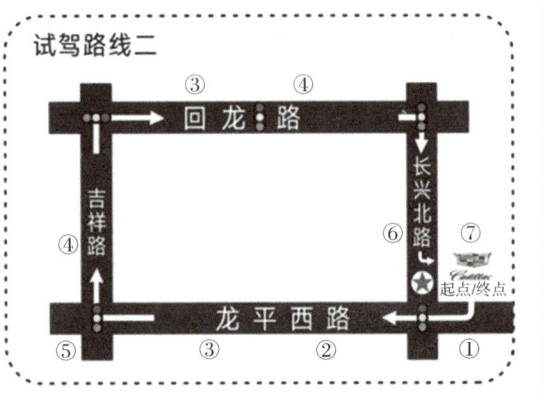

①静止起步　②小型弯道　③加速与急停　④弯道测试　⑤换乘区　⑥动力测试　⑦小型弯道　⑧静音路段

4. 请写出试乘试驾阶段中以下环节的服务要点（关键词）和相关话术。

| 环节 | | 服务要点 | 试乘试驾专员话术 |
|---|---|---|---|
| 上车时 | | | |
| 试乘时 | 起步 | | |
| | 性能展示 1 | | |
| | 性能展示 2 | | |
| | 停车 | | |
| 换位时 | | | |
| 试驾时 | 起步 | | |
| | 性能体验 1 | | |
| | 性能体验 2 | | |
| | 停车 | | |

5. 请销售顾问填写在任务中用到的试乘试驾反馈表。

### 试乘试驾反馈表

尊敬的朋友：

　　非常感谢您对××车进行试乘试驾，为及时得到您对试乘试驾的安排及车辆性能的反馈信息，请配合填写评估问卷，以便我们改进工作，为客户提供更加优质的服务。

　　再次感谢您的配合！

　　　　　　　　　　　　　　　　　　　　　　　　　　　试乘试驾时间：＿＿＿年＿＿＿月＿＿＿日

试乘试驾用户信息

姓　　名：＿＿＿＿＿＿＿＿＿＿　　　年　　龄：＿＿＿＿＿＿＿＿＿＿

职　　业：＿＿＿＿＿＿＿＿＿＿　　　性　　别：＿＿＿＿＿＿＿＿＿＿

联系电话：＿＿＿＿＿＿＿＿＿＿　　　电子邮件：＿＿＿＿＿＿＿＿＿＿

驾　　龄：＿＿＿＿＿＿＿＿＿＿　　　试驾车型：＿＿＿＿＿＿＿＿＿＿

关于车辆

1. 车辆起动、起步如何？
　　□好　□较好　□一般　□差　□较差

2. 车辆的加速感应如何？
　　□好　□较好　□一般　□差　□较差

3. 车辆悬架的舒适度和路面感知力如何？
　　□好　□较好　□一般　□差　□较差

4. 车辆转弯性能如何？
　　□好　□较好　□一般　□差　□较差

5. 车辆制动性能如何？
　　□好　□较好　□一般　□差　□较差

6. 车辆行驶操控性如何？
　　□好　□较好　□一般　□差　□较差

7. 车辆上下车便利性如何？
　　□好　□较好　□一般　□差　□较差

8. 车辆造型美感如何？
　　□好　□较好　□一般　□差　□较差
9. 车辆外观尺寸如何？
　　□好　□较好　□一般　□差　□较差
10. 车辆内部空间如何？
　　□好　□较好　□一般　□差　□较差
11. 车辆内饰工艺如何？
　　□好　□较好　□一般　□差　□较差
12. 车辆乘坐舒适性如何？
　　□好　□较好　□一般　□差　□较差

关于试乘试驾
1. 通过试驾，您是否对车辆具有一定的感性认识？
　　□有　　□一般　　□不好说
　　用一句话形容一下您的感受：_____
2. 您认为本次试乘试驾车辆的特点是什么？_____
3. 您最欣赏本次试乘试驾车辆的哪些方面，请列举：
　　_____
4. 如果您有任何意见，请写在下面：
　　_____
　　　　　　　　　　　　　　签名：　　　　　　　日期：

## 六、任务反思

1. 学到的新知识点有哪些？




2. 掌握的新技能点有哪些？




3. 你对自己在本次任务中的表现是否满意？写出课后反思。




4. 试乘试驾中为什么要首先进行路线的规划与介绍？作为在校大学生，你思考规划过自己未来的人生路线吗？

## 任务评价

各组介绍任务完成情况，展示任务成果，进行学生自评、学生互评和教师评价。在上述任务中，对扮演"销售顾问"和"试乘试驾专员"的学生分别按照评分表 3-15 和表 3-16 进行评价。

表 3-15 销售顾问（试乘试驾）表现评分表

| 序号 | 评价项目 | 评价指标 | 分值 | 自评（30%） | 互评（30%） | 师评（40%） | 合计 |
|---|---|---|---|---|---|---|---|
| 1 | 职业素养 30 分 | 分工合理，制订计划能力强，严谨认真 | 5 | | | | |
| | | 爱岗敬业，诚信意识，安全意识 | 5 | | | | |
| | | 团队合作，交流沟通，分享能力 | 5 | | | | |
| | | 遵守行业规范，现场 12S 管理 | 5 | | | | |
| | | 完成任务积极主动 | 5 | | | | |
| | | 能采取多种手段收集信息、解决问题 | 5 | | | | |
| 2 | 专业能力 60 分 | 注重商务礼仪与客户的沟通 | 12 | | | | |
| | | 试乘试驾准备充分、流程清楚 | 12 | | | | |
| | | 邀约合适、手续办理完整 | 12 | | | | |
| | | 路线讲解清楚、推荐合理 | 12 | | | | |
| | | 主动接受客户反馈，填表完整 | 12 | | | | |
| 3 | 创新意识 10 分 | 创新性思维和行动 | 10 | | | | |
| | | 合计 | 100 | | | | |
| | | 综合得分 | | | | | |

表 3-16 试乘试驾专员表现评分表

| 序号 | 评价项目 | 评价指标 | 分值 | 自评（30%） | 互评（30%） | 师评（40%） | 合计 |
|---|---|---|---|---|---|---|---|
| 1 | 职业素养 30 分 | 分工合理，制订计划能力强，严谨认真 | 5 | | | | |
| | | 爱岗敬业、诚信意识、安全意识 | 5 | | | | |
| | | 团队合作、交流沟通、分享能力 | 5 | | | | |
| | | 遵守行业规范，现场 12S 管理 | 5 | | | | |
| | | 完成任务积极主动 | 5 | | | | |
| | | 能采取多种手段收集信息、解决问题 | 5 | | | | |
| 2 | 专业能力 60 分 | 注重商务礼仪与客户的沟通 | 5 | | | | |
| | | 结合路线介绍车辆性能，方法准确、话术规范 | 15 | | | | |
| | | 试乘试驾流程清楚、转换得当 | 10 | | | | |
| | | 车辆功能和配置介绍准确 | 10 | | | | |
| | | 讲解热情，语言合适，与客户有互动 | 10 | | | | |
| | | 结合客户需求进行了针对性介绍 | 10 | | | | |

续表

| 序号 | 评价项目 | 评价指标 | 分值 | 自评（30%） | 互评（30%） | 师评（40%） | 合计 |
|---|---|---|---|---|---|---|---|
| 3 | 创新意识 10分 | 创新性思维和行动 | 10 | | | | |
| | | 合计 | 100 | | | | |
| | | 综合得分 | | | | | |

## 巩固练习

### 一、判断题

1. 试乘试驾前，销售顾问需要复印客户的驾驶证，但是万一客户没带，为了促进销售，也是可以让客户驾驶的。（  ）

2. 试乘试驾时，销售顾问为了让客户更好地体验车辆性能，应该尽可能多地在车内进行讲解。（  ）

3. 客户试乘时，在不同路段，销售顾问要简要介绍体验的重点。（  ）

4. 试乘试驾换人时，销售顾问从前方绕到副驾驶座，将车钥匙交给客户。（  ）

5. 试乘试驾换人后，销售顾问要强调驾驶路线和行车安全，必要时适当延长驾驶时间。（  ）

### 二、问答题

1. 收集资料，查找新能源汽车的试乘试驾模式及其与传统燃油车的区别。

2. 如何利用试乘试驾来提高销售的成交率？

## 拓展阅读

### 新能源汽车品牌"升级"试乘试驾

近年来，随着越来越多新品牌的出现，试乘试驾环节本身也在发生变化。过去，车企及经销商安排的试乘试驾更多是新车介绍的一项标准流程，路线相对固定，而现在，试乘试驾演变出了多种形式，如上门试驾、场景试驾，等等，更多地成为消费者在建立品牌第一印象、线上初选完成之后"验证"产品是否符合预期或消除产品顾虑的窗口。

消费者洞察与市场研究机构 J. D. Power 近期发布的一项研究显示，试乘试驾已经成为影响消费者购车决策的重要环节——2022 年约有 21% 的消费者会在试乘试驾环节决定购车，这一比例 2021 年还只有 15%。研究发现，试乘试驾之所以能够更深地影响购车决策，是因为随着品牌营销的增强，试乘试驾的作用不再是以前的"了解车"，而是"验证车"。

行业内专家认为：试乘试驾环节决定消费者购买决定比例升级的原因主要有以下三个层面的变化。

第一是产品功能。现在的试乘试驾和以前有很大不同，过去更多是体验一些制动、加速等功能，更聚集在一些物理按键的操作，但是现在更多是体验一些智能化方面的功能，它更容易在试乘试驾环节与消费者之间产生共情。

第二是模式。以前试乘试驾更多是一套既定标准服务流程，最早时期仅只有一条路线，后来变成有 A、B 路线可选，但是现在有多种试乘试驾的形式，包括场景试驾、上门试驾、深度试驾，等等，比如说深度试驾，有些品牌会跟共享平台合作，用户可以先把车领回家，他体验的时间不再只有 20 min，而可能是 1~3 天，甚至是 30 天，这会给用户带来完全不一样的体验。

第三是消费者的诉求。这些年我们看到，消费者选择购买哪一款车，他的决策过程全部都进行过线上加码了，JDP 2022 SSI 数据显示 69% 的用户在未入店之前，就基本确定了想要买的品牌和车型。这样的消费者去店里试乘试驾，他的目的就变了，以前是去了解，现在则是去验证——消费者有他自己的逻辑和想验证的点（无论是吸引点还是顾虑点），试乘试驾的环节如果能够识别并击中这些吸引点和打消顾虑点，自然会提升试乘试驾的转化率。

那么，在新能源汽车这个品类，消费者在试乘试驾环节购买的比例是不是更高呢？行业内专家认为答案是肯定的，因为新能源汽车品牌在试乘试驾上的整体灵活程度是优于传统品牌的。

新能源汽车的试乘试驾有两个特点，用感性一点的词来总结，第一个特点叫"有备而来"，它更了解目标用户的特点、需求，也很清楚自己的车有什么卖点，在试乘试驾的环节，它能够淋漓尽致地展示这些，与消费者需求就更容易契合。因为新能源汽车品牌从零起步，故它的试乘试驾目的更聚焦在转化购买上，而传统品牌的试乘试驾受原来体制和模式的影响，更多是介绍车的一个关键流程/服务，其最开始设计的初衷、目的就不一样。第二个特点叫"体系协同"，新能源汽车品牌会在客户入店之前，更好地了解客户需求，线上、线下的转换也比较无缝，尤其像领先的一些新势力品牌会做得更好。但是传统汽车品牌，从线上到线下这一块的转换还存在短板。

所以综合来说，新能源汽车在产品层面更具科技和娱乐性，在模式上更加灵活机动，上门试驾、场景试驾等新形式都尝试得比较多，这些值得传统汽车借鉴和升级。

# 项目4　商务洽谈

## 项目简介

商务洽谈是汽车销售走向成交的必经环节，也是销售顾问必须重点关注、灵活掌握的一个工作项目。洽谈成交过程中销售顾问需要运用合适的报价方法进行报价，准确把握客户心理，识别客户成交信号，积极促成成交；通过高效且详尽的文件处理和商务沟通过程，增强与客户的互信关系，实现成交共赢。

## 任务4.1　异议处理

### 任务导入

客户孙女士到一汽大众4S店看中了最新款的迈腾380豪华版，一开始问过价格后没有提出异议，试乘试驾后觉得车子还不错便再次询问报价，销售顾问李想给孙女士报价后，孙女士提出价格太贵，同时也觉得车子的油耗偏高，内饰也不够豪华，所以想去再看看其他品牌的车，比较考虑一下。在这种情况下，销售顾问应该如何处理客户孙女士的这几个问题？能不能运用合适的促销方法来留住客户，促成成交呢？

### 学习目标

(1) 能够叙述客户异议的种类并举例；
(2) 能够分辨客户异议的真假和类型；
(3) 识别客户异议产生的原因；
(4) 阐述异议处理的步骤，能够根据具体情况采用不同的应对方法；
(5) 养成认真负责和诚实守信的工作作风，提升职业素养；

（6）培养学生"坚持系统观念"和"坚持守正创新"的思维方式；

（7）提高分析问题的能力，具备良好的沟通、观察、倾听和表达能力；

（8）培养抗压能力，提高心理素质和克服困难、处理突发情况的综合能力。

## 任务分析

在销售过程中，客户会出于各种原因而对我们的产品或者服务提出疑问，销售顾问能否正确处理好客户的这些问题和最终的成交密切相关。所以，销售顾问要善于分辨客户的异议，运用合适的方法打消客户各方面的顾虑和疑问，为后续的成交打下良好的基础。

## 知识链接

### 4.1.1 异议的种类

#### 一、客户异议的定义与特点

客户的异议，就是客户对销售人员或其销售活动所做出的怀疑或反面意见的一种反应，是客户对产品、销售顾问、销售方式、交易条件发出的怀疑、抱怨，提出的否定或反对意见。简单地说，被客户用来拒绝购买的理由就是客户的异议，例如"对不起，我没兴趣"，"价格太贵了"，"售后服务能保证吗"等。

客户的异议具有两面性，首先，客户的异议是成交的障碍。如果销售顾问不能很好地处理客户的异议，就会直接影响购买行为。其次，客户的异议也为成交提供了成功的机会。如果销售顾问对客户的异议处理得当，客户得到了满意的答复，其对产品及交易条件有了充分的了解和认同，就有可能产生购买意向。因此，了解客户异议的类型，掌握处理客户异议的方法，是达成交易的关键。

#### 二、客户异议的类型

在不同的销售环境、时间、地点条件下，汽车销售人员所面对的也是不同的客户，他们因各种因素的影响，会提出各种不同的异议，汽车销售人员必须熟悉并善于应对客户的种种异议，才能有效地说服客户，取得销售的成功。一般来说，客户的异议主要表现为以下几种类型。

**1. 需求方面的异议**

需求方面的异议是指客户认为产品不符合自己的需要而提出的异议。当客户对你说"我不需要"之类的话时，表明客户在需求方面产生了异议。客户提出需求异议的原因一般有两种：一是客户确实不需要或已经有了同类产品，在这种情况下销售人员应立刻停止销售，避免不必要的资源浪费；二是客户把它作为摆脱销售人员或是在销售谈判中占有主动的一种托辞。在汽车销售实践中第一种情况相对比较少见，第二种情况出现的可能性比较大，因此汽车销售人员应运用有效的异议化解技巧来排除障碍，从而深入开展销售活动。

**2. 商品质量方面的异议**

商品质量方面的异议是指客户针对产品的质量、性能、规格、颜色、包装等方面提出的异议，也称为产品异议。这是一种常见的客户异议，其产生的原因非常复杂，有可能由于产品自身存在的不足，也可能源于客户自身的主观因素，如客户的文化素质、知识水平、消费习惯等。例如有的客户认为日本车的安全性小于欧美车，买日本车不安全；有的客户认为新能源汽车的电池存在安全隐患等。在汽车销售实践中，此种异议是汽车销售人员面临的一个重大障碍，并且客户一旦形成就不易被说服。

### 3. 价格方面的异议

价格方面的异议是指客户认为价格过高或价格与价值不符而提出的异议。在销售过程中，汽车销售人员最常碰到的就是价格方面的异议，这也是客户最容易提出来的问题，往往也是双方矛盾的焦点。一般来说，客户在接触到某一款汽车后，都会询问其价格。因为价格与客户的切身利益密切相关，客户对产品的价格最为敏感，一般首先会提出价格异议。即使销售人员的报价比较合理，客户仍会说："你们的价格太高了""能不能再少一点"等。在他们看来，讨价还价是天经地义的事。对于有经验的销售人员来说，客户提出价格方面的异议，也是表示客户对产品感兴趣，这是客户产生购买意愿的信号。因此，汽车销售人员应把握机会，可适当降价，或从产品的材料、工艺、售后服务等方面来证明其价格的合理性，说服客户接受其价格。

### 4. 服务方面的异议

服务方面的异议是指客户针对购买前后一系列服务的具体方式、内容等方面提出的异议。这类异议主要源于客户自身的消费知识和消费习惯，处理这类异议，关键在于提高服务水平。在现行汽车销售模式中都非常重视服务，特别是售后服务活动的展开，甚至许多汽车销售商之间的竞争也变成了售后服务之间的竞争。

此外，在现实工作中由于某些销售人员素质相对较低，服务态度不好，或自吹自擂，过分夸大产品的优点，或不注意仪容仪表等都会引起客户的反感，从而拒绝购买产品。这些都是作为一名成功销售人员应该避免的，出现上述情况对销售的打击往往是致命的，有句话说得好，"要想推销产品，首先得把自己推销出去"。因此，汽车销售人员一定要注意保持良好的仪容仪表，言谈举止得体，并注意自身素质的培训，争取给客户留下良好的印象，从而顺利地开展销售工作。

### 5. 购买时间方面的异议

购买时间方面的异议是指客户认为现在不是最佳的购买时间或对销售人员提出的交货时间表示的异议。当客户说"我下次再买""我下次再来看看吧"之类的话时，表明客户在这方面提出了异议，但要注意的是，客户提出异议的真正理由往往不是购买时间，而是对价格、质量、付款能力、需求等方面存在问题。在这种情况下，汽车销售人员应抓住机会，认真分析异议背后真正的原因，并进行说服或主动确定下次见面的具体时间。此外，在汽车销售实践中经常会碰到由于企业生产安排和运输方面的原因，或正处于销售旺季，可能无法保证产品的及时供应。在这种情况下，客户有可能对交货时间提出异议。面对此种异议，销售人员应诚恳地向客户解释缘由，并力争得到客户的理解。

### 6. 支付能力方面的异议

支付能力方面的异议是指客户由于无钱购买而提出的异议。在现实销售过程中，这种原因往往并不直接地表现出来，有时会通过其他方面表现出来，比如客户会提出产品质量方面的异议，销售人员应善于识别，一旦觉察确实存在缺乏支付能力的情况，可以建议通过按揭贷款等途径解决。如果不得已而停止销售，态度也要和蔼，以免失去其成为未来客户的机会。

### 三、客户异议产生的原因

在销售过程中,客户异议的原因是多种多样的,既有必然因素,又有偶然因素;既有可控因素,又有不可控因素。

**1. 客户方面的原因**

1)客户的自我保护

人有本能的自我保护,每个人都会对陌生人心存警戒,摆出排斥的态度,以自我保护。绝大多数客户所提出的异议都是在进行自我保护,也就是自我利益的保护。因此在销售过程中,与客户建立良好的沟通基础,同时注意唤起客户的兴趣,提醒客户购买产品所能带来的利益,才能消除客户的不安,排除障碍,进而达成交易。

2)客户缺乏足够的购买力

购买力是指客户在一定时期内,具有购买商品的货币支付能力,它是满足客户需求、实现购买的物质基础。如果客户缺乏购买力,就会拒绝购买,或者希望得到一些优惠。有时客户也会以此作为借口来拒绝销售顾问,或利用其他异议来掩饰缺乏购买力的真正原因。因此,销售顾问要认真分析客户缺乏购买力的原因,以做出适当的处理。

3)客户的成见

有时客户会对产品、品牌、企业存在固有的片面看法,通常这都是一些不符合逻辑、带有强烈感情色彩的反对意见,很不容易对付,对销售顾问非常不利,处理起来也很棘手。对这类客户,单凭讲道理是解决不了问题的,销售顾问首先要找到客户形成偏见的原因,消除客户的不好印象,再推销产品。

4)客户的决策权有限

在实际的销售过程中,销售顾问会听到这样的说法:"对不起,这个我说了不算""我们再商量一下"。这可能说明客户的决策权不足。销售顾问在销售过程中,要注意判断分析谁是决策者、谁是使用者、谁是影响者,区别对待。

5)客户的情绪

人的行为有时会受到情绪的影响。当客户心情欠佳时,很有可能提出异议,甚至恶意反对,肆意埋怨。此时,销售顾问需要理智和冷静,缓和气氛,以柔克刚。

**2. 产品方面**

产品是推销活动的客体,只有当客户产生了某种需求,而产品能够满足自己的这种需要,同时产品也符合自己的心意时,客户才会乐意接受,进而购买产品。在汽车整车销售过程中,由于汽车产品自身的问题致使客户产生异议的原因也有很多。

1)汽车产品的性能

当客户对汽车产品的性能存在疑虑、不满时,就会产生异议。当然,有些异议确实是产品本身的问题,有些却是客户对产品在认识上的误区或成见,有些则是客户想获得优惠的借口,销售顾问要耐心听取,去伪存真,挖掘真实的原因,对症下药,设法消除异议。

2)汽车产品的价格

美国的一项调查显示:有75.1%的销售人员在销售过程中会遇到有价格异议的客户。要解决价格异议,销售顾问必须掌握丰富的产品、市场知识和一定的销售技巧。

(3)汽车产品的销售服务

在日益激烈的汽车市场竞争中,客户对销售服务的要求越来越高。销售服务的好坏直接影响到客户的购买行为。产品的销售服务包括售前、售中和售后服务。对汽车企业来讲，销售服务是现在乃至将来市场竞争中最有效的手段。销售顾问应尽其所能，为客户提供一流的、全方位的服务，以赢得客户。

### 3. 销售顾问方面

客户的异议也可能来自销售顾问。销售顾问的服务不周，推销礼仪不当；销售顾问的产品知识欠缺，产品展示失败；销售顾问的语言表达能力欠缺，使用了过多的专业用语；销售顾问不恰当的沟通等都会使客户产生异议。因此，销售顾问的能力及素质高低，直接影响到销售的成功与否，销售顾问要注意重视自身修养，提高业务能力及水平。

## 4.1.2 异议的处理

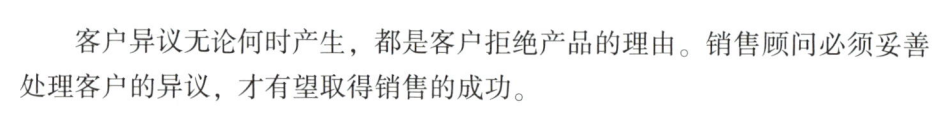

客户异议无论何时产生，都是客户拒绝产品的理由。销售顾问必须妥善处理客户的异议，才有望取得销售的成功。

### 一、处理客户异议的原则

#### 1. 正确认识客户的异议

在销售过程中，由于买卖双方的价值观、态度、利益、角度及其需要的不同，异议自然而然地产生了，而且客户的异议是销售过程中必不可少的环节。客户的异议是一种客观存在，销售顾问需要正确理解和对待。

销售顾问要明确异议是有积极作用的。"嫌货才是买货人"，异议也就表示客户对产品感兴趣，而解决了客户的异议，销售才会获得成功。而没有异议的客户是最难应对的客户。

#### 2. 尊重客户的异议

美国心理学家马斯洛认为，每个人都有受尊重的需求，都希望得到别人的尊重。销售过程同时也是一个感情、思想交流的过程，销售顾问要尊重客户的价值判断，尊重对方的异议。即使你认为客户的异议是不符合实际的、无理的，甚至是错误的，也不要打断客户的话，而是应该认真地听下去。销售顾问要尽量施展说服艺术，避免直截了当地反驳客户的异议。切忌与客户争吵，争吵是说服不了客户的。

#### 3. 准确分析客户的异议

客户既然提出异议，一定有他的理由。销售顾问对持有异议的客户，要尊重、理解，并找出异议的真正原因。销售顾问要学会洞察客户的心理，认真分析客户的各种异议，把握住哪些是真实的异议，哪些是客户拒绝购买的借口，并探寻其背后的"隐藏动机"。只有认真、准确地分析客户的异议，才能了解客户的真正意图，有针对性地处理，从而提高销售的成功率。

### 二、客户异议的处理步骤

#### 1. 认真听取客户提出的异议

（1）它是分析客户异议、形成与客户之间良好的人际关系、提高企业声望、改进产品的前提。当客户提出异议时，销售人员不要匆忙打断对方的话和急于辩解，这样做非常容易演化为争吵，不但会导致销售的失败，而且有损企业和产品的形象。

（2）在回答客户异议之前，销售人员一定要仔细、彻底地分析客户异议背后真正的原因。客户提出异议的原因是极其复杂的，有时客户嘴里说的并不是心里想的，有时几种原因会交织在一起，从而给分析客户异议加大了难度。有经验的销售人员在摸不清客户的确切意图时，往往会引导客户讲话，从而逐步从其话语中摸索出客户的真实想法，然后对症下药，消除客户的异议。

（3）学会转化客户的异议。当客户提出异议时，一方面销售人员要表示接受客户的异议，另一方面又要运用销售技巧劝说客户放弃其异议。具体来说，销售人员在完成该项工作时，应注意以下几点：

①有些客户提出的异议是正确的，此时销售人员要虚心接受，而不要强词夺理，拼命掩饰自己产品的缺点和不足，否则易引起客户的反感和厌恶情绪。在有些情况下，在承认客户意见正确性的同时，可指出自己产品具有的突出优势，让客户权衡得失。因而，即使在客户提出的异议正确的情况下，销售人员也不应放弃，要力图使客户了解并重视产品的优点。

比如，当客户说"你们的产品太贵了"时，销售人员回答："您说得很正确，与同类产品相比，我们的产品价格确实略高。但是我们的产品采用目前最先进的技术制作而成，且保修 5 年，比其他产品的保修期要长 2 年。您看我们的产品价格略高是不是也物有所值呢？"

②无论在什么情况下，都要避免与客户发生争吵或冒犯客户。与客户争吵的结果有可能是客户赢了，销售人员理屈词穷；也有可能是销售人员赢了，客户走了。无论哪一种情况，都是以销售失败为最终结果的。因此，与客户争吵是销售人员的大忌，销售人员应锻炼自己的忍受能力、讲话艺术，避免与客户针锋相对。即使在有些情况下客户提出的异议是错误的，销售人员也不要不留情面地直接反驳客户，这样易使客户恼羞成怒，而应婉转地以间接的方式进行劝说，使其最终放弃自己的异议。因此，销售人员在劝说客户时，特别要注意言语的技巧，避免使用挑衅性的语言。

举例来说，客户经常会提出"你们的产品价格太高了"之类的异议。假设客户的异议是错误的，销售人员也不要直接反驳，可以说："您说的也有道理。这类产品目前还不能实现完全自动化生产，许多环节仍必须以手工劳动完成，生产规模上不去，可能产品确实是贵了点儿，但与其他企业的产品相比，我们的产品至少便宜××元。"

③在回答客户的异议时，要尽量简单扼要。销售人员在回答客户的异议时，越简单越好。这样一方面可以节约时间，提高销售的效率，另一方面可以避免客户抓住销售人员的话柄提出新的异议。此外，销售人员应站在客户的立场为客户解决问题，而不是以局外人的身份提供个人的看法和意见。

**2. 分辨客户的真假异议**

真实的客户异议是指客户有真实的购车需求，自身也愿意接受汽车销售顾问的推荐，但是根据自身对产品的需求，对产品或销售环节提出质疑，从而拒绝购买。真实的异议往往来自客户真实的内心想法。

虚假异议是指客户所提出的异议并不是其内心的真实想法，只是他们购买洽谈中应用的策略而已。出于各种原因，人们往往表达出假的异议，而不告诉你为什么他们真的不想购买。对于一些成熟的消费者来说，在购买过程中也经常会运用一些策略，提出一些假异议以争取达到自己的真实目的。

"假异议"通常分为两种：一种是客户所提出的异议，只是他用来敷衍应付销售顾问的借口，目的是不想和销售顾问会谈，不想真心介入销售活动；另外一种是客户虽然提出很多异议，但这些异议并不是他们真正在意的地方。

所以作为销售顾问认真分辨客户的真假异议非常重要。

### 情境案例

**真假异议**

在汽车用品区，一位客户驻足良久，销售顾问认出这是第二次光临的客户，于是快步上前。

销售顾问："李先生，这个汽车行李架您考虑得怎么样？"客户："嗯，我再考虑考虑。"

销售顾问："这款行李架卖得很火！昨天被买走两套，再考虑可能就没有啦！"客户："我还要跟太太商量商量。"

销售顾问："还要跟太太商量？您拿主意就成。"

客户忙摆手："不行不行，免得回家被太太唠叨，还是要征求她的意见。"销售顾问笑了笑："那随便您。"客户尴尬地迅速离开。

【点评】客户说"考虑考虑、商量商量、免得唠叨、征求意见"，有可能是客户的真实想法，也有可能是客户不想与销售顾问真正交流，以此为借口应付销售顾问。因此，客户提出的异议就存在着真与假。但案例中的销售顾问却不去辨别异议的真假，反而运用不得当的语言"还要跟太太商量？""您拿主意就成""那随便您"去应对，客户听起来不舒服也很没面子。可以说，是销售顾问硬生生地把客户赶出了门，也把可能存在的交易机会错过了。

#### 3. 适时回答客户的异议

面对客户提出的异议，销售人员在什么时候回答最合适呢？销售人员回答异议的时机也是非常有讲究的。销售人员应根据销售环境的情况、客户的性格特点、客户提出的异议的性质等因素，来决定提前回答、立即回答、稍后回答，或是不予回答。

1）提前回答

提前回答是指在客户提出异议之前就回答。一个经验丰富的销售人员往往能预测到客户有可能会提出哪些意见，并在销售过程中及时察觉。此时，销售人员应抢在客户前先把问题提出来，并自己进行解答。如当一位销售人员在介绍产品功能时，发现客户的脸上显现出不满的表情，根据以往的经验，销售人员判断客户可能认为产品功能不全。这时，销售人员可及时地将客户可能提出的异议说出来："我们的产品功能确实不太多，但所有基本功能保证都是齐全的。"这样的回答至少有以下几个优点：

（1）销售人员主动提出客户可能提出的异议，可以先发制人，避免纠正客户或反驳客户而带来的不快，提高销售的成功率。

（2）使客户感到销售人员考虑问题非常周到，确实是站在客户的立场上为客户的利益着想，从而对销售人员产生好感，营造出友好、和谐的销售氛围。

（3）使客户感到销售人员非常坦率，将产品的优点和缺点完全摆出来让客户判断，并没有刻意隐瞒缺点，故对销售人员所介绍的产品的优点，甚至对销售人员本身的信任也增加了。

（4）同一种异议，若由客户提出来有可能会百般挑剔、吹毛求疵；若由销售人员主动提出并婉转地加以解决，则会大事化小、小事化了。

（5）销售人员主动提出异议并自己解答，可以节省时间，提高销售的效率。

2）立即回答

立即回答是指对客户的异议立即予以答复。对比较重要并且容易解决的问题，销售人员应立即予以回答。一方面，显示销售人员重视客户，并能立即消除客户的忧虑；另一方面，若任客户提出意见而不予回答，客户的异议增多，对产品的不满会越来越多，以致很难扭转。因此，销售人员在销售洽谈过程中应有选择地及时解决一些问题，避免留下后患。

3）稍后回答

稍后回答是指对客户提出的异议，稍后再予以回答。主要出于以下几种原因：

（1）销售人员认为客户提出的异议比较复杂，不是一两句话可以解释清楚的，故稍后再作回答。

（2）销售人员无法回答客户的意见，或需要搜集资料，故暂时放下，以后再选择恰当的时间或另找恰当的人来回答。

（3）销售人员认为随着销售业务的进一步深入，客户提出的异议将不答自解，故暂时不予回答。

（4）销售人员认为若立即回答客户的异议会影响销售工作的顺利进行，故先放下问题，稍后作答。不然，若任客户在这一问题上纠缠下去，销售人员将不能进行下面的工作，不能充分向客户展示产品的优点，可能导致销售失败。

（5）销售人员认为客户的问题无关紧要，希望避免客户以为销售人员总是与客户作对，唱反调，故不马上予以回答。

4）不予回答

不予回答是指对客户提出的异议置之不理，不予回答。对于客户由于心情欠佳等原因提出的一些异议，或与购买决策无关的异议等，销售人员可以不予回答。

**4. 收集、整理和保存各种异议**

收集、整理和保存各种异议是非常重要的，销售人员必须予以充分的重视，并做好这项工作。客户的许多意见往往是非常中肯的，确实指出了产品的缺陷和应改进的地方，使企业改进产品有了一定的方向。此外，客户的某些想法有可能激发企业的创新灵感，从而开发出满足客户需要的新产品。销售人员对于客户提出的各种异议不应采取"左耳进，右耳出"的态度，可在销售工作告一段落后加以收集、整理和保存。通过这项工作，销售人员可以了解客户可能提出的异议，并据此设计令客户满意的答案。这样，在日后面对客户提出类似问题时才不会惊慌失措，以提高自己对销售工作的信心。

### 三、异议处理的方法和技巧

为了进行有效的推销，销售顾问既要把握原则，又要针对具体问题选择适宜的方法，灵活、妥善地处理客户的异议。

**1. CPR 处理法**

CPR 是澄清（Clarify）、转述（Paraphrase）和解决（Resolve）三步骤异议处理法，C 是澄清，销售顾问通过开放式问题进一步锁定和甄别客户的异议；P 是转述，销售顾问帮助客户重新评估、调整和确认他们的担忧，这个过程要尽量把客户的异议转化为相对容易解决的表述形式；R 是解决，销售顾问要结合前面两个环节的沟通内容，给出解决的方案。

（1）优点：通过进一步提问可以确认客户真正的异议，同时给自己一个思考对策的时间。

（2）注意的问题：对客户异议的确认要注意提问方式，不能质疑客户，解决问题阶段要表现出同理心，客户的担忧或疑惑都是可以理解的。

（3）应用范例：

**背景1**：客户对发动机动力参数认可，但是听朋友说涡轮增压发动机烧机油。

销售顾问：×先生，您为什么有这个看法呢？是听您朋友说的还是网上了解到的呢？/您朋友的那款车是什么时候购买的？开了多少里程了？您朋友说的烧机油是排气管冒蓝烟吗？（C—澄清）

哦，我明白了，您并不是身边有朋友遇到，而是从网上了解到的这个信息。您说的烧机油是指咱们这个车每次保养的时候机油消耗量比日系车大一些，但是并没有影响正常使用对吧？（P—转述）

现在网络上各种信息都有，确实容易让您产生这样的担忧，这也算正常的，毕竟买车是件大事。我们的发动机为了保证对缸体进行更好的润滑，机油消耗量会偏高一些，但这些都是在国家标准范围内的，只要您按时进行保养，是不会对您的日常用车产生任何影响的。（R—解决）

**背景2**：客户反映他的一个朋友买的是红旗EHS-9的顶配车型，但是充满电显示只有460公里，怀疑销售人员电池包安装错误，因为顶配的配置单显示续航里程为510公里。

销售顾问：×先生，您是指您的这位朋友购买红旗EHS9的高配车型后，在电池充满电的情况下显示剩余里程数为460 km吗？（C—澄清）

哦，是这样的，×先生，新能源汽车充满电状况下显示的剩余里程数是会根据电池温度进行修正的。（P—转述）

我们红旗EHS9的高配车型，续航里程可以达到510 km以上，这个数字是对应电池温度达到25 ℃，如果电池温度为0 ℃时，芯片系统显示的剩余里程数就只有400 km。但即使是这个数字也是足够满足您日常出行需要的，您尽管放心。（R—解决）

**2. ACE法**

ACE是认可（Acknowledge）、比较（Compare）、提升（Elevate）三步法，常用于竞品对比。A是指认可客户的判断、观点或认可竞品的某些优点；C是指与竞品进行比较；E是指通过产品或服务相对于竞争品牌的优势，进一步升华车型和品牌在客户心目中的形象，塑造品牌价值。

（1）优点：通过适度的认可，让客户从情感上接受销售顾问，为后续接受销售顾问的观点做好铺垫。

（2）注意的问题：C（比较）环节通常围绕车辆本身（配置、参数、销量、口碑等）、厂家（声誉、历史）、经销商（规模、信誉、地理位置、增值服务等）等进行，要注意客观公正，不能诋毁竞争品牌。

（3）应用范例：

**背景1**：客户来大众店之前去福特店里看了福克斯，认可该车操控性。

销售顾问：×先生，现在来店的客户大多数只看外观或配置，而您关注的是操控性，说明您很懂车啊！（A—认可）

高尔夫和福克斯同为两厢车，但是高尔夫拥有短前悬的设计并全系标配了XDS电子差速锁，从而保证了更好的操控性，尤其是在过弯的时候。（C—比较）

除了这些用于提升操控性的先进技术之外，高尔夫还全系标配了 20 项子功能的 ESP 车身电子稳定程序 EPB/AutoHold、MKB 多次碰撞预防系统等功能，另外车身大量采用了激光焊接和热成形钢板，并且内饰的做工和用料在同级车里也属上乘，高尔夫是大众品牌的灵魂车型，您也能看得出厂家在这款车上面的投入。(E—提升)

**背景 2**：客户看过特斯拉汽车，前来红旗 4S 店对比 E-HS9，认为特斯拉 Model X 性能好，提速快

销售顾问：××先生/女士，您好！您说的没错，特斯拉 Model X 的一大卖点就是超强的动力，百公里加速只要 5 s 不到，确实很强。(A—认可)

但是相对来说价格也会贵得多，而红旗 E-HS9 在价格比特斯拉 Model X 更为合理的前提下，动力水平却是差不多的，也能提供最大 550 马力的输出和 4.8 s 的百公里加速，和特斯拉是不相上下的。(C—比较)

而且在动力相似的情况下，咱们这款车的车身尺寸、内部空间、装备配置、舒适性能等方面有非常明显的优势，是更值得您选择的产品。(E—提升)

### 3. 直接否定法

直接否定法是指销售顾问根据有关事实和理由直接否定客户异议的方法。

(1) 优点：有效地使用直接否定法，摆事实，讲道理，可以增强客户的购买信心，迅速排除异议，直接促成交易。

(2) 注意的问题：销售顾问要注意保持友好温和的态度。在反驳客户时，应面带微笑，语气诚恳，态度真挚，既要否定客户异议，又不冒犯客户本人。反驳客户异议要有根据，针对客户提出的异议，用事实和证据进行反驳，使客户心服口服。

该方法不适用于敏感型、固执己见的客户。

通常当客户对产品、企业、服务提出质疑或是客户引用资料不正确时，可以采用直接否定法。

(3) 应用范例：

客户："我听说你们的售后服务做得不好，每次维修都慢慢吞吞的！"

销售顾问："您说的一定是个案，有这种情况发生，我们感到很遗憾。我们企业的经营理念就是服务第一。××调查机构的售后服务满意度调查结果显示，我们品牌的售后满意度是同行业第一的。"

### 4. 间接否定法

间接否定法也称为迂回处理法或转折处理法，是指销售顾问间接否定客户异议的一种方法。销售顾问首先表示对客户异议的理解，或是简单重复，使客户心理得到平衡，然后再使用转折处理法，用事实和理由来否定客户异议。间接否定法是处理客户异议应用最广泛的一种方法。

(1) 优点：有利于保持良好的人际关系和推销气氛。销售顾问先进后退，尊重并承认客户异议，态度委婉、语气诚恳，容易使客户接受。

(2) 注意的问题：注意使用不同的转折语气和转折方式，尽量做到转折自然、语气委婉，并恰当应用"不过""然而""但是"等转折词。注意表达真诚和尊重。销售顾问在表达理解客户异议时，切不可给客户虚情假意的感觉。

(3) 应用范例：

"先生，您的说法很有道理，并且我还认为……"

"您有这样的想法，一点也没有错，当我第一次听到时，我的想法和您一样，可是如果我们做了进一步了解时……"

### 5. 补偿法

补偿法是指销售顾问利用客户异议以外的其他优点来补偿和抵消客户异议的一种方法。任何一种产品或服务都不可能十全十美，总是存在着缺点和不足，汽车产品也是如此。每一款汽车产品基于市场定位，都会增加或舍弃某些配置，这就是产品差异。没有这种差异定价和制造成本考虑，也就没有丰富多彩的汽车市场，也就没有客户多层次需求的满足。对于客户针对产品的某些不足而提出异议时，销售顾问可以巧妙地运用产品的其他优点来补偿、抵消产品的缺点，引导客户从产品的优势方面来考虑问题，让客户取得心理的平衡。

（1）优点：承认产品的不足，可以赢得客户的赞许与信任。着重提出产品的优点，重点推销，让客户相信产品的长处大于短处。

（2）注意的问题：在销售过程中，对于客户的异议要认真分析，并不是什么样的客户异议都可以使用补偿法，补偿法主要应用于处理各种有效的客户异议。

（3）应用范例：

客户："这款车的工艺好像不太好。"

销售顾问："这款车属于普及型。如果将涂装和内饰提高一个档次，价格可能要贵20%以上，况且涂装和内饰并不影响车辆的行驶性能。"

### 6. 询问法

询问法就是指在客户提出异议后，先通过询问的方式，把握客户的真正异议点，然后再化解客户的异议。

（1）优点：引导客户说出心中的疑虑，找出客户异议的真正根源，对症下药，与客户共同解决问题，有利于建立良好的推销气氛。

（2）注意的问题：在使用询问法处理客户异议时，销售顾问的提问要适可而止，并注意尊重客户，销售顾问要明确，我们追问客户的异议只是为了弄清楚客户拒绝购买的原因，而不是逼迫客户购买。

（3）应用范例：

客户："让我再考虑一下吧！"

销售顾问："×先生，不知道您还要考虑什么问题？如果您还有疑虑，可以说出来，我们共同讨论解决。"

### 7. 忽视法

忽视法就是当客户提出的一些反对意见，并不是真正想要获得解决时，销售顾问可以忽视、回避或转移话题，以保持良好的洽谈气氛。

应用范例：

客户："你们这款车怎么不请××代言啊，如果你们找他的话，我立刻就买了。"

销售顾问："先生，您说得很有道理。"

## 任务实施

| 一、任务场景 |
| --- |
| 汽车营销实训室。 |
| 二、任务设备 |
| 教学用具、教学电脑、电话、整车、谈判桌椅、名片、销售夹等。 |

三、任务要求

1. 演练任务：异议处理。
2. 演练目的：熟悉异议的种类，掌握异议处理（含竞品对比）的方法和技巧。
3. 演练内容：多种情境背景下的客户异议处理。

（1）客户李先生在一汽大众 4S 店看迈腾 380 豪华型这款车，他提到之前了解过别克君越，需要做个比较，也担心大众的烧机油问题和 DSG 变速箱质量。

（2）客户付女士在比亚迪 4S 店考虑购置新能源（纯电动）汽车，但是担心电池的续航能力和安全使用，对品牌的售后也不太放心。

（3）客户王先生夫妇已经第二次来看丰田塞纳这款车了，各方面的表现都很满意，就是在价格方面希望再优惠一些，也有点担心日系车钢板薄的问题。

四、任务分组

在这个任务演练中，学生采用分组实施、角色扮演的方式进行，每 4 人为一组，2 个学生扮演客户（抽取客户信息卡）、1 个扮演销售顾问、1 个担任摄像记录员，角色分工轮流变换，通过小组协作，培养学生团队合作和互帮互助精神。记录员对整个模拟过程进行摄像留影，并将结果视频作为小组作品在教师和全班同学前展示汇报。

五、任务步骤

1. 请收集各种类型的客户异议。

（1）传统燃油车：

（2）新能源汽车：

2. 请设计以下情况中的销售顾问异议处理话术。

| 异　议 | 解答及销售促进 |
| --- | --- |
| 这个车的内饰感觉不够高档？ | |
| 我听说你们这个车出过烧机油的问题！ | |
| 这个车的备胎是全尺寸的吗？ | |
| 这车要用 95 号的汽油啊？那比 92 号的贵好多！ | |
| 隔壁那个品牌的车比你们便宜呀 | |
| 我听朋友说你们的售后服务不太好！ | |
| 这个涡轮增压发动机有迟滞现象吗？ | |
| 感觉胎噪声有点大…… | |

| 异　议 | 解答及销售促进 |
|---|---|
| 这个价格可以再优惠一点吗？ | |
| 我的预算不够啊…… | |
| 你们这个车用的是哪种电池？ | |
| 我看新闻，特斯拉又发生了碰撞着火，这电动车用的放心吗？ | |
| 如果我的车跑到一半没电了怎么办？ | |
| 你们这个品牌的售后怎样？毕竟电池的费用可不小啊！ | |

3. 以红旗 E-HS9 的销售为例，参考举例，查找其与特斯拉在以下各方面的配置并写出竞品对比话术。

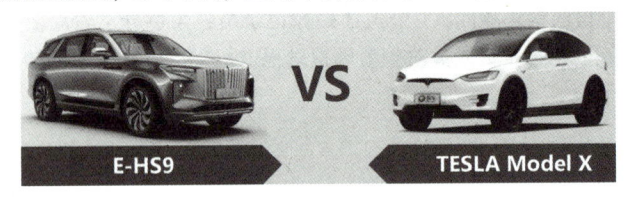

|  | 对比点 | 红旗 E-HS9 | Model X | 话术 |
|---|---|---|---|---|
| 外观 | 车身尺寸/mm | 5 209×2 010×1 713 | 5 037×2 070×1 684 | 整车尺寸全面超越 Model X，带来的是更宽敞的驾乘空间 |
| | 大灯 | 矩阵式 LED 大灯 | | |
| | 前格栅 | | | |
| | 多层隔声玻璃 | | | |
| | 车身颜色 | | | |
| 安全 | 车身刚性 | 9H 笼式车身 | | |
| | 空气质量安全 | | | |
| | 气囊 | 10 气囊（拥有后排侧气囊） | 8 气囊 | |
| | 主动安全 | 全车安全带未系提醒；驾驶疲劳监测系统（DSM）；交通标识识别（TSR）；倒车车侧预警（RCTA）；后方碰撞预警（RCW） | | |

续表

| | 对比点 | 红旗 E-HS9 | Model X | 话术 |
|---|---|---|---|---|
| 三电及底盘 | 电池 | 84/99 kW·h，防尘防水等级 IP68，首任车主终身质保 | | |
| | 电机 | 前后双电动机，百公里加速最高 4.9 s | | |
| | 驾驶模式 | 7 种驾驶模式 | | |
| | 空气悬架+CDC 减震器 | | | |
| 智能网联 | 自动驾驶 | L3/L4 级别（目前仍未释放） | L2.5 级别 | |
| | HUD 抬头显示 | AR-HUD | 无 | |
| | 智能语音 | 讯飞 3.5 | | |
| | 车内智能摄像 | 面部识别 | | |
| | 车机主要功能 | 七屏联动，高德导航，海量互联网生态应用 | | |
| | 远程控车 | 22 项远程控车功能 | | |
| 内饰 | 中控设计 | 豪华、尊贵，同时加入国风设计 | 简洁、科技 | E-HS9 对称式的设计融入了中国传统的"中和"的哲学思想，完美地契合中国人的审美标准 |
| | 屏幕 | | | |
| | 座椅 | | | |
| | 内饰材质 | | | |
| | 音响 | | | |
| | 空调 | | | |

4. ACE（认可-比较-提升）是目前主流汽车品牌常用的竞品分析方法，请以销售顾问的口吻写出以下情况的异议处理 ACE 话术。

（1）在一汽红旗梦想店，销售顾问进行红旗 E-HS9 六方位介绍时，客户李先生提出蔚来 ES 8 的换电服务更加方便、快捷。

（2）在一汽大众 4S 店，销售顾问进行 2023 款迈腾 380 车型介绍时，客户李女士提出新款雅阁的外观更时尚，燃油经济性更好。

5. CPR（澄清-转述-解决）是目前主流汽车品牌常用的竞品分析方法，请以销售顾问的口吻写出在以下背景对应的 ACE 话术。

（1）在一汽红旗梦想店，客户李先生提出他看到网上很多新能源汽车（包括特斯拉）在碰撞后着火燃烧的视频，有点不放心新能源汽车的电池安全。

（2）在一汽大众 4S 店，销售顾问进行发动机的介绍时，客户问到"大众的 TSI+DSG 技术好像出过问题吧，我朋友说会有换挡不平顺的现象。"

## 六、任务反思

1. 学到的新知识点有哪些？

2. 掌握的新技能点有哪些？

3. 你对自己在本次任务中的表现是否满意？写出课后反思。

4. 没有任何一辆汽车是完美的，当我们对汽车进行评价选购时要抓住客户的主要需求，对车辆进行全面系统地介绍。说说你对"坚持系统观念"的理解。

## 任务评价

各组介绍任务完成情况，展示任务成果，进行学生自评、学生互评和教师评价。在上述任务中，对扮演"销售顾问"的学生按照评分表 4-1 进行评价。

表4-1 销售顾问（异议处理）表现评分表

| 序号 | 评价项目 | 评价指标 | 分值 | 自评（30%） | 互评（30%） | 师评（40%） | 合计 |
|---|---|---|---|---|---|---|---|
| 1 | 职业素养 30分 | 分工合理，制订计划能力强，严谨认真 | 5 | | | | |
| | | 爱岗敬业，责任意识，诚信意识 | 5 | | | | |
| | | 团队合作，交流沟通，分享能力 | 5 | | | | |
| | | 遵守行业规范，现场12S管理 | 5 | | | | |
| | | 完成任务积极主动 | 5 | | | | |
| | | 能采取多种手段收集信息、解决问题 | 5 | | | | |
| 2 | 专业能力 60分 | 能够分辨客户的异议 | 10 | | | | |
| | | 处理客户异议的步骤合理 | 10 | | | | |
| | | 异议处理方法得当、话术规范 | 10 | | | | |
| | | 熟悉产品特色、竞品分析得当 | 10 | | | | |
| | | 善于抓住客户心得和调整方法 | 10 | | | | |
| | | 仪容仪表得当，注重与客户沟通 | 10 | | | | |
| 3 | 创新意识 10分 | 创新性思维和行动 | 10 | | | | |
| | 合计 | | 100 | | | | |
| | 综合得分 | | | | | | |

## 巩固练习

**一、多选题**

1. 当客户提出产品质量异议时，正确的做法是（　　）。
   A. 积极思考，认真考虑如何回答　　B. 立刻和客户解释
   C. 了解客户具体异议　　D. 马上进行产品优势介绍

2. 异议的类型包括（　　）。
   A. 服务方面　　B. 产品质量方面　　C. 购买方式方面　　D. 购买时间方面

3. 我们建议客户购车要全盘考虑，综合考虑（　　）。
   A. 车辆价格　　B. 车辆油耗　　C. 造车工艺　　D. 动力性能指标

4. 新能源汽车相比燃油车的优势有（　　）。
   A. 购置税减免　　B. 电费便宜　　C. 免摇号　　D. 节能环保

5. 以下说法正确的是（　　）。
   A. 当客户提出竞品优势时，销售顾问应该承认
   B. 当客户提出预算有限时，销售顾问可以推荐采用金融贷款方式购车
   C. 当客户关于产品的说法不对时，销售顾问要第一时间纠正
   D. 当出现异议时，销售顾问要正确对待，分辨异议的真假

**二、判断题**

1. 销售顾问要学会洞察客户的心理，认真分析客户的各种异议，把握住哪些是真实的

异议，哪些是客户拒绝购买的借口，并探寻其背后的"隐藏动机"。　　　　　（　　）

2. CPR法中的C（澄清）指的是销售顾问要及时就客户的异议进行解释，如果客户情绪比较激动时更要快速澄清。　　　　　　　　　　　　　　　　　　　　　　（　　）

3. 倾听是解决异议的首要途径。　　　　　　　　　　　　　　　　　　　（　　）

4. 对于客户的异议，销售顾问要充分体谅，并注意保护客户的自尊心和隐私。（　　）

5. 客户异议有时源自销售顾问，如形象不佳、缺乏沟通技巧这些行为都会引起客户的反感和厌恶，最终导致客户异议出现。　　　　　　　　　　　　　　　　　（　　）

## 拓展阅读

### LSCPA法则解决客户异议

小钟在一家外企公司工作，工作几年后升职成为销售总监，也有了一定的积蓄，考虑购置一辆汽车。他一直支持和信赖国产品牌汽车，打算购买一辆国产汽车作为代步工具。了解到近几年来国产新能源汽车比亚迪的销量和口碑都很不错，就来到了展厅现场。观摩比较后，小钟对比亚迪秦Pro这款新能源汽车有了浓厚兴趣，觉得无论是外观还是价格都非常满意，可是毕竟新能源汽车产业是个新兴产业，小钟对此缺乏一定的了解，虽然他在网上也查看了一些关于新能源汽车的资料，但还是感觉不够了解。毕竟买车是一笔大开支，小钟因此开始犹豫要不要购买新能源汽车。假设你是一名汽车销售顾问，遇到这种情况时该如何解决小钟存在的异议呢？

首先，我们先对案例进行简单的背景分析，初步找出小钟买车存在的问题。小钟作为工作了几年的白领精英，也有了一定积蓄，由此可见在买车的预算上是足够的，而且小钟对于国产汽车非常信赖，又去展厅看过比亚迪品牌的汽车，并且对比亚迪秦Pro这款汽车在各方面都很满意，但是小钟为什么还是拿不定主意呢？由此可见，对新能源汽车的不了解和不信任是小钟买车过程中最大的异议。那么作为汽车销售顾问，我们可以运用LSCPA法则来解决小钟的异议。

**1. L—倾听（Listen）**

作为汽车销售顾问，一开始一定会觉得很疑惑，为什么客户对汽车的品牌和造型外观都很满意，可就是拿不定主意买车呢？这个时候就需要汽车销售顾问对客户进行引导式的提问，并且仔细倾听客户产生异议的原因。

【示例话术】

销售顾问：钟先生，我注意到您对我们比亚迪秦Pro新能源汽车非常感兴趣，和您交谈之后也知道您对这款车的价格和造型也很满意，请问您还对这款车有什么要了解的吗？

小钟：我知道这款车是新能源汽车，我身边有朋友开过新能源汽车。

销售顾问：钟先生，您之前对于新能源汽车大概了解多少呢？

小钟：新能源汽车我觉得就是纯电动汽车或者是混合动力电动汽车吧？这种车我总觉得开着不放心。

销售顾问：您说您对驾驶新能源汽车不太放心，是否方便问一下您具体对哪些方面不太放心吗？

小钟：我听说新能源汽车动力性不如汽油车，万一没电了是不是就不能开了？而且这种车的售后服务保障怎么样，我都不太了解。

【分析】在上述对话中，汽车销售顾问针对小钟的异议，是通过引导式的问题让小钟说出异议的内容，而且当小钟说出自己对新能源汽车不够了解的时候，汽车销售顾问并没有马上回答，而是进一步询问小钟对新能源汽车哪些方面不够了解，充分地了解客户产生异议的真正原因。

### 2. S—分担（Share）

在清楚客户对于新能源汽车具体存在哪些异议后，作为汽车销售顾问首先应当站在客户的角度对客户所处的立场充分理解，这样做的目的是缓解客户的情绪，避免让他对新能源汽车产生进一步的疑惑，同时可以建立起汽车销售顾问与客户的信任度，为接下来解决客户的异议做好准备。

【示例话术】

销售顾问：钟先生，我明白了，您是对新能源汽车的动力性原理和相关的服务政策不太了解是吗？

小钟：是的，确实不太清楚，所以一直迟迟犹豫要不要买这款车。

销售顾问：钟先生，我非常能够理解您的感受，买车是一项大的开支，再小心都不为过，况且，这是您的第一辆汽车，对您有着重要的意义，一定是想选择一辆称心如意的爱车，这点我非常赞同。

小钟：确实如此。

销售顾问：钟先生，作为汽车销售顾问，我们有责任帮助每一位客户挑选到自己心仪的爱车，不知我是否有这个机会，和您一起挑选汽车呢？我可以帮助您解答您想知道的一切问题。

小钟：当然可以，这样太好了。

销售顾问：钟先生，请随我一起去展厅，我帮您做一个详细的介绍。

【分析】在上述对话中，汽车销售顾问并没有着急帮小钟解释新能源汽车的相关问题，而是先站在小钟的角度，表示对小钟的感受自己能够充分理解，这样做不仅让小钟产生了被尊重的感觉，同时也巧妙地和小钟建立了一定的信任度。

### 3. C—澄清（Clarify）

在客户的情绪得以平静，并与客户建立了信任的基础上，汽车销售顾问应针对客户的异议逐条进行解释。在解释时，要充分考虑客户对新能源汽车不够了解，因此汽车销售顾问应该多使用通俗易懂的语言，少使用专业术语，让客户能够充分的理解。

【示例话术】

销售顾问：先生，我们之前聊过，您似乎是对新能源汽车的动力性、续驶里程和售后服务不了解是吗？

小钟：是的，帮我详细介绍一下吧。

销售顾问：钟先生，目前市面上的新能源汽车，主要有三种类型，前两种类型就包括了纯电动汽车和混合动力电动汽车，这两种类型的车各有特色。而我们这款比亚迪秦Pro，则是第三种类型，就是纯电动+混合动力的模式，采用了既可充电又可加油的多种能力补充方式。该车既可以在纯电动模式下行驶，又可以在油电混合的模式下行驶。您通过按键可轻松实现纯电动和混合动力两种模式之间的切换，而且我们的动力蓄电池采用了最新的技术，这款车的综合工况续驶里程达到了420 km，是目前市面上为数不多的超过400 km工况续驶的家用轿车，并且秦Pro EV500还支持快充，30 min就可以充满80%，实用性极高，您就完全不用担心续驶的问题了。

小钟：这倒是很有特色啊。

销售顾问：是的，而且在动力性方面您也不用担心，这款比亚迪秦Pro的百公里加速能力是非常可观的5.9 s，这是因为它采用了由1.5T发动机+驱动电机组成的第三代DM双模插电混动系统，其中发动机最大功率为112.5 kW，峰值转矩为240 N·m；驱动电机最大功率为110 kW，峰值转矩为250 N·m；系统综合最大功率为216.8 kW，综合峰值转矩为417 N·m。

小钟：看上去确实不错。

销售顾问：在售后服务方面，您不用担心，针对新能源汽车，我们4S店有专业培训的维修技师，您的爱车有任何问题，我们都会第一时间帮您解决，不用像别的品牌一样需要返厂维修，而且针对新能源汽车，我们还提供专业的保养措施，针对您的行车里程为您制定专属的保养方案，充分考虑您的驾驶需求。

小钟：这样我就放心多了。

【分析】在澄清环节，汽车销售顾问针对小钟每个不理解的问题逐一地做了专业的解释，而且充分考虑小钟对新能源汽车的不了解，尽可能减少专业术语的出现，方便小钟理解。

### 4. P—陈述（Present）

在向客户逐一解释完异议后，汽车销售顾问应当及时地了解客户的想法，根据客户的想法提出合理化建议，用实际行动最终打消客户的异议。提出合理化建议的目的是帮助汽车销售顾问最终完成销售做好铺垫。

【示例话术】

汽车销售顾问：钟先生，通过我的介绍，不知是否帮助您加深了对新能源汽车的了解？

小钟：还挺不错的。

销售顾问：钟先生，这款比亚迪秦Pro从经济性和动力性上确实都很不错。不过我们展厅的车也很多，也有纯燃油版和纯电动版的汽车，您也可以根据您的需要选择不同的款式，具体要看您的用车需求。

小钟：我用车主要是市内上下班开，偶尔做短途的自驾游。

销售顾问：那我觉得这款比亚迪秦Pro挺适合您使用需求的，既经济又实用。

小钟：我也觉得这款比亚迪秦Pro挺不错的。

【分析】在陈述环节，汽车销售顾问已经通过介绍削弱了小钟的异议，但是并没有着急成交，而是提供了多种购车选择，进一步探寻小钟的购车需求，然后根据小钟的实际用车需求进行推荐。这么做不仅是对客户的尊重，而且有利于小钟在购车过程中真正的消除异议。

### 5. A—要求（Ask）

汽车销售顾问在解决客户的异议后，就可以"要求"客户做出最终的决策，"要求"不等于逼迫，而是应该在充分了解客户需求的基础上尊重客户自己的意见。汽车销售顾问不应该将自己的意见强加给客户，这不仅是对客户的尊重，同时也是汽车销售顾问对自己的负责，客户只有对产品真正满意，购买过程才会顺畅。

【示例话术】

销售顾问：钟先生，您看您对这款比亚迪秦Pro的车还满意吗？

小钟：确实挺满意的，那就定这款车吧。

销售顾问：钟先生，您看您需要我帮您安排一次试乘试驾，让您感受下这款车的澎湃动力和舒适的驾驶体验呢？

小钟：可以的，这样太好了。

销售顾问：钟先生，买车是一件大事，而且又是您的第一辆车，一定要让您真正的满意！

小钟：那太感谢了！

【分析】汽车销售顾问之所以为小钟安排试乘试驾，主要的原因还在于真正完成一次销售仅仅靠消除客户异议是不够的，只有做到让客户对产品真正地满意，才能更好地完成销售。

# 任务 4.2　报价成交

## 任务导入

比亚迪和平 4S 店举行国庆大型团购会，客户王女士之前已到店了解了车型，选好了配置，并进行了试乘试驾，各方面都比较满意，而在活动现场却迟迟没有下单，销售顾问应怎样进行活动现场的快速成交呢？

## 学习目标

（1）能够理解报价的不同方法并执行；
（2）能够分辨议价的阶段，采用正确的谈判方法；
（3）能够识别成交信号，运用正确的方法促成交易；
（4）能够说出签约流程，站在公司利益、客户需求和职业标准的基础上规范完成汽车交易；
（5）养成认真负责和诚实守信的工作作风，提升职业素养；
（6）培养规范意识和责任意识，守纪律、讲规矩、明底线、知敬畏；
（7）提高沟通表达和分析思辨能力，坚持自信自立的职业精神。

## 任务分析

在汽车销售过程中，成交是一个独特的阶段，它是整个销售工作的最终目标，其他的销售阶段只是达到销售目的的手段。只有到了成交阶段，客户才决定是否购买所推荐的汽车。因此，成交是销售过程中最重要、最关键的阶段。因此，一个优秀的销售人员应该具有明确的销售目的，千方百计地促成交易。

## 知识链接

### 4.2.1　汽车报价的方法

#### 一、认识车辆价格

**1. 车辆价格构成**

汽车价格主要由三部分组成：成本、制造商利润和经销商利润。其中成本又包括汽车制造成本、物流运输成本和销售推广成本。

**2. 购车费用的组成**

客户在做出购买决定后，需要支付的费用包括：
（1）实际成交车价（又称裸车价）。实际成交价是在厂家指导价的基础上，由经销商与客户双方协商后确定的。不同客户在不同购买时间购买的同一款车，价格可能不同，但相差不会太大。

（2）车辆购置税。车辆购置税费用=实际成交车价/（1+增值税率）×购置税率。

（3）保险费。保险费用包括强制保险和商业保险两种险种的费用。其中，强制险种费用为国家规定的固定费用，商业险费用则是根据客户自愿选择不同的保险方案而产生的不同的费用。

（4）车船使用税。车船使用税，按照国家相关规定的税额征收。

（5）车辆美容装饰费。车辆装饰费用为可选择性费用，如果客户有选择装饰项目，则按照汽车4S企业的费用标准收取相关费用。

（6）车辆上牌费。客户自己办理上牌手续时，需要向相关管理部门缴纳一定的手续、成本费用。当客户选择汽车4S企业代办上牌手续时，则应向企业缴纳手续费、成本及一定的服务费用（不同的企业服务费用各不相同）。

（7）贷款购车的相关费用。如果客户选择贷款购车，则还要在办理按揭手续时支付手续费及保险公司的保证金等。

## 二、报价方法

客户在充分掌握和了解汽车产品性能的基础上，最关心的就是产品的价格。因此销售顾问在全面展示汽车产品的性能、配置和优势后，应该主动报出产品的价格，引导客户进入报价协商环节。

报价是一门学问，销售人员由于报价技巧的不同，业绩也会出现很大的差距。要根据具体情况，把多种报价方式结合起来用。报价永远是随机应变的，但要遵守一个原则——利润最低保障的原则，如果低于利润的最低保障，不如不做。

### 1. 三明治报价法

当客户进入成交阶段时，销售人员对销售价格进行说明称为报价。报价是最后促进客户购买决定的关键环节，如何做好报价说明，是销售人员必须掌握的基本技能。

销售人员在向客户说明价格的过程中一定要注意，不能仅仅说明车辆的零售价，而要在报价的同时，说明车辆带给客户的利益和产品的价值，这在汽车销售中称为"三明治报价法"，如图4-1所示。

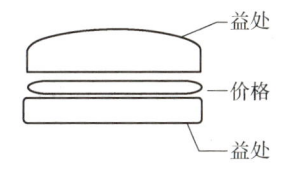

图4-1 三明治报价法

一般来说，汽车销售大多是采用三明治报价法，具体做法是：总结出你认为最能激发出客户热情的针对客户的益处，这些益处应该能够满足客户主要的购买动机，再清楚地报出价格。如果客户还有异议，强调一些你相信能超过客户期望值的针对客户的益处，比如再赠送东西，或是在客户感兴趣的配置之余还有超出客户想象的其他配置，让客户觉得物有所值，成交就更简单些。

例如，使用三明治报价法时可以这样说："这辆是我们今年的最新车型，开上它您肯定会赢得不少回头率的，现在的报价是17.8万元，最近我们在搞店庆3周年活动，现在购买的话还可以送您价值3 888元的大礼包。"三明治报价法就是指先不急于报价，多宣传某个产品的价值，减轻客户敏感度的报价方法。

### 2. 比较法

客户购买产品一般都会采取货比三家的方式，这个时候销售人员就要用自己产品的长处与同行的产品相比较，突出自己产品在设计、性能、声誉、服务等方面的优势，也就是用转移法化解客户的价格异议。例如："市场上现在装有这些配置的车型都要 20 万元左右，而我们的价格只有 188 800 元！"

常言道，"不怕不识货，就怕货比货"。由于价格在明处，客户一目了然，而优势在暗处，不易被客户识别，而不同生产厂家在同类产品价格上的差异往往与其某种"优势"有关，因此，销售人员要把客户的视线转移到产品的"优势"上。这就需要销售人员不仅要熟悉自己销售的产品，也要对市面上竞争对手的产品有所了解，才能做到心中有数，知己知彼、百战不殆。

另外，销售人员在运用比较法时，要站在公正、客观的立场上，一定不能恶意诋毁竞争对手，通过贬低对方来抬高自己的方式只会让客户产生反感，结果也会令销售人员失去更多的销售机会。

**3. 价格分割法**

如某销售人员把产品的价格按产品的使用时间或计量单位分至最小，可以隐藏价格的昂贵性，这实际上是把价格化整为零。这种方法的突出特点是细分之后并没有改变客户的实际支出，但可以给客户一种所买不贵的感觉。

例如：销售人员在给客户介绍完一款价值 10 万元的汽车，客户在经过自己的试驾后也感到比较满意，但对价格提出了异议。此时，销售人员可以这样说："您说的一点也不错，10 万元确实是大数目。但是您想过吗，您的汽车起码能开 10 年吧，这样算下来每天也就 20 多元，比打车还便宜呢。更何况打车既不方便也不安全，自己开车多舒服啊！"

**4. 优惠报价法**

报价时可以将价格和达成协议的优惠条件联系起来。如因客户性质、购买数量、需求急缓、交易时间、交货地点、支付方式等不同，报不同的价格。例如："这款车原价要 129 800 元,最近我们店庆在搞促销，如果现在预订只需要 120 000 元就可以了，今天可是最后一天，明天就恢复原价了。"

总之，报价策略都是让对方感觉到物有所值，证明价格的合理性。

## 4.2.2 价格谈判技巧

### 一、报价协商过程

销售顾问针对具体车型进行报价之后，多数客户会进行杀价砍价，双方经过多次协商谈判才会达成最终的成交价格。销售顾问与客户的报价协商过程一般如图 4-2 所示。

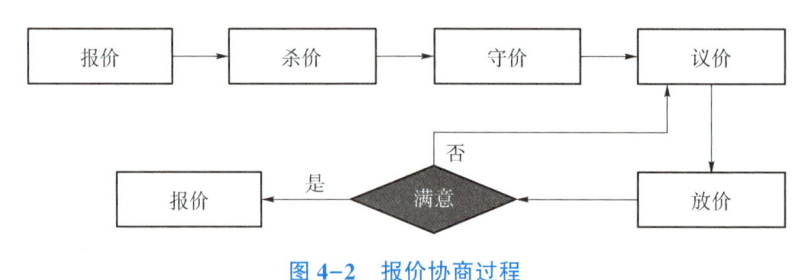

图 4-2 报价协商过程

## 二、价格商谈原则

### 1. 非谈不可才谈

"非谈不可才谈"是指把价格商谈放到最后，也就是在除了价格以外，客户已经对产品完全满意，只要价格谈妥，就可以马上成交的时候才与客户谈价。在销售过程中客户对价格问题是最敏感的，价格商谈也是最难的。如果在经过一番讨价还价之后，客户还对产品有不满之处而不能下决心购买，那所有的一切就都白费了。

### 2. 绝不谈价就打折，让价应有代价

不管你准备给客户多少折扣，都要尽量分计划退让，一般来说第一次的让价幅度可以比较大，以博得客户的好感和喜悦，若客户仍不满意，再做小幅度的让步，以明确态度，但让步是有限的。同时，每一次的让步也要让客户付出代价。例如："如果您今天交定金的话，我再给您优惠……"。

价格商谈是与客户谈判中的一项重要的内容，一个优秀的谈判者要掌握正确的原则，积累实践经验，学会运用不同的方法策略，以促成价格谈判的成功。

## 三、不同阶段议价应对

根据报价的进展，销售顾问的议价对策也是不一样的，建议可以采用如表4-2所示的应对方法。

表4-2 不同阶段议价应对方法

| 问价阶段 | 问价动机 | 问价目的 | 应对方法 |
| --- | --- | --- | --- |
| 初期问价 | 购买习惯 | 了解产品的价格信息，为购买做准备 | 报价不议价；提供服务；评估需求；展示产品 |
| 中期问价 | 理性的比较 | 对比竞争产品，衡量最优选择 | 利用客户的需求进行产品对比或异议解决 |
| 后期问价 | 以尽量便宜的价格购买 | 节省资金，尽量以最低的价格满足需求 | 确认客户的真实意向，采用适当方法逼单 |

不同阶段的范例如下：

### 1. 初期议价

客户：你们速腾现在卖多少钱？

销售顾问：速腾现在的售价是13.18万~18.58万元，先生您这边坐一下，我给您倒些饮品。

客户：（坐下）喝的就不用了，那速腾能优惠多少啊？

销售顾问：我们不同配置、排量优惠价格有区别，不知道您看中哪一款？

客户：就是1.4T自动舒适那款。

销售顾问：我们根据现车资源优惠幅度也不一样，先生不知道您打算什么时候用车啊？

客户：如果价格合适，这周我就提。

销售顾问：哦，我等会儿给您查查库存资源，看您挺着急用车的，您买车主要是什么用途啊？

### 2. 中期议价

客户：速腾能不能再多优惠点啊？

销售顾问：先生，这个价格已经是很低了，您刚才试驾的体验也证明了这款车确实物有所值。

客户：但是优惠完也比卡罗拉贵太多了啊！

销售顾问：卡罗拉虽然价格低，但是动力性远不及速腾，而且安全配置方面速腾也更为丰富啊。

客户：动力确实速腾更好一些……

销售顾问：对啊，而且您这台车还要经常接送家人，建议您还是选择一款安全性能更高的车。

客户：嗯……你上次说如果选择贷款还能有更多的优惠？

销售顾问：是的，厂家现在有贷款贴息政策，还是非常划算的，我给您介绍一下……

### 3. 后期议价

客户：这个价就没有一点商量余地了吗？

销售顾问：先生，您已经确定选择这款1.4T自动舒适型白外黑内的速腾了，是吧？

客户：对，不纠结卡罗拉了，你给我个最低价吧。

销售顾问：那您今天能订下来吗？

客户：能，我订金都带来了。

销售顾问：先生，我看今天您太太没有一起过来，您需不需要跟她再商量一下？

客户：不用，买车这事儿我说了算，你去跟领导申请吧。

销售顾问：看您这么有诚意，您能把身份证借我复印一下吗？我拿着复印件去跟领导申请。

## 4.2.3 缔约成交

### 一、缔约成交的信号

成交信号是指客户在接受推销过程中有意无意地通过表情、体态、语言及行为等流露出来的各种成交意向，我们可以把它理解为成交暗示。在实际推销工作中，客户为了保证自己所提出的交易条件取得心理上的优势，一般不会首先提出成交，更不愿主动、明确地提出成交。但是客户的成交意向总会通过各种方式表现出来。对于销售顾问而言，必须善于观察客户的言行，捕捉各种成交信号，及时促成交易。

客户表现出来的成交信号主要有语言信号、行为信号、表情信号和事态信号等。

### 1. 语言信号

语言信号是指在客户与销售顾问交谈的过程中，通过客户语言表现出来的成交信号。以下几种情况属于成交的语言信号：

（1）客户经过反复比较挑选后，话题集中在某款车型时。

（2）客户对销售顾问的介绍表示积极的肯定和赞扬时。

（3）客户询问交易方式、交货时间和付款条件时。

（4）客户询问该款车型的使用方法和细节，甚至要求再次体验或示范一次时。

（5）客户询问牌照办理、保险方案等事宜时。
（6）客户就交易条件与竞品交易条件比较时
（7）客户询问售后服务、维修、保养等事项时。
（8）客户与同行人员讨论或者打电话给朋友家人咨询意见时。

语言信号种类很多，销售顾问必须具体情况具体分析，准确捕捉语言信号，顺利促成交易。

### 2. 行为信号

行为信号是指在销售顾问向客户推销的过程中，通过客户的某些行为表观出来的成交信号，如：

（1）客户十分关注销售顾问的动作、谈话，不住点头。
（2）客户反复、认真翻阅汽车彩页广告等资料。
（3）客户反复来展厅。
（4）客户认真查看汽车有无瑕疵。
（5）客户姿态由前倾到后仰，身体和语言都很放松。

### 3. 表情信号

表情信号是在销售顾问向客户推销过程中，从客户的面部表情和体态中所表现出来的一种成交信号。例如，微笑，下意识地点头表示同意你的意见，对推销的商品表示关注，等等。

### 4. 事态信号

事态信号是在销售顾问向客户推销的过程中，就形势的发展和变化表现出来的成交信号。例如，客户要求看销售合同书；客户接受你的重复约见；客户的接待态度逐渐转好；在面谈中，接见人主动向销售顾问介绍企业的有关负责人或高层决策者。这些事态的发展都明显地表现出客户的成交意向。

客户的语言、行为、表情以及事态变化等表明了客户的想法。销售顾问可以据此识别客户的成交意向。因此，销售顾问应及时地发现、理解、利用客户所表现出来的成交信号提出成交要求，促成交易。

## 二、成交的方法与技巧

### 1. 请求成交法

请求成交法又称为直接成交法或直接请求成交法，是指汽车销售顾问直接要求客户购买推销品的一种成交方法。这是一种最简单、最基本的成交方法，也是一种最常用的成交方法。请求成交法一般适合于以下一些场合。

1）老客户
对于老客户，因为买卖双方已建立了较好的人际关系，运用此法，客户一般不会拒绝。

2）客户已发出购买信号
客户对推销品产生购买欲望，但还未拿定主意或不愿主动提出成交时，销售顾问宜采用请求成交法。

3）在解除客户存在的重大障碍后
当销售顾问尽力解决了客户的问题和要求后，是客户感到较为满意的时刻，销售顾问可趁机采用请求成交法，促成交易。例如："×先生，如果没有问题，我就为您办理购车手续了。"

请求成交法在使用时需要注意以下问题：

（1）要求销售顾问具备较强的观察能力。因为请求成交法要求销售顾问主动提出成交要求，所以销售顾问必须尽量引导客户，使洽谈局面朝着成交的结果发展。销售顾问应时刻观察客户，适时开口提出成交要求。

（2）把握好成交的时机。在成交过程中，成交时机是销售顾问最不易把握的因素。选择适当的时机要求成交，会令客户自然、顺利地接受；反之，在时机不成熟时要求成交，则会导致客户的回避甚至反感而错过机会。如何把握成交时机，是销售顾问应该认真琢磨和思考的问题。

请求成交法是销售顾问应该掌握的最基本的成交技术，大胆运用请求成交法，是一个销售顾问灵活、主动进取的销售精神的表现。

### 2. 假定成交法

假定成交法又称假设成交法，是指销售顾问假定客户已经接受推销建议，只需对某一问题做出答复，从而要求客户购买的一种成交方法。

在推销洽谈过程中，销售顾问根据时机，可以假定客户已经接受推销建议，从而主动提出成交要求。假定成变法运用的关键是销售顾问有较强的自信心，这种自信心也会感染客户，增强客户的购买信心。

例如："×先生，现在您只需花几分钟时间，就能将换取牌照与过户的手续办妥，再有半个钟头，您就可以把这部新车开走了。如果您现在要去办公事，那么就把这一切交给我们吧，我们一定会在最短时间内把它办好。"如果客户根本没有决定要买，他自然会向你说明；但如果他觉得换取牌照与过户等手续相当麻烦而仍有所顾虑的话，那么现在他就可以放心了，这些手续不成什么问题。又如："×女士，现在没有什么问题了吧，那您准备什么时候提车？"

假定成交法的优点是节省推销时间、效率高，它可以将推销提示转化为购买提示，适当减轻客户的成交压力，促成交易。假定成交法也有一定的局限性。这种方法以销售顾问的主观假定为基础，不利于客户做出自由选择，甚至会令其产生反感情绪，破坏成交气氛，不利于成交。所以，在使用这种方法时，要注意下列两点。

（1）应适时地使用假定成交法。

一般只有在发现成交信号，确信客户有购买意向时才能使用这种方法，否则会弄巧成拙。

（2）应有针对性地使用假定成交法。

使用这种方法时，销售顾问要善于分析客户。一般来说，依赖性强、性格比较随和的客户以及老客户，可以采用这种方法。但对那些自我意识强，过于自信的客户，则不应使用这种方法。

### 3. 选择成交法

选择成交法是指销售顾问为客户提供一个有效的选择范围，并要求客户立即做出抉择的成交方法。这种方法可以说是假定成交法的应用和发展。销售顾问在假定成交的基础上向客户提供成交决策的比较方案，先假定成交，后选择成交，使客户无论做出何种选择，导致的结局都是成交。范例如下：

销售顾问："以车身的颜色来说，您喜欢灰色的还是黑色的？"

客户："嗯，如果从颜色上来看，我倒是喜欢黑色的。"

销售顾问："您的眼光真好！现在最流行的就是黑色的！那么，汽车是在明天还是在后天送来呢？"

客户："既然要买，就越快越好吧！"

这就是选择成交法。事实上，如果客户给你上述答复，的确就表示他已经告诉你他要购买的商品了；如果他迟疑片刻后向你表示他尚未做最后的决定，则你也没有半点损失，仍然可以继续提出新的方式进行你的推销工作。

选择成交法在实际推销工作中经常使用，并且具有明显的效果。销售顾问把选择权交给客户，把客户限定在目标范围内，即无论客户做出什么样的选择，都在目标范围以内，都可以达到销售的目的。

选择成交法从表面看来，似乎把成交主动权交给了客户，而事实上是把成交的选择机会交给了客户。所以它的优点就在于既调动了客户决策的积极性，又控制了客户决策的范围。选择成交法的要点是使客户回避要还是不要的问题，而只是在不同的数量、规格、颜色、包装、样式、送货日期等上面进行选择。

### 4. 最后机会成交法

所谓最后机会成交法，又称机会成交法、限制成交法、无选择成交法或唯一成交法，是指销售顾问直接向客户提示最后成交机会而促使客户立即购买的一种成交方法。机会成交法是销售顾问针对客户害怕错过良好的购买机会的心理动机，向客户提示成交机会。"机不可失，时不再来"，一去不复返的机会，必然会引起客户的注意和浓厚兴趣，从而产生一种立刻购买的心理倾向。在最后机会面前，人们往往由犹豫变得果断。所以这种方法的最大优点是促使客户立即购买的效果比较好。范例如下：

销售顾问1：×女士，今天是我们五周年店庆优惠活动的最后一天，同样的车型如果明天购买，您就要多花费5 000元，请勿错过机会。

销售顾问2：这种车型很畅销，库存只剩下最后一辆了，下一批要等到一个月以后才能到货呢。

销售顾问3：×先生/女士，您好！您看，厂家已经把价格公布了，我觉得您现在可以下手了，这个价格真的很给力，我都心动了，您看，除了现金优惠还配送了大礼包，平时哪儿来的这么大的优惠啊。（如果客户还要犹豫，表示还要关注，就继续逼单）您看前面交定金都排队了，表示大家都很认可，而且现车也不多了，先定先享受现车，早定早享受，怕您再犹豫待会儿没现车了，而且每定10台车就可以参与一次抽奖，先订车的客户可以一直循环抽奖，奖品拿到手软，因为这是厂家直销，所以错过这次就再等明年了！

机会成交法能吸引客户的成交注意力，它利用了人们对各种机会表现出一定的兴趣并给予一定的注意，尤其对一去不复返的机会就会更加注意这一心理特点，特别适合在活动现场快速成交。正确地使用机会成交法，可以增强成交说服力和成交感染力，从而打动客户，利于成交。使用这种成交方法应注意的问题是，要讲究推销道德，实事求是，绝不可采用欺骗的手段来换取客户的购买。

### 5. 优惠成交法

优惠成交法是指销售顾问通过向客户提供优惠条件，从而促使客户购买的方法。求利心理动机是客户的一种基本购买动机，是促成交易的动力，优惠成交法正是利用了客户的求利购买动机，直接向客户提示成交优惠条件，诱使客户立即购买推销品。优惠成交的条件，主要是价格的折扣，也有向购买决策人提供回扣和佣金的。在这个问题上，要弄清合法与非法的界限。例如："×先生，如果现在购买，优惠可以达到 8 000 元，还有送油卡的活动。"

优惠成交法能创造良好的成交气氛，可以促成大量交易。但应注意的是，优惠成交提示具有二重性，既可以产生积极的成交心理效应，又可能产生消极的心理效应。如果销售顾问滥用优惠成交法，会使客户对所推销的产品质量产生怀疑，从而拒绝购买。在实际推销工作中，有些销售顾问提示虚假的优惠成交条件，诱骗客户成交；有些销售顾问抬高原价，制造减价成交的假象；还有些销售顾问利用成交优惠条件，推销劣质货等。这些行为破坏了推销信誉，甚至违反了法律法规。因此，在推销工作中，销售顾问应诚实守信，遵守法律，合理使用优惠成交法。

### 6. 保证成交法

保证成交法是销售顾问通过向客户提供售后保证，从而促成交易的成交方法。保证成交法即是销售顾问针对客户的主要购买动机，向客户提供一定的成交保证，消除客户的成交心理障碍，降低客户的购物风险，从而增强客户的成交信心，促使尽快成交。保证成交法是一种大点成交法，直接提供成交保证，直至促成交易，如："我们保证为您的爱车做好售后服务。"

保证成变法的保证内容一般包括商品质量、价格、交货时间、售后服务等，这种保证直击客户的成交心理障碍，极大地改善成交气氛，有利于成交。但是，保证成交法也不可滥用，以免失去推销信用，引起客户的反感，从而不利于成交。

### 7. 利益总结成交法

利益总结法是指销售顾问将所推荐车型能够带给客户的实际利益展示在客户面前，把客户关注的事项进行先后排序，最终将车型特点与客户关注点密切结合，使客户产生利益冲击而促成交易的方法。话术范例如下：

销售顾问："宋先生，小李已经就这款车的性能、特点为您作了介绍。您刚才也说到这次购车想要换一款动力强劲、舒适性比较好、空间宽敞的汽车。我为您介绍的这款 1.8T 豪华版迈腾，发动机采用了 TSI 缸内直喷和涡轮增压技术，搭载了 DSG 双离合变速器。这样的黄金动力组合，使 1.8 L 的排量比其他品牌 2.0 L 的动力性能还要强劲，因此一定能够满足您在动力性方面的需求。另外，全新迈腾的设计理念是 B 级车的价格 C 级车的配置，成为 B 级车市场的标杆。电子车身稳定系统、电动助力转向系统、自动驻车系统、电子驻车制动系统等高科技的运用，大大提升了车辆的舒适性。全新迈腾的轴距在原来的基础上增加了 100 mm，达到了 2.812 m，这也是其他同级别车无法相比的。……这款车简直就是为宋先生您量身定做的，相信您也一定心动了吧。"

利益总结法是销售顾问常用的技巧，特别是在做完产品介绍与展示时，运用利益总结法以促成交易，最为有效。

### 8. 让步成交法

让步成交法是指销售顾问通过提供一定的优惠条件促使客户下决心购买的方法。使用让步成交法时，销售顾问应注意：

（1）客户感觉自己是特例，优惠只针对他一个人。

（2）不能轻易给出优惠，一定要让客户感觉到优惠难得，已经到底线。

话术范例如下：

销售顾问："王先生，这个价格确实已经是我权限范围内能够给您的最低价了。您也看了这么久了，我觉得确实跟您非常投缘，这样吧，我去跟经理申请一下，看能不能给您些额外的优惠。不过我只能尽力而为，不一定能申请下来哦！"

使用让步成交法销售顾问不能太爽快，否则会让客户产生怀疑，进而要求更大的让步。销售人员一定要明确自己在价格让步上的权限和底线，不能为了达成交易而牺牲利益，过分让步。

## 4.2.4 签订合同

### 一、认识汽车销售合同

当客户决定购车时，一般先签订购车协议，交付订金，然后在新车到店后再签订正式的购车合同，交齐尾款提车。如果店里有现车的情况，则可以一次性签订正式合同。

**1. 订立合同的原则**

在订立、签订合同的过程中，应该按照"平等、自愿、公平、诚实守信"的原则。

1）平等原则

平等原则是指地位平等的合同当事人在权利、义务对等的基础上，经过充分协商达成一致，以实现互利互惠的经济利益为目的的原则。

2）自愿原则

自愿原则是指合同当事人通过协商，自愿决定和调整权利义务的互相关系。

3）公平原则

公平原则要求合同双方当事人之间的权利、义务要公平合理，要大体上平衡，强调一方给付与对方给付之间的等值性，合同上的负担和风险合理分配。

4）诚实守信原则

诚实守信原则要求当事人在订立、履行合同及合同终止后的全过程中，都要诚实、讲信用，相互协作。

**2. 订立合同的内容**

汽车销售合同是汽车销售企业与客户双方为实现汽车产品买卖而明确相互权利和义务关系的协议。主要包括以下内容：

（1）合同主体。合同主体即买卖双方，卖方为汽车经销商，买方为汽车购买者。

（2）合同主体基本信息。其主要包括姓名/名称、经办人、地址、电话、证件（身份证/营业执照）。

（3）车辆资料。其主要包括出厂车型、车架号、发动机号、排量、颜色、座位等信息。

（4）交易数量。

（5）价格构成。其主要包括车价、选用装备价格及其他费用（如可能包括上牌费、保险费等）。

（6）付款方式、支付方式。付款方式包括一次性付清全款和按揭贷款两种方式。合同应注明订金数额和余款数额。支付方式包括现金、刷卡、支票、汇票和转账等。

（7）余款交付日期。

（8）交车时间、地点。

（9）违约责任。合同中应明确约定违约方应承担的具体责任。

（10）解决争议的方法。合同中应注明签订的合同一旦产生纠纷，自行协商解决时采取的方式（仲裁、法院诉讼等）。

（11）代办事宜。其主要包括车辆检测、购买保险、牌照办理等。

（12）履行日期。履行日期指合同的履行期限和有效期限。

（13）合同签署日期等。在汽车销售过程中，销售合同往往由汽车销售企业提供格式化的统一销售合同。不同品牌销售合同的内容基本相似，只是在格式或顺序等方面略有区别，因此销售顾问应熟知销售合同范本的内容、格式及涉及的相关权责。销售过程中双方如有合同内容以外的约定事项，可以在合同中的第十四条（其他约定条款）处写明。

## 二、签订汽车销售合同

### 1. 合同签订流程

签订汽车销售合同的流程如图4-3所示。

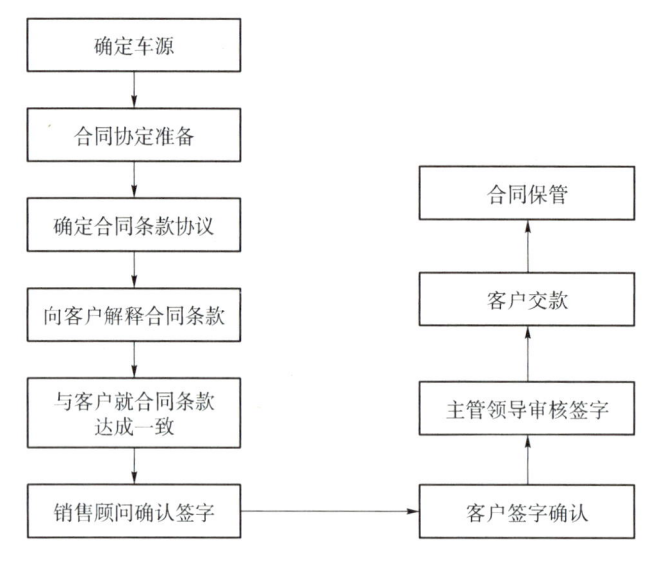

图4-3　汽车销售合同签订流程

### 2. 合同签订注意事项

合同作为一种正式的文件，签订时要认真仔细。

1）签约前

签约前销售顾问要确定好客户选购的车型、颜色和配置，进行库存的准确查询。准备好购车协议或合同文本，熟悉所有的条款，以确保可以向客户进行详细的解释。对于有置换和办理按揭手续的客户，销售顾问要再次确认相关的服务条款和费用价格。

2）签约时

首先销售顾问请客户再次确认报价的内容，包括车辆价格、保险费、购置税、上牌服务费、精品加装费、赠品等各项目的费用明细，重点核对项目、单价、总价是否准确无误。对于贷款购车的客户，明确首付比例和按揭方式。

其次，销售顾问要确认交车时间。对于没有现车的车型，要确认新车到店的时间并向客户说明真实的情况，确保客户同意交车时间，不能为了促成成交而欺骗客户。

最后，销售顾问要准确填写合同中的相关资料，采用厂家统一打印使用的合同，认真填写车型、颜色、配置、车架号、客户资料等内容，不能出现错误，填写完成后请客户确认，并交销售经理审核。

3）签约后

签约后销售顾问通常比较兴奋，但是不宜在客户面前过多表现，否则容易引起客户疑心，怀疑自己掉入购车陷阱，影响购车的综合体验。同时，销售顾问可以再次针对合同中的重点事项对客户进行解释和说明，恭贺客户喜购爱车的同时感谢客户对自己的信任。

## 任务实施

| | |
|---|---|
| 一、任务场景 | 汽车营销实训室。 |
| 二、任务设备 | 教学用具、教学电脑、电话、整车、谈判桌椅、产品报价单、销售夹等 |
| 三、任务要求 | 1. 演练任务：报价成交。<br>2. 演练目的：熟悉各种报价方法，判断常见的成交信号，根据具体情况运用不同的促成交易方法，并与客户签订购车合同。<br>3. 演练内容：模拟报价成交和签订合约的全部流程。<br>（1）客户李先生打电话到一汽大众4S店，询问新款迈腾GTE的价格，销售顾问李想进行电话回答并邀约进店洽谈。<br>（2）客户陈女士在国庆期间来到比亚迪4S店了解汉EV车型，销售顾问杨帆进行完六方位绕车介绍后进行报价并请求成交，陈女士拒绝。<br>（3）客户王先生夫妇第二次来店，试乘试驾凯迪拉克XT5之后询问车辆最终落地的价格，销售顾问李想进行整体报价并尝试成交，在经过双方协商后王先生决定全款购车，与销售顾问签订了购车合同。<br>（4）客户万先生来到吉利4S店，经过销售顾问推荐比较中意吉利帝豪这款车，由于预算有限打算贷款购车，销售顾问李想进行整体报价并与客户签订了购车协议。 |
| 四、任务分组 | 在这个任务演练中，学生采用分组实施、角色扮演的方式进行，每4人为一组，2位学生扮演客户（抽取客户信息卡）、1位扮演销售顾问、1位担任摄像记录员，角色分工轮流变换，通过小组协作，培养学生团队合作和互帮互助的精神。记录员对整个模拟过程进行摄像留影，并将结果视频作为小组作品在教师和全班同学前展示汇报。 |
| 五、任务步骤 | 1. 请列出以下车辆的落地价格（考虑最新的购置税政策，保险包含交强险、车损险、座位险和三者险，上牌服务代办费设定为500元）。<br>（1）一汽大众最新款迈腾380豪华型。 |

（2）比亚迪汉 EV 旗舰型。

（3）吉利帝豪 2022 款第 4 代 1.5 L 手动豪华型。

2. 以第一题车型为例，运用以下方法进行报价。

| 报价方法 | 销售顾问话术 |
| --- | --- |
| 三明治报价法 | |
| 比较法 | |
| 价格分割法 | |
| 优惠报价法 | |

3. 以第一题车型为例，运用以下方法尝试成交。

| 成交方法 | 销售顾问话术 |
| --- | --- |
| 请求成交法 | |
| 优惠成交法 | |
| 假设成交法 | |
| 选择成交法 | |
| 最后机会成交法 | |
| 保证成交法 | |
| 利益成交法 | |
| 让步成交法 | |

4. 请画出签订购车合同的流程图。

5. 在进行完上述的报价和成交促进后，客户同意购车，请拟定签订合同前后的相关话术，并填写认购协议。

| 签约阶段 | 销售顾问话术 |
| --- | --- |
| 签约前 | |
| 签约中 | |
| 签约后 | |

## 购车协议

供货方（以下简称"甲方"）：××汽车服务有限公司
地址：×××××××××
电话：××××××××
认购方（以下简称"乙方"）：
电话：
地址：
身份证号码：
甲乙双方就乙方向甲方认购车辆达成以下协议，并承诺共同遵守：

一、所认购车辆的基本信息
车辆品牌：　　　　　车型：　　　　　　颜色：
认购数量：　　　　　价格：

二、订金与定金
乙方应于签订本认购协议之日一次性向甲方支付订金人民币_____万元整。该订金于乙方所订车辆到货之日，全部转为定金。乙方所订车辆到货日期以甲方通知日期为准。

三、正式买卖合同的签订
（1）乙方所订车辆到货后，若乙方未能于接到甲方通知后七日内与甲方签订正式的汽车买卖合同，视为乙方拒绝购买订购车辆，甲方有权没收乙方全部定金。
（2）乙方已阅读正式汽车买卖合同文本，同意届时按该文本条款签订买卖合同。

四、乙方接收通知的方式
甲方可按下列联系方式之一向乙方发出通知：
1. 固定电话：　　　　2. 手机：　　　　　3. 传真：
4. 电子邮件：　　　　5. 信函联系地址：
乙方确认其通知方式准确有效，甲方根据上述联系方式所发出的通知，一经发出即视为送达。乙方变更通知方式需以书面形式通知甲方，否则由此产生的一切后果由乙自行承担。

五、到货期限及货款交付
（1）交货期限、货款支付方式及时间按照双方所签正式汽车买卖合同的约定执行。在认购期间如遇厂家价格调整，则同比例调整合同交易价格，相关的税费以政府的有关规定为准。
（2）甲方承诺自本认购协议签订之日起_____个工作日内通知乙方签订正式买卖合同。由于汽车生产厂商供货的延迟导致交货日期延迟 30 个工作日以内的，双方同意继续履行认购协议，且互不追究任何责任；若超过 30 个工作日的，则乙方可于 10 天内书面选择以下方式之一：
1. 无息退回订金并无条件解除本认购协议。
2. 本认购协议继续有效，双方协商变更交付时间。若乙方不做出书面选择，则视为乙方放弃选择权，甲方有权做出选择并告知乙方。

六、特别条款
1. 在上述约定期限内，若非乙方的责任导致双方未能签订正式汽车买卖合同，则甲方向认购方返还订金，本认购协议终止。本协议有其他约定的遵从本约定。
2. 乙方在收到甲方签订合同通知后，无正当理由不依本认购协议约定甲方处签订正式汽车买卖合同的，乙方不得向甲方要求返还订金。
3. 若因本协议发生争议，双方协商不成的，可提请——仲裁委员会仲裁。
4. 乙方是所购车辆的最终用户。乙方不为任何商业目的转售所购车辆。乙方承诺所购车辆的上牌地为_____地区。

七、本认购书自签订之日起生效，在正式汽车买卖合同签订后，本认购书即行终止。
八、本认购书一式二份，甲乙双方各执一份。

甲方（供货方）：××汽车服务有限公司　　　　　乙方（认购方）：

销售顾问：　　　　　　联系电话：
签订日期：　　年　　月　　日

六、任务反思

    1. 学到的新知识点有哪些？

    2. 掌握的新技能点有哪些？

    3. 你对自己在本次任务中的表现是否满意？写出课后反思。

    4. 通往成功的道路是曲折的，需要不断的付出和努力。谈谈你对"成功"的理解，你心目中成功的"营销大师"是谁？他（她）有哪些经典案例？

## 任务评价

各组介绍任务完成情况，展示任务成果，进行学生自评、学生互评和教师评价。在上述任务中，对扮演"销售顾问"的学生按照以下评分表4-3进行评价。

表4-3 销售顾问（报价成交）表现评分表

| 序号 | 评价项目 | 评价指标 | 分值 | 自评（30%） | 互评（30%） | 师评（40%） | 合计 |
|---|---|---|---|---|---|---|---|
| 1 | 职业素养 30分 | 分工合理，制订计划能力强，严谨认真 | 5 | | | | |
| | | 爱岗敬业，责任意识，服从意识 | 5 | | | | |
| | | 团队合作，交流沟通，分享能力 | 5 | | | | |
| | | 遵守行业规范，现场12S管理 | 5 | | | | |
| | | 完成任务积极主动 | 5 | | | | |
| | | 能采取多种手段收集信息、解决问题 | 5 | | | | |
| 2 | 专业能力 60分 | 销售顾问着装得体、礼仪规范 | 10 | | | | |
| | | 熟悉报价各种方法 | 10 | | | | |
| | | 合理运用各种请求成交方法 | 10 | | | | |
| | | 熟悉产品和行业政策 | 10 | | | | |
| | | 整体话术规范、合理 | 10 | | | | |
| | | 熟悉签约流程，合同解释准确 | 10 | | | | |

续表

| 序号 | 评价项目 | 评价指标 | 分值 | 自评（30%） | 互评（30%） | 师评（40%） | 合计 |
|---|---|---|---|---|---|---|---|
| 3 | 创新意识10分 | 创新性思维和行动 | 10 | | | | |
| | | 合计 | 100 | | | | |
| | | 综合得分 | | | | | |

## 巩固练习

**一、多项选择题**

1. 当客户预算不够时，不正确的做法是（　　）。
   A. 推荐金融服务　　　　　　　　　B. 劝客户降低配置
   C. 劝客户选择其他品牌　　　　　　D. 结合客户用车目的和个人情况综合考虑

2. 客户最终决定购买的具体车型取决于（　　）。
   A. 以往的相关经验　　　　　　　　B. 朋友的告知
   C. 广告　　　　　　　　　　　　　D. 销售顾问的陈述

3. 汽车价格主要由（　　）组成。
   A. 成本　　　　B. 制造商利润　　　C. 广告费用　　　D. 经销商利润

4. 客户购车的车辆落地价格一般包括（　　）。
   A. 裸车价格　　B. 车辆购置税　　　C. 交强险　　　　D. 车船税

5. 三明治报价法是指给客户报价时需要告知客户（　　）。
   A. 车辆价格　　　　　　　　　　　B. 车辆给客户带来的利益
   C. 优惠期限　　　　　　　　　　　D. 车辆的附加费用

6. 以下哪些属于成交信号（　　）。
   A. 客户询问何时可以交车　　　　　B. 客户再度要求试乘试驾
   C. 客户询问车辆价格和优惠活动　　D. 客户打电话给朋友询问意见

7. 购车合同中包括的信息有（　　）。
   A. 车辆基本信息　　　　　　　　　B. 车主付款方式
   C. 订金与定金　　　　　　　　　　D. 解决纠纷的方式

8. 关于签订合同的说法正确的是（　　）。
   A. 在订立、签订合同的过程中，应该按照"平等、自愿、公平、诚实守信"的原则
   B. 签约前销售顾问要确定好客户选购的车型、颜色和配置，进行库存的准确查询
   C. 签约时合同中涉及的车辆到货日期和赠品信息必须认真核对
   D. 签约后销售顾问通常比较兴奋，这种心情也可以在客户面前表现，共同分享喜悦

9. 关于车辆报价的说法正确的是（　　）。
   A. 不同阶段的报价方法是不一样的
   B. 不管销售顾问准备给客户多少折扣，都要尽量分计划退让，第一次的让价幅度可以比较大，以博得客户的好感和喜悦，若客户仍不满意，再做小幅度的让步
   C. 销售顾问在运用比较法报价时，要站在公正客观的立场上，可以适当诋毁竞争对手
   D. 销售顾问报价时可以将价格和达成协议的优惠条件联系起来，根据客户性质、购买

数量、支付方式等不同，报不同的价格

10. 销售顾问在进行车辆报价时的做法不正确的是（　　）。

A. 因为权限的原因，每一次的价格优惠都要请示领导

B. 为了促成交易，车辆的金融服务费可以暂时不告知客户

C. 为了减少客户的购置税，销售顾问可以申请减少车辆的开票价格

D. 赠送给客户的全车贴膜、脚垫等产品也应该让客户知晓价格

## 二、案例分析

销售顾问李明是一名奥迪4S店刚刚转正的销售顾问，周日接待了一名来店看奥迪Q5L的年轻客户，李明在与其交谈过程中，主要推荐4S店库存现车，客户表示能接受。但客户表示购车费用是家里提供，希望优惠。销售顾问于是打出按揭报价单，并告知客户这个车型是厂家加配车型。客户想都没想，一下子把价格还到整数30万元，还价接近4万元。经过双方谈判后，客户加到32万元就不愿意再增加。这时李明觉得价格很难再谈，主动说让客户价格再加一点就赠送客户一次车辆保养，客户要求李明去找经理申请。李明迫于无奈，找到销售经理，经理算完价格之后，觉得太低没法做，安排销售主管帮助谈判。销售主管让客户加钱，客户不加。销售主管觉得价格差距较大，让客户再去对比价格，销售主管营造的谈判氛围不错。客户临走时问销售主管最低要加多少钱，销售主管要求加1万元。客户什么都没说直接走了。客户到门口时销售经理叫销售顾问让客户留步回到店内。销售经理在谈判时得知，客户不愿意联保，于是告知联保对于客户的好处，本市所有的奥迪店必须联保，很确定地告知客户此价格是本市最低价格。让客户知会自己店的低价，并说可以赠送一个奥迪车模。客户说再考虑一下，就走了！

销售顾问当天下午回访时，客户还是希望价格能再低点。销售顾问告知销售经理已经给了低价，客户想要再赠送点东西，销售顾问叫客户来店内谈。次日早上客户到店，就在销售经理的低价基础上要求赠送一次保养跟一个行车记录仪就签单，销售顾问让客户在记录仪跟保养之间二选一。最后在33万元价格的基础上赠送了一次保养和1个车模，客户成交。

问题：

1. 客户第一次到店为什么一下还价4万元？当首次谈到32万元时客户不加价离开了，为什么第二次到店买了车？

2. 该销售顾问在客户谈到32万元，与可成交价相差较大的时候，应该如何处理，是告知价格过低无法成交，还是让其加价送保养，或者还有什么更好的方法？

## 拓展阅读

### 车辆的购置税

目前国内关于车辆购置税的政策依照的是2019年7月1日正式施行的《中华人民共和国车辆购置税法》，该法规中明确表示需要按10%的法定税率征收车辆购置税。历史上我国出现过燃油车购置税减免的情况，当时的政策限定时间为2015年10月1日到2017年12月31日，对购买1.6 L及以下排量乘用车实施减半征收车辆购置税的优惠政策，之后在2018年1月1日起便又恢复了按10%的法定税率征收车辆购置税。

在2022年5月31日，财政部税务总局公布了关于购置税的最新公告：

（1）对购置日期在2022年6月1日至2022年12月31日期间内且单车价格（不含增值

税）不超过30万元的2.0 L及以下排量乘用车，减半征收车辆购置税。

（2）本公告所称乘用车，是指在设计、制造和技术特性上主要用于载运乘客及其随身行李和（或）临时物品，包括驾驶员座位在内最多不超过9个座位的汽车。

（3）本公告所称单车价格，以车辆购置税应税车辆的计税价格为准。

（4）乘用车购置日期按照机动车销售统一发票或海关关税专用缴款书等有效凭证的开具日期确定。

（5）乘用车排量、座位数，按照《中华人民共和国机动车整车出厂合格证》电子信息或者进口机动车《车辆电子信息单》电子信息所载的排量、额定载客（人）数确定。

车辆购置税计算公式为：

$$车辆购置税的应纳税额 = 应税车辆的计税价格 \times 税率$$

（1）按照发票上"价税总计"金额计算的话，购置税＝价税总计÷1.13×10%（目前汽车增值税税率为13%）。

（2）按照发票上"不含税价"金额计算的话，购置税＝不含税价×10%。

也就是说当车主花20万元裸车价购买一辆新车的时候，车主应该缴纳的汽车购置税为：20万元÷1.13×10%＝17 699元，所以车主应该缴纳17 699元的车辆购置税。若车辆排量低于等于2.0 L，则只需缴纳8 849.5元。

为支持新能源汽车产业发展，促进汽车消费，财政部税务总局工业和信息化部在2022年继续公告，延续新能源汽车免征车辆购置税，政策有关事项公告如下：

（1）对购置日期在2023年1月1日至2023年12月31日期间内的新能源汽车，免征车辆购置税。

（2）免征车辆购置税的新能源汽车，通过工业和信息化部、税务总局发布的《免征车辆购置税的新能源汽车车型目录》（以下简称《目录》）实施管理。自《目录》发布之日起购置的，列入《目录》的纯电动汽车、插电式混合动力（含增程式）汽车、燃料电池汽车，属于符合免税条件的新能源汽车。

（3）购置日期按照机动车销售统一发票或海关关税专用缴款书等有效凭证的开具日期确定。

（3）2022年12月31日前已列入《目录》的新能源汽车可按照本公告继续适用免征车辆购置税政策。

# 项目 5　新车交付

## 项目简介

交车是客户在 4S 店购车的最后一个环节，客户期望销售顾问做好充分的准备，将整洁干净、完整零缺陷的新车交付自己，并且给予车辆使用服务等方面的专业指导。多数客户在这个阶段是兴奋愉悦的，但也有客户在新车交付阶段会感到后悔，哪怕已经交付订金，只要发现一些疑点和瑕疵都会想退订，让销售顾问之前的努力全部化为泡影。所以，在这个阶段，销售顾问不能有任何放松和疏忽，要周密安排交车的每一个环节，将每一个细节都做到极致，通过严谨的交车准备、高效的手续办理、专业的用车讲解和真诚的交车仪式，提升客户满意度，促进客户回厂、转介绍及再次购买。

## 任务 5.1　交车准备

### 任务导入

客户刘先生经过多家比较，最终在一汽大众华腾 4S 店订购了一台迈腾 330TSI DSG 豪华型，并和销售顾问小王约定好三天后到店交车。作为该 4S 店的销售顾问小王，在为客户刘先生交车前需要做哪些准备工作呢？

### 学习目标

(1) 能够描述交车前的准备工作内容；
(2) 能够开展对新车的 PDI 检查；
(3) 能够对新车交付场地进行布置和准备；
(4) 能够阐述交车前准备工作的注意事项并指出问题；

（5）弘扬工匠精神，养成踏实肯干和严谨细致的工作作风；
（6）提高服务意识和规则意识，具备良好的沟通和随机应变能力。

### 任务分析

交车前的准备工作是整个交车程序中最重要的一环，大量的前期工作需要准确无误地提前完成。如果在交车过程中才发现错误，任何补救措施在客户看来都为时已晚。交车前的准备工作应该围绕着人、车、资料三个方面着手开展。

### 知识链接

## 5.1.1 客户服务

交车活动既包括理性的层面，也包括感性的层面，理性的层面就是要保证提供符合客户要求的产品以及完整的服务，而感性的层面就是要让客户感到兴奋和期待，以建立和客户的长期业务关系。为了让客户感到销售顾问对其车辆的交付是非常重视的，销售顾问需要以客户为本，从细节入手为客户准备一个既正式又温馨的交车仪式，让客户感受到销售顾问的贴心服务。

#### 一、交车前的电话沟通

汽车销售的展厅环境非常重要，良好的展厅环境可以给客户留下好的第一购车印象，提升客户的购车欲望，所以展厅的硬件设施要整洁、完好、可用，布局做到分区合理、错落有致。

**1. 确认交车时间**

交车前三天，销售顾问要主动电话联系客户，确认交车日期。这样做的好处在于客户来提车时，销售顾问能够做好充分的准备，给客户提供较为满意的服务。当然，销售顾问在确定了具体提车时间后，还应在电话里暗示客户遵守约定的时间。例如，销售顾问可以说："好的，那么我明天下午3点钟准时恭候您的光临，期待与您再次会面，谢谢，再见。"交车当天，销售顾问要再次提前和客户确认时间，以防客户临时有事。

若交车日期推迟，也应该及时与客户联系，说明原因和处理方法，在取得客户谅解的基础上再次约定交车日期。

**2. 确认客户的付款方式**

询问客户是付现金还是付支票或是刷卡，不同的付款方式可能会影响到交车的时间，最方便的方式是刷卡。因此，尽量说服客户采用刷卡的方式进行付款，这样可以提高交车的效率，如果客户提供的是支票，则必须说明要等支票的款到账后才能提车。

**3. 告知客户交车的主要内容及所需时间**

很多销售人员在交车前没有提前告知交车所需的时间，待客户来提车时，由于没有安排出足够的时间，最后造成很多交车说明事项没有时间说明，导致客户在车辆使用过程中出现问题。因此销售顾问需要将交车的相关事宜提前告知客户，以便客户提前做好时间安排。

**4. 告知客户交车所需携带的资料、文件和证件**

交车过程中，客户需要提供订单、收据、身份证等，因此，销售顾问在交车前应告知客户所需携带的资料、文件和证件,从而避免客户在交车时由于未带齐资料而造成无法提车,使客户乘兴而来败兴而归,进而影响客户的满意度。

### 二、环境及人员准备

#### 1. 环境准备

销售顾问必须保证交车区的明亮、整洁、清新,最好备有桌椅、饮料、点心(销售人员可事前确认),以便销售顾问将各种车辆资料在很庄重、轻松、愉快的气氛下交给客户,让客户有宾至如归的感觉,提高交车的满意度。同时,销售顾问要确保交车区出口无障碍物,方便客户驾驶新车离店不受任何影响。销售顾问为了提升客户交车时的喜悦度,可布置以下道具:

(1) 根据车辆特点准备对应主题的交车背景板。
(2) 在展厅入口处放置"恭喜××喜提新车"的欢迎牌,在欢迎牌上书写来提车的客户姓名。
(3) 在交车区悬挂 LED 交车横幅,准备大红花、红丝带、交车贵宾胸卡等物品。

#### 2. 人员准备

通常在交车前销售顾问要安排好交车相关人员,并做好分工。销售顾问应将参加交车仪式的时间,以及客户的信息及时通知销售经理、售后服务人员以及相关人员,从而体现公司的专业和对客户的重视。如果在周末交车,销售部应协调安排财务人员,做好收款及开票的准备。

### 三、迎送及庆典准备

交车仪式要营造欢乐喜庆的氛围。为客户赠送的礼品要精心准备、投其所好,能起到画龙点睛的效果。为客户及随行人员准备的小礼物可以是一个吉利红包、车模、品牌 Logo 礼品、花束等。

## 5.1.2 车辆准备

当准备把一辆新车交付给客户使用前,汽车销售公司必须自检该车是否合格,合格才可以把它交给客户。在交车给客户前,销售顾问要对车辆做全面而细致的检查。

### 一、车辆性能的检查和确认

在新车交车前,销售顾问要协助售后服务部对新车的各项性能进行检查,即 PDI 检查。PDI 检测时,检测人员会拿着一张 PDI 工作单,依据其上面的项目逐一进行检测。PDI 检测项目大致包括:车辆外部,包括外观、漆面、轮胎胎压(包括备胎)、车门开闭、儿童锁等;发动机舱内,包括蓄电池状态、各油液液位等;车辆内部,包括内饰件、密封条有无缝隙、各设备是否使用正常等;启动发动机后,检查发动机有无噪声及车灯、各用电设备功能等;路试,检查有无顿挫、异响及各仪表的工作情况和导航是否正确等。通过 PDI 检查,确保交给客户的车辆性能优异,同时为客户加装的选装件也在检查范围之内。最终,销售顾问经确认无误后,需在 PDI 检查单(见表 5-1)上签名。

表 5-1 交车 PDI 检查表

经销商名称：　　　　　　　　　　　　　　　　　　　　　　　编号：

| 车型：□ CD345 □ CD340 □ C307 □ B299 | 钥匙号码： |
|---|---|
| 车架号：　　　　　发动机号码： | 车身颜色： |

| 项次 | 检查内容说明 | 状况 OK | 状况 NO | 维修确认及签字 |
|---|---|---|---|---|
| 一、车辆外观/漆面检查（环车检查有无挂碰伤"变形"及不符合要求） | | | | |
| 1 | 前保险杠、发动机舱盖、右前叶子板、车顶、车门、左右后轮板、行李舱盖、后保险杠。 | | | |
| 2 | 前后风窗玻璃、车门玻璃、其他玻璃。 | | | |
| 3 | 标志、电镀饰条、车门把手、外后视镜。 | | | |
| 4 | 头灯、侧灯、雾灯、尾灯、第三制动灯。 | | | |
| 5 | 安装片及轮胎饰盖 | | | |
| 二、车辆室内检查 | | | | |
| 1 | 遥控器功能，钥匙对车门开锁、上锁功能。 | | | |
| 2 | 天窗功能及电动座椅功能。 | | | |
| 3 | 室内灯、仪表各指示灯及危险警告灯功能。 | | | |
| 4 | 喇叭、刮水器及喷水、头灯、转向灯、侧灯、雾灯、尾灯及制灯功能。 | | | |
| 5 | 空调、音调功能及后风窗玻璃除雾功能。 | | | |
| 6 | 电控及手摇车门玻璃升降和开关锁功能，外后视镜调整功能，儿童锁功能。 | | | |
| 7 | 车门内外把手开启功能，发动机舱盖、行李舱盖及油箱盖开启功能。 | | | |
| 三、发动机舱检查 | | | | |
| 1 | 液位检查：发动机，变速箱，制动油壶，转向助力泵，副水箱，刮水器刷喷水壶。 | | | |
| 2 | 电瓶状态，电压值。 | | | |
| 3 | 各油管、水管及束夹状况，有无泄漏等。 | | | |
| 四、行李舱检查 | | | | |
| 1 | 行李舱锁上锁及开锁功能。 | | | |
| 2 | 行李舱照明灯功能。 | | | |
| 五、底盘检查 | | | | |
| 1 | 发动机及变速箱下方有无漏油及漏水痕迹。 | | | |
| 2 | 各水管、油管有无渗漏痕迹。 | | | |
| 3 | 传动轴、转向系统有无漏油痕迹。 | | | |
| 4 | 制动系统有无漏油痕迹。 | | | |
| 5 | 悬挂系统有无漏油痕迹。 | | | |

续表

| 项次 | 检查内容说明 | 状况 OK | 状况 NO | 维修确认及签字 |
|---|---|---|---|---|
| 6 | 调整轮胎胎压到规格内（新车出厂时胎压均高于规格上线，交车时务必调整） | | | |
| 六、特殊要求： | | | | |
| 1 | 内装及附加配备。 | | | |
| 2 | 随车手册/点烟器放置定位 | | | |

注：
（1）PDI 检查必须在交车给客户的前一天完成。
（2）PDI 检查员必须按照本表逐项落实检查，发现问题必须立即排除完成。
（3）提车人必须完成新车的确认并在本表签名后，才能将新车取走。
（4）本表 1 式 2 联，第一联 PDI 存查，第二联交付提车人（销售顾问）

PDI 检查员：_____　　　提车人：_____
日　　　期：_____　　　日　　期：_____
　　　　　　　　第一联（浅红）经销商存档　　第二联（白色）CFMA 存档

### 二、车辆的清洁

交车当天必须对新车进行清洁，要做到一尘不染，在车内地板上铺上保护纸垫，车内的工具、备胎摆放整齐，要让客户觉得这是一辆没有人开过的全新的车辆。

### 三、其他注意事项

交车前，销售顾问要再次检查有没有不必要的标签或会扎人的物品。销售顾问要提前为客户新车加注汽油，汽油箱内至少有 1/4 箱汽油，从而保证客户新车能开到最近的加油站，进一步提升客户的满意度。

## 5.1.3　资料准备

销售顾问要做好交车相关文件资料的准备，对涉及车辆的相关文件进行仔细、全面的检查，确认无误后，装入到文件袋，以便交车时交给客户。这些文件包括：

（1）商业单据（发票、合同等）、临时行车牌照、使用说明手册、保修手册、产品合格证等相关文件。

（2）配件保证书（卡）及所有费用清单。

（3）完税证明、保险卡（含交强险及其他加保险种）等。

（4）名片（销售顾问、服务部经理/服务代表）。

（5）交车确认表、PDI 检查表等。

新车交付时，会有很多表格、手册类东西需要填写，销售顾问应该在客户到来之前将这些资料准备齐全，同时，熟知每一张表格的填写要求、规范及如何填写。在客户填写表格时，销售顾问应在一旁指导，毕竟客户不经常接触这些东西。有些地方不需要客户本人填写的，在征得客户同意的情况下销售顾问可以代劳，如免费办理会员卡需要填写的资料等。

# 任务实施

### 一、任务场景
校内实训室。

### 二、任务要求
1. 演练任务：交车的准备工作。
2. 演练目的：掌握交车前的准备工作内容，并能够完整执行。
3. 演练内容：客户刘先生与销售顾问小王约定好三天后到店交车。作为该 4S 店的销售顾问，小王在为客户刘先生交车前需要做哪些准备工作呢？

### 三、任务分组
在这个任务中，采用分组实施方式进行，4~8 人为一组，通过学生自荐或推荐的方式选出组长，负责本团队的组织协调工作，带头示范、督促、帮助其他组员完成相应工作。

### 四、任务步骤
1. 请在下图中画出汽车销售不同阶段客户和销售顾问的精神状态曲线图。

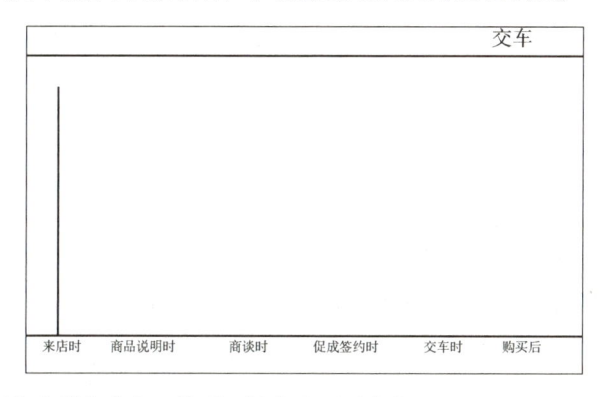

|  | 交车 |
|---|---|
| 来店时　商品说明时　商谈时　促成签约时　交车时　购买后 | |

2. 新车交付前需要完成哪些准备工作呢？请完成下列表格。

| 行程安排 | |
|---|---|
| 车辆准备 | |
| 文件资料准备 | |
| 环境准备 | |
| 相关人员准备 | |
| 迎送及庆典准备 | |

3. 请阐述新车 PDI 检测的意义。

4. 模拟交车过程中客户可能提出的异议及处理方法。

五、任务反思

    1. 学到的新知识点有哪些？

    2. 掌握的新技能点有哪些？

    3. 你对自己在本次任务中的表现是否满意？写出课后反思。

    4.《礼记·中庸》说"凡事预则立，不预则废。""善事利器""不打无准备之仗"都在告诫我们做全局思考，这就是一种成长性思维。在交车这个任务中，说说你的理解。

## 任务评价

各组介绍任务完成情况，展示任务成果，进行学生自评、学生互评和教师评价。在上述任务中，对扮演"销售顾问"的学生按照以下评分表 5-2 进行评价。

表 5-2　销售顾问（交车准备）表现评分表

| 序号 | 评价项目 | 评价指标 | 分值 | 自评（30%） | 互评（30%） | 师评（40%） | 合计 |
|---|---|---|---|---|---|---|---|
| 1 | 职业素养 30 分 | 分工合理，严谨认真 | 6 | | | | |
| | | 爱岗敬业、责任意识、服从意识 | 6 | | | | |
| | | 团队合作、交流沟通、分享能力 | 6 | | | | |
| | | 遵守行业规范，现场 12S 管理 | 6 | | | | |
| | | 完成任务积极主动 | 6 | | | | |
| 2 | 专业能力 60 分 | 销售顾问着装得体、礼仪规范 | 12 | | | | |
| | | 交车环境布置符合要求 | 12 | | | | |
| | | 与客户电话沟通话术规范、流程完整 | 12 | | | | |
| | | 能够规范完成车辆准备工作 | 12 | | | | |
| | | 能够准确完整地进行资料准备 | 12 | | | | |
| 3 | 创新意识 10 分 | 创新性思维和行动 | 10 | | | | |
| | | 合计 | 100 | | | | |
| | | 综合得分 | | | | | |

## 巩固练习

### 一、判断题

1. 对于市场畅销车型，销售顾问在交车前不必跟客户做沟通。（  ）
2. 新车进行 PDI 检查后，要确保交给客户的车辆性能优异，但是客户加装的选装件不在检查范围之内。（  ）
3. 在交车过程中，客户需要提供订单、收据、身份证等，如果未带齐资料就无法提车。（  ）
4. 交车前环境准备很重要，销售顾问要保证交车区的明亮整洁和清新，并邀请销售经理参加交车仪式。（  ）
5. 交车前如果发现客户所提车辆变速箱有问题，应该立即拆开检修，不用通知客户。（  ）

### 二、多项选择题

1. 交车前的准备工作包括（  ）。
　A. 人员准备　　　　B. 车辆准备　　　　C. 资料准备　　　　D. 环境布置
2. 交车前，销售顾问需要和客户沟通以下内容（  ）。
　A. 交车日期　　　　　　　　　　　B. 客户需要携带的资料和证件
　C. 客户付款方式　　　　　　　　　D. 交车所需的时间
3. 下列（  ）是车辆 PDI 检查的内容。
　A. 车辆外观/漆面检查　　　　　　B. 室内灯光检查
　C. 发动机液位检查　　　　　　　　D. 底盘传动轴检查
4. 销售顾问在交车前需要准备的资料有（  ）。
　A. 商业合同　　　B. 交车确认表　　　C. 费用清单　　　D. 车钥匙
5. 关于交车，以下说法正确的是（  ）。
　A. 交车日期应该提前三天告知客户，如有变动再调整
　B. 交车仪式是很重要的，4S 店必须给客户准备红包等礼品
　C. 为了交车更快捷，销售顾问可以在客户到店前代为填写相关表格
　D. 展厅对销售顾问的交车流程并无强制要求

## 知识拓展

### 客户对交车的感受

#### 一、客户衡量成功交车的标准

（1）在承诺的时间内交车。
（2）确保车辆内、外的清洁。
（3）确保车辆的所有装置均处于正常工作状态。
（4）交车时，油箱内加适量燃油。
（5）向客户详细说明车辆的性能以及各控制装置的操作方法。
（6）向客户详细说明车辆的保修期及维护保养周期。
（7）确保客户知晓如何在经销店进行车辆的维修，将客户介绍给维修部门的人员，并

确定首次维护保养预约。

（8）在一个合理的时间段内，完成全部交车过程。

## 二、客户在交车环节容易引起的抱怨

（1）交车仪式流于形式/简单/无仪式。

（2）交车仪式照片没有给客户。

（3）洗车不干净/未提供洗车。

（4）承诺的赠品未兑现/不主动兑现。

（5）赠品质量差。

（6）未按照承诺交车时间交车。

（7）赠品加装时间久/技术差。

（8）等车期间没有电话沟通。

（9）交付车辆油量过少/未提醒加油。

（10）新车功能介绍没有/不足。

（11）手续办理时间长/流程不合理。

（12）新车质量问题应对能力差，解决不及时。

（13）无新车质检环节/质检过程不透明。

（14）没有售后服务提醒。

（15）交车文件准备不充分。

## 任务 5.2　新车递交

### 任务导入

张先生兴致勃勃来到一汽大众锦华 4S 店，他今天要把新订购的迈腾 330TSI DSG 提走，作为他的销售顾问刘明，应该怎样做才能实现完美交车呢？

### 学习目标

（1）能够讲解交车流程。
（2）能够规范进行交车预约。
（3）能够开展新车递交的接待工作。
（4）能够熟练进行新车交付仪式，提升客户满意度。
（5）具有为客户着想的高度服务意识，养成严谨细致的工作作风，提升职业素养。
（6）培养团队协作精神，具备良好的职业礼仪规范。
（7）树立"立志做有理想、敢担当、能吃苦、肯奋斗的新时代好青年"的理想抱负。

### 任务分析

交车过程是客户最兴奋的时刻，也应该是销售顾问比较高兴的时刻，在这个时刻每个环节都要迎合客户的这种喜悦的心情，并在交车的过程中详细说明车辆使用的注意事项以及售后服务的内容，办理车辆的交接手续。

### 知识链接

### 5.2.1　交车流程

#### 一、接待客户

客户到达时，销售顾问首先要按约定时间提前到门口迎接；态度要热情，并恭喜客户购买了心仪的车辆，同时感谢客户对自己的信任。然后，销售顾问引导客户到洽谈区就座，并提供饮品等，再次说明交车的流程、内容及所需时间。最后，销售顾问向客户介绍需要确认和签字的内容，并告知客户可以在交车过程中随时提问和指出不足。

#### 二、费用的说明和单证的确认

**1. 购车费用明细**

销售顾问应根据新车订购单上所填写的内容，再次向客户说明各项购车费用，与客户一一核对，并提供有关凭证和票据，确定最终金额。双方核对无误后，由销售顾问领客户到财务部办理交款手续，并由财务部开具发票。

## 2. 财务收款

在财务部门付款时，财务人员应该起立微笑向客户致意，并给予口头祝贺。财务人员要主动询问客户付款方式，如果是现金支付，则应该在点清现金后报数与客户核对；如果是刷银行卡则应与客户核对数据，再确认付款。

## 3. 凭证票据交接

在钱款数目正确的情况下，财务部向客户开具有关票据，并就票据与客户进行核对，清点无误后一起交给客户。此外，财务部门还要开具随车物料领取通知单。销售顾问安排客户到休息区休息后，凭随车物料通知单到仓库领取随车物料，一般有合格证、产品使用说明书、保修手册等资料。销售顾问要将上述资料交于客户并向客户解释各种单据、手册的用途，在清点核对后，请客户签字确认收到的证件和书面文件，同时提醒客户分类保管好各种单据、手册以备日后使用。交车资料袋内项目表见表5-3。

表 5-3　交车资料袋内项目表

| 项目 | 有 | 无 |
| --- | --- | --- |
| 购车发票 |  |  |
| 购置税凭证 |  |  |
| 发车单 |  |  |
| 保养手册 |  |  |
| 合格证 |  |  |
| 购车合同 |  |  |
| 使用说明书 |  |  |

## 三、参观维修部门

### 1. 引荐服务顾问

为了向客户证实买车后可以提供的售后服务，同时为了展示经销店的维修实力，可以带客户参观维修车间，向客户介绍维修部门的负责人和维修设备。因为客户买了车后，是肯定要和维修部门打交道的，通过对售后服务部门的介绍能增强客户对经销店的信心，一旦他有朋友买车，就会想到这家经销店。与此同时，销售顾问要给客户介绍一名服务顾问认识，当新车出现状况时，客户不至于手足无措，可以及时找服务顾问沟通，提升客户对经销店服务的满意度。

### 2. 介绍服务流程

服务顾问除了向客户递交名片以外，还应将4S店的售后服务流程和售后服务关键岗位的工作职责介绍给客户，引导客户阅读公示墙上的政策和宣传文件。服务顾问要告知客户，以后他到维修站享受维修服务时会经历哪些流程和环节，应该携带什么文件资料及其他注意事项，并且详细解释维修保养手册的使用方法，使客户熟悉汽车保养方面的有关内容，为客户车辆的后期服务提供方便。服务顾问拿出服务手册，向客户讲解新车的有关保养说明及日常用车出车前的常规检查事项。服务顾问还应对保修期限和保修项目进行重点说明。很多客户认为在保修期内，车辆有任何的问题都是属于保修的范围，这是不对的，如果在交车的时候不说清楚,在今后的使用过程中买卖双方容易产生矛盾,引起不必要的争端。例如,车辆的玻璃、刮水片、灯泡、轮胎在使用过程中正常损耗是不属于保修范围的,如果不说明,很多客户就不知道,一旦说过了,客户就容易理解,特别要向客户说明强制保养的规定以及重要性。有些客户就是没有按厂家的规定进行强制保养,最后不能享受厂家的免费保修,给自己带来很大的损失。另外,服务顾问还应向客户介绍特约维修站的热线电话、厂家的24小时服务电话、厂家的客户投诉电话。服务顾问可根据客户状态介绍公司汽车俱乐部的相关业务,如代办上户、代办手续、定期活动、车辆保养优惠活动等,为客户提供便利,也可根据客户需要介绍车辆保险、车辆转换等业务。

### 3. 交车说明

1) 车辆验收

销售顾问陪同客户对车辆进行检查和验收,验收的内容主要包括以下五个方面。

(1) 确认车辆外观和性能完好。

(2) 客户确认车辆的型号、规格、颜色与所订车型是否一致。

(3) 请客户确认座椅皮(布)面是否完好、清洁。

(4) 请客户确认新车公里数(如果是纯电动汽车,公里数在几十公里以内都是正常),以及油箱里是否有不少于1/4的燃油。

(5) 请客户确认行李舱的工具齐全,包括充电线(新能源汽车)、备胎、随车工具等。

(6) 如果客户在店内进行了精品加装,销售顾问要让客户对精品加装项目进行确认,并检查安装的质量。

2) 实车操作说明

在客户对车辆进行确认之后,销售顾问应针对车辆的操作进行详细的说明,包括车内各种设施的使用、各种操控键的作用和使用方法、工具的使用等,销售顾问可以利用《使用说明书》向客户介绍新车的使用知识。

3) 安全注意事项的说明

销售顾问要向客户说明车辆的安全配置以及使用的规范和要求,告知在行车过程中的安全注意事项。例如,如何正确使用安全带,儿童锁的使用方法,以及不要将可乐罐和矿泉水瓶放在驾驶员座椅下面,否则一旦滚到制动踏板下面去,将会产生严重的安全事故等。如果是新能源汽车,还要注意提醒客户车辆充电的注意事项,例如尽量避免使用拖线板、避免充电线缆在阳光下暴晒等。

4) 磨合期注意事项的说明

磨合期的使用对一辆车的性能起到至关重要的作用,因此,销售顾问在交车的过程中,要向客户说明磨合期应注意的关键点。例如,磨合期要控制车速,发动机的转速尽量控制在3 000 r以内,避免急加速和紧急制动,以及在不平坦的道路上行驶等,同时要告诉客户磨合期保养的时间和相关的费用(不同的车型会有较大的差别)等。

5) 售后服务和满意度调查的说明

在车辆销售之后,公司会为客户提供全方位的售后服务,因此,售后服务部门会定期与客户进行联系,了解客户的使用情况,并及时提醒客户进行车辆保养。有一些厂家和经销商还会对客户进行满意度调查,这些工作都需要客户耐心的配合,因此在交车时就应向客户说明,希望客户能够给予支持和配合。

## 案例

### 新车交车确认表

尊敬的客户：

  为了确保您的新车在交车时处于完好的状态，我们对您的新车已经进行了全面的检查。此外，销售顾问已向您介绍了新车的操作方法及车辆的保修政策和服务的范围等。以下是我们的新车交车确认表，请您与销售顾问共同完成。我们衷心地希望您对我们的产品及服务满意，并祝您一切顺利。

| 客　户 |  | 电　话 |  |
|---|---|---|---|
| 车　型 |  | 颜色/内饰 |  |
| 车架号 |  | 发动机号 |  |

交车检查内容（符合要求则打"√"）

| 车身外观检查 | 车身内部检查 |
|---|---|
| □车辆外观漆面正常无重整及凹痕，各部位颜色都正常８１３０８４３２<br>□车辆玻璃无划痕及污渍<br>□车辆轮胎、轮毂无划痕及污渍<br>□车身灯光变化正常，外观无裂痕<br>□刮水器工作正常，无异响 | □车辆内饰及仪表板颜色正常、无明显凹痕及污渍<br>□座椅平整无明显破损及污渍<br>□车厢内原厂脚垫已放置<br>□确认电动装置能正常工作（车门、车窗、天窗等）<br>□安全带完好，无明显破损及污渍 |

车辆操作

| □门窗开关及上锁的方法（车门儿童安全锁等）<br>□驾驶位置的调整方法（座椅、转向盘）<br>□外后视镜和内后视镜的调整方法<br>□组合开关的操作方法（前照灯、雾灯、转向灯、紧急指示灯等）<br>□仪表盘及各项指示灯说明<br>□DVD 语音电子导航系统说明及演示<br>□空调系统操作说明<br>□音响系统操作说明<br>□轮胎/轮毂外观/胎压符合标准（含备胎）<br>□确认随车附件和工具（工具、千斤顶、点烟器、烟灰缸）<br>□4/1 □3/1 □2/1 □满箱/□亮灯（确定燃油量） | 备注： |

资料交接：

□用户手册
□保修手册
□导航使用手册
□车辆关单原件、商检单原件

□车钥匙/遥控器＿＿＿＿把　　备用＿＿＿＿＿＿
□其他＿＿＿＿＿

| 销售及服务部门介绍： | | | |
|---|---|---|---|
| □销售顾问已介绍了服务部相关人员。<br>□已解释了保修政策及服务指南。<br>□介绍车辆各种操作及性能。<br>□约定首次保养日期：＿＿＿＿＿＿＿＿<br>□介绍 24 小时救援电话：＿＿＿＿＿＿＿ | | | |
| 销售顾问： | 服务顾问： | 销售经理： | 以上确认无误后，请客户签字确认：<br><br><br>日期： |

#### 四、新车交付仪式

交车仪式力求简短、隆重、热烈，通过交车仪式让客户拥有一段难忘的经历，留下深刻的印象。举行交车仪式应该注意以下几点：

##### 1. 突出客户尊贵感

公司领导参与交车仪式，到场向客户表示祝贺和感谢，并赠送鲜花和礼物，会让客户感受到尊贵感，能够使交车仪式的效果更好，也使用户的心理得到最大限度的满足，从而使客户从满意转变为感动，提高客户对经销店的忠诚度。

##### 2. 合影留念

为客户拍摄照片，一共拍两张照片，一张由客户与新车单独合影，另一张由客户、销售顾问、服务顾问和销售经理一起合影。所拍照片每张冲印两份，在客户离店后 3 天内邮寄给客户留念，另一份张贴在新车交付区墙壁上以做宣传。有条件的可以鸣放礼炮或播放事先准备的背景音乐，营造一个热烈、温馨的气氛。

交车仪式一方面是为了提高客户的满意度，另一方面也是通过这样一种方式来影响在经销店看车或修车的客户，让他们感受到作为我们的客户所受到的礼遇和尊重，那么，当他们再次购车以及亲属、朋友购车时，他们就会想到本店。可以说，交车仪式是非常有效地提高客户满意度的方式。

### 5.2.2　交车话术

交车过程中，销售顾问和服务人员高效、专业的服务，不仅需要细致周到的服务内容，而且还需要有效的沟通话术，这样才能让客户有完美的交车体验，提升客户满意度，以创造更好的口碑。

#### 一、电话邀约话术

××先生/女士：恭喜您！您的爱车现在已经到店了，您看您什么时间方便过来提车？提车时请您带好身份证（暂住证）；交款方式有两种：现金或刷卡，刷卡第一张卡免费，其余每张卡收费50元。交车大概需要60 min，主要分三大部分：首先是验收车辆，其次是交接文件资料，最后是试车加油。您看这样安排可以吧？您的车我已经帮您检验完了。明天您几个人来提车？我可以帮您预留车位。

## 二、车辆验收话术

验收车辆时，销售顾问要带上验车表和说明书、毛巾等物品。车辆验收的常用话术如下：

××先生/女士：您好！恭喜您成为我们的××车主！今天我将用60 min的时间来为您交车，现在我们来验收车辆。

### 1. 钥匙

××先生/女士，随车钥匙有两把。一把是主钥匙，一把是副钥匙。主钥匙上带有遥控而副钥匙没有（根据各车型钥匙的不同特点着重介绍其开门、关门、开尾箱、防盗等功能）。

### 2. 外表

××先生/女士，您的爱车我们已经为您清洁干净，同时需加装的精品也已经为您加装好，请您验收。

### 3. 发动机舱

（1）××先生/女士，车辆发动机舱的开关就是驾驶员座位边，您平时只需检查一下发动机舱内的五油两水（机油、方向机油、变速箱油、制动油、冷却液、玻璃水），油尺需拔出擦干净后再放回原处，检查液面是否处于MAX与MIN之间，是否为正常状态；您看，这是车驾号，这个位置是发动机号。

（2）××先生/女士，您加玻璃水时一定要用防冻专用玻璃清洗剂，切勿使用清水，否则会产生堵塞现象。

（3）××先生/女士，（开启发动机）现在发动机的运行您可以听一下是否很顺畅，无任何的杂声与异响。

（4）××先生/女士，这边提醒一下您，每天使用车前对发动机进行预热，大概5 min，待机油流入各缸体后再开车会好很多（这还要根据不同的环境与气候而定）。

### 4. 行李舱

××先生/女士：这辆车的行李舱开启方式有三种，分别是钥匙直接开启、钥匙遥控开启、车内遥控开启。行李舱的容量有××L，内有随车工具、三角指示牌、备胎，车内带有备胎使用光盘。后座这边是4/6分离的，一直连通车内和尾箱很方便的。那下面我再给您演示一下怎样更换……

### 5. 电器部分

现在带您看一下所有的电器开关如何操作：

（1）灯光的开关在这里（手指向开关处），您可以实操一下小灯、大灯、远光灯、近光灯、前雾灯、后雾灯、倒车灯、制动灯、转向灯，感觉怎样，灯光效果还可以吧？

（2）电动门窗的开关及电动后视镜的调节器在这儿，您可以操作一下（部分车型门窗有防夹功能），接下来再看一下一触式的天窗，这样操作起来是不是感觉很顺畅啊？还有里面的顶灯、阅读灯，您都可以操作一下。

（3）接下来我再给您介绍一下仪表板里各项指示灯所代表的意思（根据不同车型进行介绍）。

（4）您知道对以上的灯光与各项开关怎样操作了吧？现在再向您介绍一下音响和空调部分，音响的开关、音频调节、声音调节与音质的调节您可以先实际操作一下（一边介绍一边操作给客户看）。空调部分：制冷开关、内外循环、除雾按钮以及温度调节、风力调节、出风方式（恒温空调再说一下手动和自动之间的转换和区别）。如果记得不太清的话，则可参考一下简易操作手册。

### 6. 内饰

××先生/女士，您再看一下车的内饰，其中包括车内装饰条、中控台的面板以及车顶、地毯有没有划花或损坏，支架、储物盒、座椅、安全带及仪表部分是否完整无损。

## 三、验收手续办理

### 1. 请客户试驾验收

××先生/女士，我再带您试开一下您的爱车，再熟悉一下各项操作。

### 2. 交车单验收签字

××先生/女士，您还有什么疑问吗？如果没有，请您在交车检验单上签字确认，谢谢！

## 四、交接文件资料

### 1. 交接文件资料

××先生/女士，这是您的三联发票、合格证、交税单以及您的身份证，这是上牌必需的手续，我给您放在档案袋里了，上面还有我的名片，需要咨询时随时给我打电话。

### 2. 说明书

××先生/女士，我们先看看这本说明书的目录部分吧，这本书里面画黄线的告诫部分要记住，我们拿着说明书对照车来讲讲吧，刚才我们已经看过了车辆简易操作手册，现在来和您一起实操一下，在这个过程中，您有疑问可以提出来，先看看座椅和乘员保护系统（安全带、安全气囊等）、仪表的组合和按键的控制（指示灯、警告灯等），驾驶车辆应注意的一些事项、一些小窍门等，温度控制和音响系统（空调、CD系统等），着重看看紧急情况这一章（怎样更换瘪胎、牵引车辆、怎样摆脱陷车状况等），更重要的是车辆的维修和保养方面（车辆保养的内容、一些注意事项等），这个与您以后的用车生涯息息相关，这本说明书就先浏览到这里了，如果您还有什么要了解的话，可以致电800-×××××××咨询。

### 3. 保修手册

××先生/女士，之前和您简单说过车辆保修的相关内容，那现在我们来对照车辆保修手册再了解一下，我们这款车是有2年或者60 000 km的保修期限，是以先到为准的，不过在这个保修期限内有一些易损件是不属于保修范围的，例如轮胎、制动片、刮水片、灯泡等。除了这些外，其他属于在正常使用情况下出现故障的，我们能够提供免费检测甚至更换的服务。再来看看您的爱车是可以享受一次免费保养服务的，第一次保养的时间是在3个月内或3 000 km，保养的内容包括更换机油、机油格……需要花1~2 h的时间；第二次保养的时间是在6个月或8 000 km，以后每隔5 000 km保养一次。这里是保养内容的记录，最后面还有我们全国各地 4S 店的地址和电话,在您出差或旅游的过程中可以为您和您的家人提供很大的方便,若您的爱车在行驶的过程中遇到什么疑难问题,也可以拨打我们公司 24 小时免费服务热线 800-×××××××咨询。您看在车辆保修这方面还有什么疑问吗?

**4. 简易操作手册**

××先生/女士,这本是简易操作手册,与说明书比起来更简单易懂,查找起来更方便。它分为两大部分:一部分是简易操作,另一部分是使用小窍门。刚才我们已经在车上实际操作了一遍,但为了更方便您今后的使用,我有针对性地再为您讲解一下仪表板内的安全提示灯光,简易操作手册中也是以图文并茂的形式表示的,所以建议您随车携带。在使用小窍门中有省油、安全行驶、及时保养等全方位的介绍,您都可以多了解一些,也可以在参加我们公司每月举办一次的新车主知识讲座时详细了解到。

车辆行驶中的注意事项(为了保障行驶的安全性,请您在行驶中注意以下内容):

(1)新车在 1 000 km 内属磨合期,磨合期内注意控制车速在 80 km/h 以下,避免长期高速或低速行驶,转数不要超过 3 000 r,切忌急加速、急制动。

(2)行驶中遇紧急制动 ABS 会介入,此时转向盘及制动踏板会抖动,属于正常现象,请不必担心,放心使用。

(3)使用车辆前应先检查车况,如遇行驶中轮胎破裂,切勿急制动,应尽最大努力控制好方向,慢慢靠边,并启动危险信号灯。

**5. 介绍售后**

××先生/女士,接下来我带您去看一下我们的售后,这边是我们的业务接待大厅,您看看这里有关于车辆的保修期限和范围的说明,还有本公司统一的配件价格和工时费用表,三楼是我们的客户休息区,可以打台球、乒乓球、看电视、看报纸、饮茶等,在您维修保养的等待期间,可以更轻松愉快地渡过。我再给您介绍一下我们的服务顾问吧,(这位是××先生/女士)他、她可以跟进您以后车辆的维修保养过程,让您在以后的用车过程中更放心、更安全。来这边再看看我们的维修车间,以后您的爱车就在这里进行维修保养了。您看看您对售后还有什么需要了解的?如果没有的话,我们再来交接一下有关车辆的一些资料吧。

**6. 经理出面祝贺**

××先生/女士,您好!我是本展厅的经理××,这是我的名片,非常感谢××先生/女士对我们工作的支持与信赖,我们将一如既往地为您服务!在此我很荣幸代表××公司的全体同仁向××先生/女士致以最衷心的祝贺,祝您用车愉快!

## 任务实施

| |
|---|
| 一、任务场景<br>　　校内实训室。 |
| 二、任务要求<br>　　1. 演练任务:交车的流程。<br>　　2. 演练目的:掌握交车的流程和行为规范。<br>　　3. 演练内容:张先生来到 4S 店,他今天要把新车提走,作为他的销售顾问刘明,应该怎样做才能实现完美交车呢? |

## 三、任务分组

在这个任务中，采用分组实施方式进行，4~8人为一组，学生自荐或推荐的方式选出组长，负责本团队的组织协调工作，带头示范、督促、帮助其他组员完成相应工作。

## 四、任务步骤

1. 画出新车交付流程图。

2. 简述交车提及的售后服务，应和客户交代哪些内容。

3. 以实训室现有车辆为例，写出以下车辆功能操作讲解话术。
（1）天窗开启/关闭。

（2）手机蓝牙连接。

（3）空调控制。

4. 请同学分别扮演客户和销售顾问，演示交车服务流程。

五、任务反思

1. 学到的新知识点有哪些？

2. 掌握的新技能点有哪些？

3. 你对自己在本次任务中的表现是否满意？写出课后反思。

4. 搜索"坐在奔驰车引擎盖的女车主"维权事件，谈谈你对"诚信经营"的看法。

## 任务评价

各组介绍任务完成情况，展示任务成果，进行学生自评、学生互评和教师评价。在上述任务中，对扮演"销售顾问"的学生按照评分表5-4进行评价。

表5-4 销售顾问（新车递交）表现评分表

| 序号 | 评价项目 | 评价指标 | 分值 | 自评（30%） | 互评（30%） | 师评（40%） | 合计 |
|---|---|---|---|---|---|---|---|
| 1 | 职业素养 30分 | 分工合理，制订计划能力强，严谨认真 | 6 | | | | |
| | | 爱岗敬业、责任意识、服从意识 | 6 | | | | |
| | | 团队合作、交流沟通、分享能力 | 6 | | | | |
| | | 遵守行业规范，现场12S管理 | 6 | | | | |
| | | 完成任务积极主动 | 6 | | | | |
| 2 | 专业能力 60分 | 销售顾问着装得体、礼仪规范 | 12 | | | | |
| | | 交车流程完整 | 12 | | | | |
| | | 交车话术运用恰当 | 12 | | | | |
| | | 文件交接准确无误 | 12 | | | | |
| | | 结合客户实际情况，进行交车说明 | 12 | | | | |

续表

| 序号 | 评价项目 | 评价指标 | 分值 | 自评（30%） | 互评（30%） | 师评（40%） | 合计 |
|---|---|---|---|---|---|---|---|
| 3 | 创新意识10分 | 创新性思维和行动 | 10 | | | | |
| | | 合计 | 100 | | | | |
| | | 综合得分 | | | | | |

## 巩固练习

### 一、判断题

1. 交车时销售顾问只需要口头说明，不需要使用相关资料。（  ）
2. 交车时销售顾问不需要再讲解车辆的使用操作注意事项了。（  ）
3. 交车时，销售顾问要陪同客户对车辆进行检查和验收，与客户共同确认所交车辆的型号、规格、颜色与所订车型是否一致。（  ）
4. 如果销售顾问在交车前已与客户进行了沟通，那么交车当天就不必再向客户说明交车的流程、内容及所需时间。（  ）
5. 交车当天，销售顾问要给客户介绍一名服务顾问认识，当新车出现状况时，客户不至于手足无措，可以及时找服务顾问沟通，提升客户对经销店服务的满意度。（  ）

### 二、单项选择题

1. 销售顾问要提前为客户新车加注汽油，汽油箱内至少有（  ）箱汽油，从而保证客户新车能开到最近的加油站，进一步提升客户的满意度。
   A. 1　　　　　　B. 1/2　　　　　　C. 1/3　　　　　　D. 1/4
2. 交车时，销售顾问小张告诉客户王先生不要将可乐罐或者矿泉水瓶放在驾驶员座椅下面，一旦它们滚到制动踏板下面，将会产生严重的安全事故等。此时小张是在进行（  ）。
   A. 实车操作说明　　　　　　B. 磨合期注意事项的说明
   C. 安全注意事项的说明　　　D. 售后服务内容的说明
3. 新车在（  ）km 内属磨合期，磨合期内注意控制车速在 80 km/h 以下，避免长期高速或低速行驶；转数不要超过 3 000 r，切忌急加速、急制动。
   A. 1 000　　　　B. 1 500　　　　C. 2 000　　　　D. 2 500
4. 交车仪式中必须参加的人员有（  ）。
   A. 公司总经理　　　　　　B. 销售经理及展厅经理
   C. 精品经理　　　　　　　D. 财务经理
5. 在交车过程中，以下说法正确的是（  ）。
   A. 交车过程应尽可能简短
   B. 交车过程中，销售顾问可以忽略客户的问题
   C. 讲解车辆功能时应尽量生动易懂，便于客户理解
   D. 展厅对销售顾问的交车流程并无强制要求

## 知识拓展

### 一汽大众新车交付行为规范

| 序号 | 对应环节 | 工作项目 | 行为规范 |
|---|---|---|---|
| 1 | 交车准备 | 车辆准备 | （1）提前制订交车计划，含客户姓名和交车日期；<br>（2）参照订单/合同进行车辆确认，确认事项为车辆颜色、车辆内饰、车辆配置、底盘号、发动机号、精品附件（如有）等；<br>（3）协调售后服务部对车辆进行 PDI 检测，确保车辆各项功能正常；<br>（4）检查车辆随车工具的完整性；<br>（5）若有精品附件，且客户选择交车后进行安装，则需与客户确认安装时间并预约售后服务安装时间；<br>（6）提前协调车辆清洗，确保车辆外观干净完好无伤痕，内部干净整洁，清洗程度参考试乘试驾车标准；<br>（7）重点检查车窗、后视镜、烟灰缸、备用轮胎和工具、设定时钟；<br>（8）预定交车位，并保证交车位整洁；<br>（9）为客户车辆加油，确保客户能将车开至就近的加油站；<br>（10）确认有可用的交车区域供交车使用，交车相关物品齐备；<br>（11）将车辆停放到交车区，特殊天气停放在交车间，确保客户可以从各个方向打开车门，方便客户绕车检查，确保"车等人" |
| | | 资料准备 | 检查车辆随车文件的完整性 |
| | | 部门沟通 | 协调相关部门人员参与交车仪式 |
| | | 客户提醒 | 交车当天对客户进行微信/短信提醒 |
| 2 | 交车流程介绍 | 客户接待 | （1）客户到达后，销售顾问在展厅门口恭迎客户，热情欢迎客户到达，向客户表示祝贺，并照顾随行人员；<br>（2）引导客户到休息区，主动提供饮品；<br>（3）交车人员在交车期间不能接待其他本店客户 |
| | | 交车流程介绍 | （1）向客户介绍交车流程及所需时间，使客户掌握交车流程动态及时间；<br>（2）为减少客户由于不了解交车细节，在等待期间产生的抱怨，经销商应准备纸质的交车事项告知书并提供给客户，配合销售顾问/在线销售顾问的说明，减少客户抱怨，提高满意度<br><br>**交车事项告知书** （示例）<br>尊敬的××经销商车主，您好！感谢您选择在本店购车，为保证本店能为您提供更优质的服务，现将交车流程与注意事项向您说明（各项目的顺序视实际情况可做相应调整）<br><br>\| 序号 \| 项目 \| 详细内容 \| 预测时间 \|<br>\| --- \| --- \| --- \| --- \|<br>\| 1 \| 陪同验车 \| 检查外观油漆、车辆附件等 \| 10分钟 \|<br>\| 2 \| 付款开票 \| 完成付款、开票等手续，以及费用讲解 \| 10分钟 \|<br>\| 3 \| 保险受理 \| 为本地客户和外地客户分别办理保险 \| 60分钟 \|<br>\| 4 \| 售后介绍 \| 引领参观售后区域，介绍售后服务流程并引荐服务顾问 \| 10分钟 \|<br>\| 5 \| 车辆介绍 \| 介绍车辆功能与使用注意事项 \| 45分钟 \|<br>\| 6 \| 交车仪式 \| 赠送礼品，讲解交车包并合影留念 \| 10分钟 \| |

续表

| 序号 | 对应环节 | 工作项目 | 行为规范 |
|---|---|---|---|
| 3 | 车辆验收 | 说明PDI检查情况 | （1）告知客户已按照"PDI检查卡"对车辆提前做好车辆检查，并向客户说明提前进行PDI检查的目的是确保新车具备交车条件；<br>（2）按照"PDI检查卡"向客户解释相关检测项目及结果，最后请客户签字确认；<br>（3）如客户需要重新检测，可依据客户要求进行相关项目的检测 |
| 3 | 车辆验收 | 环车检查 | （1）引领客户到新车停放处，利用"新车交车确认单"和客户进行环车检查，查验内容：外观、发动机、内饰、随车工具、车辆配置等，说明相关内容，获得客户确认；<br>（2）协助客户确认所订购的精品和附件；<br>（3）告知客户车辆已加油 |
| 4 | 手续办理 | 付款明细讲解 | 针对还有余款需缴纳的客户，利用"商品车销售合同"向客户详细说明费用的构成及明细，并请客户确认应付金额 |
| 4 | 手续办理 | 付款手续签署 | （1）详细讲解付款手续，确保客户清晰了解；<br>（2）如为贷款客户，则金融部门提供贷款说明；<br>（3）若为置换客户，完成二手车所有权过户及保险过户；<br>（4）签署付款文件（如"商品车销售合同"、精品附件付款单等，签署后放入交车文件袋）；<br>（5）与客户确认最终付款方式，询问客户是否可以付款；<br>（6）引领客户到收银处进行付款 |
| 5 | 资料移交及新车讲解 | 资料移交 | （1）车辆合格证、发票、车辆钥匙及条码、纳税申报表、保险手续等，当面核对并要求保管好；<br>（2）移交随车资料，包括"保养手册""服务网通讯录""首次免费保养凭证""售前检查证明""安全使用说明""三包凭证"（仅向家用汽车用户提供，非家用汽车用户不提供，必须将"三包凭证"从随车文件中取出）；<br>（3）向客户介绍有关三包条款，并告知只有家用汽车享受三包服务，介绍保修期和三包有效期的内容；<br>（4）向客户介绍应当使用一汽大众认可的备件，4S店是提供原装备件的唯一渠道；<br>（5）向客户介绍"服务网通讯录"，告知均为一汽大众授权服务网点，都能提供专业的服务；<br>（6）将使用频率比较高的随车文件（如"用户手册"）、购车合同、零售发票、增值业务合同、车辆合格证、新车交车确认单、使用维护说明书、保养和保修手册、其他单据装在带有一汽大众Logo的专用文件夹里交给客户 |
| 5 | 资料移交及新车讲解 | 新车讲解 | （1）为客户详细讲解车辆各项配置功能的使用方法，讲解顺序为：以客户兴趣及需求为重点，从外及内，从上到下，从整体到细节；<br>（2）为客户演示娱乐信息系统的使用并保存收音机频道；<br>（3）提醒客户阅读"安全使用说明"中的安全注意事项，按使用说明书的要求进行使用和维护保养；<br>（4）讲解过程中，邀请客户亲自动手操作车辆的配置和功能；<br>（5）车辆功能讲解结束后，询问客户是否还有其他疑问并解答；<br>（6）确认客户对车辆功能清晰了解；<br>（7）如果客户有需求，可预约时间和地点，为客户进行"二次交车"说明 |

续表

| 序号 | 对应环节 | 工作项目 | 行为规范 |
|---|---|---|---|
| 6 | 介绍维修保养事宜 | 方案一（销售顾问独立完成） | （1）介绍维修保养常识及周期，重点为客户说明车辆保养、保修内容和范围（保修期和保修项目等重要事项），介绍车辆检测和日常维护的重要性；<br>（2）介绍预约维修保养流程，以及预约对于客户的利益与预约的注意事项；<br>（3）介绍质量担保规定，告知客户最新DSG变速箱质量担保政策；<br>（4）介绍24 h的救援热线，可邀请客户当场在手机中输入经销商救援电话；<br>（5）为客户建立起有效的微信沟通渠道：针对每个成交的客户建立专属的微信群（该工作也可由客户顾问完成），群成员可包括服务顾问、销售顾问、客户顾问、二手车人员或续保人员等，让客户感受到成交以后一如既往地得到重视；或邀请客户扫码关注相关微信号，在客户车辆使用遇到问题时可以提供解答 |
| 6 | 介绍维修保养事宜 | 方案二 | （1）销售顾问参照方案一的第（1）~（4）项；<br>（2）销售顾问呈递服务顾问名片或为客户提供带有公司售后服务联系方式的名片 |
| 6 | 介绍维修保养事宜 | 方案三 | （1）销售顾问向客户引荐服务顾问；<br>（2）服务顾问呈递名片并自我介绍，祝贺客户购得爱车，并参照方案一的第（1）~（4）项 |
| 7 | 交车仪式 | 交车仪式 | （1）交车间播放喜庆或欢快的音乐；<br>（2）向客户介绍参加交车仪式的人员；<br>（3）参加人员与客户合影留念，并将电子照片通过微信/邮件在3天内发送给客户（如之前没有获取客户微信，可以在此处再次邀请添加客户微信） |
| 7 | 交车仪式 | 交车方案补充 | 若客户没有预留足够的交车时间，完成交车手续和简要介绍后，后续可通过微信等渠道提供车辆使用支持 |
| 7 | 交车仪式 | 品牌俱乐部邀请 | 向客户介绍一汽大众品牌俱乐部相关政策，现场邀请客户注册成为会员并说明好处，引导客户完善个人信息和车辆信息 |
| 8 | 满意度调研 | 客户顾问执行调研 | （1）交车仪式后，邀请客户进行满意度调查，若发现客户不满，现场及时应对，了解原因，积极提供解决方案；<br>（2）向客户说明一汽大众满意度调研项目，告知客户接下来的回访是为更好地了解客户的用车感受 |
| 9 | 送别客户 | 送别 | （1）再次询问客户对车辆使用、交车过程、所付款项等内容是否还有疑问，获得客户确认；<br>（2）针对数字化渠道客户，有意识地引导客户进行电商好评/论坛分享；<br>（3）提醒客户带齐物品并选择就近的加油站加油，提醒燃油标号，并示意加油站的位置，可以制作加油站路线卡提供给客户或利用客户手机导航软件进行指引；<br>（4）出席人员列队挥手送别客户，直至客户离开视线 |

# 项目 6  延伸服务

## 项目简介

目前,汽车销售市场竞争日趋激烈,汽车销售的利润逐渐降低,因此,经销商需要寻找除汽车销售以外新的利润增长点,而汽车延伸服务的开展,既能够提高汽车销售企业为客户提供的服务价值,使企业在获得利润增长的基础上提高竞争力,又能使企业拥有一定规模的忠实客户。因此,提供细致、全面、品质、人性化的附加服务成为企业赢得优势的一大法宝。

汽车销售涉及的延伸服务,是指在汽车经销中根据客户的需要开展的各种超出销售业务以外的服务,主要包括汽车保险、汽车信贷、二手车评估置换以及汽车美容与装饰等。

## 任务 6.1  汽车金融服务

### 任务导入

客户陈先生在 4S 店工作人员的介绍下,看中了店内的一款 SUV,但是发现自己的购车资金略有不足。作为 4S 店的工作人员,我们该如何推荐客户选择汽车消费贷款来支付部分购车款呢?汽车金融服务有哪些类别,又该如何办理呢?

### 学习目标

(1) 能正确讲述汽车消费信贷业务的定义和作用;
(2) 能区分银行贷款和金融公司贷款,并明确操作方式;
(3) 能正确使用"等额本金"或"等额本息"计算消费信贷的还款金额;
(4) 能够正确地向客户推介汽车信贷业务,并为客户提供必要的业务咨询;

（5）能够厘清汽车租赁的不同模式；

（6）能够根据客户需求正确选择租赁方式，并提供业务咨询；

（7）培养正确的消费观念，树立诚信经营的职业理念；

（8）强化责任意识和法律法规意识，坚持守正创新的工作态度和方法。

## 任务分析

汽车金融是指汽车销售及消费环节的金融服务，对于4S店和终端客户而言，最常见的汽车金融业务就是汽车消费信贷，也就是我们通常所说的贷款购车和按揭购车。汽车融资租赁也是汽车金融的一种典型模式。汽车金融服务可以刺激消费，让消费者提前享受到汽车或者让汽车消费升级。消费者也可以按照自身的个性化需求，来选择不同的车型和不同的支付方法。

## 知识链接

### 6.1.1 汽车消费信贷业务

#### 一、汽车消费信贷的定义

汽车消费信贷是指金融机构对汽车消费者个人发放的用于购买汽车或支付其他费用的贷款。

#### 二、汽车消费信贷的作用

开办汽车消费信贷业务是世界各国通行的一种做法，它不仅可以缓解汽车消费者的资金压力，而且为汽车生产企业提供了巨大的资金支持，加快了企业生产资金的流动。目前发达国家汽车消费信贷十分普及，对汽车工业起到了非常重要的作用。汽车工业是高投入高产出的企业，其发展水平是一个国家综合国力的体现，能够带动几十个相关行业的发展。因此，汽车消费信贷的发展对我国的汽车工业乃至国民经济的发展具有深远的意义。

对于消费者来说，汽车消费信贷的作用主要表现在以下几个方面。首先，汽车消费信贷是一种新的消费理念，它以预期的提前消费为特征；其次，汽车是一种有较高价值的消费品，占用资金很大，汽车消费信贷为消费者提供了良好的融资方式，减轻了消费者资金周转的负担；最后，提供消费信贷，扩大了汽车的消费群体，使更多的人具备了购买条件，从而起到刺激消费的作用。

#### 三、我国汽车消费信贷的类型

**1. 银行贷款**

1）汽车消费担保贷款的概念

汽车消费担保贷款是商业银行与汽车经销商向购买汽车的借款人发放的用于购买汽车的人民币担保贷款。担保贷款的操作过程是：由银行与汽车经销商向购车人一次性支付购车所需的资金，即提供担保贷款，并联合保险、公证机构为购车者提供保险和公证。借款人一旦无法按时偿还借款，由约定的第三方偿还贷款或用抵押、质押物品的处理收入偿还贷款。

2）贷款要素

（1）贷款对象。个人汽车贷款的对象应该是具有完全民事行为能力的中华人民共和国公民或符合国家有关规定的境外自然人。借款人申请个人汽车贷款，须具备贷款银行要求的下列条件：

①中华人民共和国公民，或在中华人民共和国境内连续居住 1 年以上（含 1 年）的外国人；

②具有有效身份证明、固定和详细住址且具有完全民事行为能力；

③具有稳定的合法收入或足够偿还贷款本息的个人合法资产；

④个人信用良好；

⑤能够支付贷款银行规定的首期付款；

⑥贷款银行要求的其他条件。

（2）贷款利率。个人汽车贷款利率按照中国人民银行规定的同期贷款利率规定执行，并允许贷款银行按照中国人民银行利率规定实行上下浮动。

（3）贷款期限。个人汽车贷款的贷款期限（含展期）不得超过 5 年，其中，二手车贷款的贷款期限（含展期）不得超过 3 年。

借款人应按合同约定的计划按时还款，如果确实无法按照计划偿还贷款，则可以申请展期。借款人须在贷款全部到期前 30 天提出展期申请，贷款银行须按照审批程序对借款人的申请进行审批。每笔贷款只可以展期一次，展期期限不得超过 1 年，展期之后全部贷款期限不得超过贷款银行规定的最长期限，同时对展期的贷款应重新落实担保。

（4）还款方式。个人汽车贷款的还款方式包括等额本息还款法、等额本金还款法、一次还本付息法、按月还息任意还本法等多种还款方式，具体方式根据各银行的规定来执行。

（5）担保方式。申请个人汽车贷款，借款人须提供一定的担保措施，包括质押、以贷款所购车辆作抵押、房地产抵押或第三方保证等，还可采取购买个人汽车贷款履约保证保险的方式。在实际操作中，各银行通常会根据具体情况对各种担保方式做出进一步的细化规定。

（6）贷款额度。所购车辆为自用的，贷款额度不得超过所购汽车价格的 80%；所购车辆为商用的，贷款额度不得超过所购汽车价格的 70%；所购车辆为二手车的，贷款额度不得超过借款人所购汽车价格的 50%。对于新车而言，汽车价格是指汽车实际成交价格与汽车生产商公布价格中的低者；对于二手车而言，是指汽车实际成交价格与贷款银行认可的评估价格中的低者。上述成交价格均不得含有各类附加税费及保费等。

3）还款方式

（1）等额本金。等额本金是指一种贷款的还款方式，是在还款期内把贷款数总额等分，每月偿还同等数额的本金和剩余贷款在该月所产生的利息，这样每月的还款本金额固定，而利息越来越少，借款人起初还款压力较大，但是随时间的推移每月还款数也越来越少。

等额本金还款计算公式：

每月还款金额＝(贷款总额/还款月数)＋(本金－已归还本金累计额)×月利率

（2）等额本息。等额本息还款方式是指在还款期内，每月偿还同等数额的贷款（包括本金和利息）。等额本息和等额本金是不一样的概念，虽然刚开始还款时每月还款额可能会低于等额本金还款方式的额度，但是最终所还利息会高于等额本金还款方式，该方式经常被银行使用。

等额本息还款计算公式：

每月还款额 = 贷款本金 × [月利率 × (1+月利率)$^{还款月数}$] / {[(1+月利率)$^{还款月数}$] − 1}

## 2. 汽车金融公司贷款

汽车金融公司是指经中国银行业保险监督管理委员会批准设立的，为中国境内的汽车购买者及消费者提供金融服务的非银行金融机构。伴随消费者收入的提高和鼓励汽车消费相关政策的出台，家用汽车正以超常规的速度进入大众家庭。与之相伴的是，购车贷款产品也不断推陈出新。就汽车贷款情况来看，在银行所提供的消费贷款产品中都可以提供购车贷款的服务，但汽车消费贷款所占据的市场份额始终不高。原因就在于汽车贷款的风险较高，不良贷款的比例远高于房贷业务。同时，汽车贷款相对标的金额低，银行需要投入的贷前、贷后成本却很高，这也使得很多商业银行对此业务不感兴趣，例如通用汽车金融公司这种较为优惠和方便的金融公司的出现，正好满足了市场的需要。一般来说，金融公司贷款形式相对比较灵活，针对性强，且所提供的贷款利率一般视汽车贷款的年限有所不同，还会根据购车人首付比例的情况对利率进行一定的浮动。

汽车金融公司贷款的优势在于更加专业和人性化，比如通用金融的智慧型贷款和大众金融的弹性贷款，消费者都可以将一部分贷款额（通常不超过25%）作为弹性尾款，在贷款期限的最后一个月一次性支付，而不计算到月付金额，这样就能使购车者的月供明显低于传统信贷的月供。合约到期时，消费者可以有多种选择：一次性结清弹性尾款，获得完全的汽车所有权；或对弹性尾款再申请为期12个月的二次贷款；或在经销商的协助下，以二手车置换新车，将尾款从旧车折价中扣除。

总体来说，汽车金融公司所提供的车贷，其优势在于贷款灵活、手续简便。同时，在贷款条件方面，汽车金融公司贷款比较注重购车者的个人信用，学历、收入、工作等都是其参考标准，而不像银行那样需要质押，且外地户籍也不会成为获得贷款的障碍。此外，汽车金融公司的贷款放贷速度较快，通常几天内就可以办妥。

相对来说，汽车金融公司的放贷条件比银行宽松。如在上汽通用汽车金融公可申请车贷，没有户口限制，也不需要有房产，只需要提供户口簿或有效居住证明，任一近期水、电、煤、电话交费单据，结婚证或离婚证，指定扣款银行的银行卡，借款人本人的驾驶证，借款人（配偶或担保人）的有效身份证件、借款人（配偶或担保人）的有效收入证明即可。汽车金融公司车贷的劣势在于，如果想提前还款，客户通常需要支付提前到期本金的3%作为违约金；如果客户需要变更还款月份，同样需要支付提前还款金额的3%作为违约金。此外，还款计划变更还需要收取100元的费用。

一般来说，在汽车金融公司贷款的利率要低于银行，且手续比较简单，放款率高，适合前期资金比较紧张的客户。

## 3. 信用卡分期付款购车

信用卡分期购车是银行推出的一种信用卡分期业务，目前国内多家商银行都开展了这项业务，即由银行向商户一次性支付持卡人所购汽车的消费资金，然后让持卡人分期向银行还款并支付手续费的过程。

信用卡分期付款购车的优点：

（1）减轻还款或消费的压力。因为信用卡的提前透支消费功能，很容易造成过度透支消费的情况，让大多数人在还款日当天无力偿还欠款。此时若能选择分期方式还款的话，会减轻用户的经济压力，也可以避免逾期情况的发生，从而保持良好的信用记录。若是办理分期的话，用户的消费压力就会减轻很多。

（2）有利于信用卡提额。信用卡额度能够供用户进行消费，所以信用卡额度是相当重要的。而信用卡经常办理分期的话，银行就有利可盈，这也是为什么银行总鼓励客户分期的原因。而这也就有利于用户信用卡的提额。

信用卡分期付款购车的缺点：

（1）手续费不划算。信用卡分期免息不免费，分期金额越多、期数越长、次数越频繁，要支付的手续费就越多，再加上信用卡分期手续费都是固定不变的，所以就不怎么划算。

（2）办理银行信贷业务被拒。经常分期会被银行质疑还款能力，如果近期有办理银行房贷、车贷，或者是信用卡等业务，因为还款能力不被银行看好，故可能会被拒贷、拒卡。

## 6.1.2 汽车租赁业务

### 一、汽车租赁的定义

汽车租赁是指将汽车的资产使用权从拥有权中分开，出租人具有资产所有权，承租人拥有资产使用权，出租人与承租人签订租赁合同，以交换使用权利的一种交易形式。

### 二、汽车租赁的分类

按照不同的分类标准，汽车租赁具有不同的分类方法，常见的有按照租赁期长短划分和按照经营目的划分两类。

**1. 按照租赁期长短划分**

在实际经营中，一般认为15天以下为短期租赁，15~90天为中期租赁，90天以上为长期租赁。

（1）长期租赁，是指租赁企业与用户签订长期（一般以年计算）租赁合同，按长期租赁期间发生的费用（通常包括车辆价格、维修维护费、各种税费开支、保险费及利息等）扣除预计剩存价值后，按合同月数平均收取租赁费用，并提供汽车功能、税费、保险、维修及配件等综合服务的租赁形式。

（2）短期租赁，是指租赁企业根据用户要求签订合同，为用户提供短期内（一般以小时、日、月计算）的用车服务，收取短期租赁费，解决用户在租赁期间的各项服务要求的租赁形式。

**2. 按照经营目的划分**

按照经营目的可分为融资租赁和经营租赁。

（1）融资租赁是指承租人以取得汽车产品的所有权为目的，经营者则是以租赁的形式实现标的物所有权的转移，其实质是一种带有销售性质的长期租赁业务，一定程度上带有金融服务的特点。

（2）经营性租赁，指承租人以取得汽车产品的使用权为目的，经营者则是通过提供车辆功能、税费、保险、维修、配件等服务来实现投资收益。

目前，主流融资租赁模式为直接租赁和售后回租。主要经营租赁模式为分时租赁和P2P租赁，此外还有传统的长租模式。

汽车租赁的分类如图 6-1 所示。

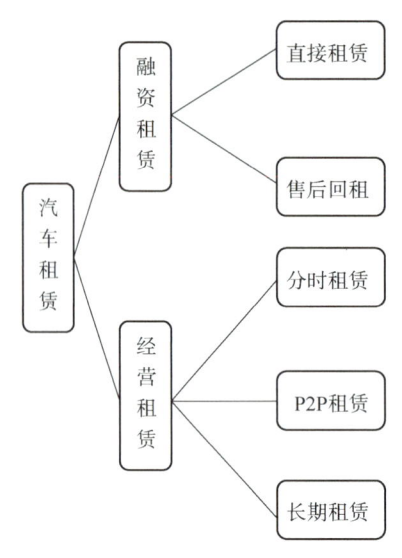

图 6-1　汽车租赁的分类

### 三、融资租赁的两种模式

#### 1. 直接租赁

直接租赁，指的是客户选车，由汽车融资租赁公司将车买下，然后租给客户用。汽车所有权在融资租赁公司，客户享有使用权，需要在支付一定保证金的基础上按月支付租金。租赁合同到期时，客户可选择付尾款把车买下，获得汽车所有权，也可以让汽车融资租赁公司把车收回。

网络视频经常出现的广告"一成首付弹个车"其实就是融资租赁中典型的直接租赁。"弹个车"的主要模式为：用户确认购车意向后，根据用户在蚂蚁金服的信用支付 10%～20% 的首付款，第一年为租赁期，由"弹个车"购买保险、缴纳购置税，用户每月支付租金，租赁期间内由用户自行承担车辆维修保养费用及违章责任等。第一年期满后，用户可选择续租、购买或退还车辆。若用户选择购买车辆，可一次付清全部尾款并办理过户，也可分期三年付清尾款。若用户选择租赁车辆，可以继续租赁，租期届满后仍可以选择分期付清尾款。

#### 2. 售后回租

售后回租，指的是已经拥有车辆的客户，为了一次性获得资金，把车抵押给融资租赁公司，同时融资租赁公司又把车租给客户使用，收取租金，客户保留了车辆的使用权。协约期满时，客户收回对车辆的所有权，或按约定方式处理车辆。

在直接租赁模式下，车辆所有权归属融资租赁公司所有，客户仅拥有使用权。而一般售后回租的车辆所有权归客户所有，这种模式更容易被客户接受。但直接租赁模式也有其自身的优势，对于融资租赁机构而言因车辆登记在其名下，一旦承租人出现逾期违约现象，融资租赁公司可较方便地取回车辆并进行处置。对于客户而言，直接租赁模式下可以得到汽车综合服务，包括保险、保养、维修等，且租赁期满后可选择多种退出方式，体现其个性化的需求。

综合来看，直接租赁体现了"融资"和"融物"的双重特点，而售后回租更多体现为汽车金融服务，轻"租赁"而重"融资"。当然，两种不同的模式各有优势，根据自身情况选择适合自己的才是最重要的。

## 四、经营租赁的三种模式

### 1. 分时租赁

分时租车是租车行业新兴的一种租车模式，意指以小时或天计算提供汽车的随取即用租赁服务，消费者可以按个人用车需求和用车时间预订租车的小时数，其收费将按小时来计算。其实在日常生活中的共享汽车就属于分时租赁的范围，即由企业提供车辆，消费者通过在相应的客户端平台或者小程序上面，可以得到车辆一定限时内的使用权，这种模式能够满足绝大多数人的出行需求。

### 2. P2P 租赁

P2P，即 Personal to Personal，个人对个人，也就是私家车主在其车辆闲置的时候，可以把他的车上传至平台，出租给需要用车的人，需要用车的人可以通过平台迅速寻找到附近的车。

### 3. 长期租赁

长期租赁指在租期内，承租人拥有车辆的使用权，租赁公司拥有车辆的所有权，租期结束后车辆返还给租赁公司的一种租赁模式。在这种租赁方式中，承租人不承担车辆的残值风险，租赁期限届满时承租人无留购选择权，租金的多少取决于车辆的零售价格、车辆的残值，租金大致相当于零售价格和车辆残值的差额。租赁开始时估计的车辆残值主要考虑计提的折旧、行驶的里程数、车况等因素。因此，残值越高，所需支付的租金越少。这是一种最常用、最划算、最容易操作的车辆租赁方式。

### 案例

#### "一成首付'弹个车'"

"弹个车"是大搜车于 2016 年 11 月 15 日正式推出，主打"1 成首付弹个车"。"弹个车"是大搜车旗下的"1 成首付，先租后买"汽车融资租赁服务品牌。

"弹个车"的模式实际上是改良了欧美市场的汽车融资租赁模式。在欧美国家有一种销售方式叫作汽车融资租赁，其发展模式跟"弹个车"很像，现如今汽车融资租赁模式在美国的市场渗透率达到了 80%，但是在引入这个模式的时候，考虑到中国消费者消费观念的不同，故将原来的三年租期改成了现在的"1+3"模式。那什么叫"1+3"模式呢？就是第一年采用租用汽车的模式，租满一年之后，用户可以通过一次性付清车款或者是分三年来付清车款，完成汽车产权的过户。"弹个车"这种模式第一个好处就是能够降低汽车消费门槛，让很多消费者提前成为有车一族；第二个好处就是能够扩大市场，给汽车市场带来新增量。

"弹个车"连续三年获得了网络汽车销售排行榜的第一名，这个成绩的取得归功于"弹个车"创新的买车模式。根据大搜车的创始人姚军红介绍，通过"弹个车"买车，用户只需要支付 5%~20% 的首付即可，在首付中还包括了汽车的税费和第一年的保险费等，最大限度地降低了汽车消费门槛。同时"弹个车"还制定了非常灵活的买车方式，将消费者的还款时间延长到四年，缓解消费者的还款压力，同时消费者在用车满一年之后，可以根据自己的实际情况选择一次性或者是分三年把剩下的车款付清，也可以继续签订合同租用汽车或者退掉汽车，这些方案都可以让人们无压力购车用车。

如今"弹个车"已经连续三年获得了天猫双十一和618汽车销售排行榜的第一名，同时为超过40万名用户提供了优质的服务。这些成绩都要得益于"弹个车"深入到下沉市场中，在创始人姚军红看来，2018年开始汽车市场销量就持续下滑，很多4S店都被迫关闭，因此大城市中的竞争会更加激烈。相反，在被大家所忽视的小城市和乡镇中，消费者购买汽车的渠道少，同时消费力增加、市场潜力巨大，从结果来看"弹个车"深入下沉市场的策略是成功的。

## 任务实施

一、任务场景

　　校内实训室。

二、任务要求

　　1. 演练任务：推介汽车金融服务。
　　2. 演练目的：学会根据消费者不同的自身条件和需求，推荐适合消费者的汽车金融服务。
　　3. 演练内容：虚拟不同条件和不同需求的客户，小组成员模拟销售顾问进行汽车金融服务的推荐。

三、任务分组

　　在这个任务中，采用分组实施方式进行，4~8人为一组，通过学生自荐或推荐的方式选出组长，负责本团队的组织协调工作，带头示范、督促、帮助其他组员完成相应工作。

四、任务步骤

　　1. 列举出不同汽车金融服务各自的优缺点，并举例说明分别适合哪类客户。

　　2. 虚拟客户一：王先生，首付只够20%，想要尽快提到车去运营网约车，对贷款利率无所谓。针对此客户的实际情况，模拟销售顾问给他推荐相应的汽车金融服务，并按流程模拟办理过程。

3. 虚拟客户二：李先生，本地公务员，可以全款购车，对购车时间要求不急迫。针对此客户的实际情况，模拟销售顾问说服客户办理汽车金融服务，并按流程模拟办理过程。

4. 虚拟客户三：张先生，年轻的新新人类，刚刚参加工作，手头上的钱不多，希望买车代步。针对此客户的实际情况，模拟销售顾问给客户推荐相应的汽车金融服务，并按流程模拟办理过程。

五、任务反思

1. 学到的新知识点有哪些？

2. 掌握的新技能点有哪些？

3. 你对自己在本次任务中的表现是否满意？写出课后反思。

4. 小组讨论，共享汽车与汽车租赁有什么区别。谈谈你对"国务院：完善网约车、共享单车、汽车分时租赁、网络货运等交通运输新业态监管规则和标准"的学习体会。

### 任务评价

各组介绍任务完成情况，展示任务成果，进行学生自评、学生互评和教师评价。在上述任务中，对扮演"销售顾问"的学生按照评分表6-1进行评价。

表 6-1  销售顾问（汽车金融服务）表现评分表

| 序号 | 评价项目 | 评价指标 | 分值 | 自评（30%） | 互评（30%） | 师评（40%） | 合计 |
|---|---|---|---|---|---|---|---|
| 1 | 职业素养 30分 | 分工合理，制订计划能力强，严谨认真 | 5 | | | | |
| | | 爱岗敬业，责任意识，服从意识 | 5 | | | | |
| | | 团队合作，交流沟通，分享能力 | 5 | | | | |
| | | 遵守行业规范，现场12S管理 | 5 | | | | |
| | | 完成任务积极主动 | 5 | | | | |
| | | 采取多种手段收集信息、解决问题 | 5 | | | | |
| 2 | 专业能力 60分 | 销售顾问着装得体、礼仪规范 | 10 | | | | |
| | | 结合客户信息，推荐合适的汽车信贷业务 | 20 | | | | |
| | | 提问和倾听的方法得当 | 10 | | | | |
| | | 判断客户类型准确，交流方式得当 | 20 | | | | |
| 3 | 创新意识 10分 | 创新性思维和行动 | 10 | | | | |
| | 合计 | | 100 | | | | |
| | 综合得分 | | | | | | |

## 巩固练习

**一、选择题**

1. 汽车融资机构为消费者提供的消费信贷金融服务，主要包括（　　）方式和融资租赁方式等。
   A. 分期付款　　　B. 长期付款　　　C. 短期付款　　　D. 分批付款

2. 担保贷款的操作是由银行与汽车经销商向购车人（　　）支付购车所需的资金即提供担保贷款，并联合保险、公证机构为购车者提供保险和公证。
   A. 一次性　　　B. 二次性　　　C. 多次性　　　D. 批次性

3. 个人汽车贷款的贷款期限（含展期）不得超过（　　）年。
   A. 5　　　B. 3　　　C. 10　　　D. 2

4. 以贷款方式购车，所购车辆为自用的，贷款额度不得超过所购汽车价格的（　　）；所购车辆为商用的，贷款额度不得超过所购汽车价格的（　　）；所购车辆为二手车的，贷款额度不得超过借款人所购汽车价格的（　　）。
   A. 80%　70%　50%　　　B. 80%　60%　50%
   C. 50%　50%　50%　　　D. 50%　70%　80%

5. 二手车汽车贷款的贷款期限（含展期）不得超过（　　）年。
   A. 5　　　B. 3　　　C. 10　　　D. 2

**二、填空题**

1. 汽车租赁的形式主要有两种，分别是_____和_____。
2. 融资租赁的两种模式是_____和_____。

3. 我国汽车消费信贷的类型有_____、_____和_____。
4. 申请个人汽车贷款，借款人须提供一定的担保措施，包括_____、_____和_____或第三方保证等，还可采取购买_____保险的方式。
5. P2P 是指_____对_____，也就是私家车主在自己车辆闲置的时候，可以把车上传至平台，出租给需要用车的人；需要用车的人可以通过平台迅速寻找到附近的车。

## 拓展阅读

### P2P 汽车租赁的"痛点"

P2P 汽车租赁是一种新的租车方式，有别于传统租车，它让私家车车主将自己有意出租的闲置车辆放到租车平台，然后租客搜索到合适的车辆，双方约定好租车时间和价格等条件，完成租赁交易。

在 P2P 的模式下，车主需要将车钥匙交给陌生人，这是有被盗风险的。一般来说有几种模式。比如在我国，之前发生过多起租车人自己就是偷车人却谎称车辆被盗，或是雇佣他人租车然后交易完成偷车的案例。在国外发达国家，由于身份信用特别重要，一般他们不是租车以后完成偷车，而是事先侦察并瞄准车辆，在非租车状态下完成偷车。在有必要的情况下，他们可能会多次租用车辆然后归还，其间在车辆上动手脚，或摸清车辆位置、车主信息后进行偷车。就拿美国 Getaround 平台举例，它的工作方式是这样的：想租车的人创建个人资料后，可以根据所需位置和车辆类型搜索汽车，在提出租车请求并获得车主批准后，租车者可以前往汽车所在的位置并使用智能手机应用解锁车辆，无钥匙进入，一些怕麻烦的车主可能已经把车钥匙放在了车内。这样的模式就给居心叵测的偷车贼留下了很多机会。他们可以很容易地摸清哪些车辆内部有钥匙，这样一来只需要想办法打开车门，这辆车就能轻而易举地被开走。

众所周知，我国租车业内在常规的保险条款里面都有一个"免赔额"的约定，即租车期间发生的交通事故，理赔费用在一定额度内是需要租客自己承担的，保险公司不予理赔，只能额外去购买不计免赔服务。这样一来，车辆出险后，车主和租客在沟通协商问题时非常容易产生摩擦，严重影响用户体验。

另外在车辆盗抢险方面，还有非常大的争议。之前发生过一起非常有名的宝驾租车事件，车主租出去的车辆没有得到归还，法院判决 P2P 租车平台也就是宝驾租车仅赔付租车费用，而在租车合同中写明的为车主购买的盗抢险却不能生效，因为在法律看来，租车的人把车"骗"到手里，挪作他用，属于诈骗，保险公司不赔诈骗的钱。如果是传统租车公司，会有专门的人员全力负责这方面的沟通与后续事务的处理，而且他们全国都有分部，涉及跨省跨市也比较轻松。但换作个人车主，不太可能有这样的精力、能力与时间处理麻烦，所以上述种种也就成为 P2P 租车行业中的"痛点"。这也是为什么 P2P 租车在我国的发展还很滞后的原因之一。

## 任务 6.2　汽车保险服务

### 任务导入

客户陈先生通过汽车消费信贷服务成功买下了心仪的 SUV，但是在购买保险时，陈先生犯了难，不知该选择哪些险种。作为 4S 店的工作人员，我们该如何建议客户选择合适的保险公司呢？我们又该如何根据客户的需求提供最佳的保障方案呢？

### 学习目标

（1）准确说出交强险的保险责任和理赔范围；
（2）正确解释商业险三大主险（车损、三者和车上人员）的保险责任和理赔范围；
（3）区别新能源汽车保险与传统险种；
（4）掌握汽车投保的流程，能够规范进行车辆投保；
（5）具备根据客户的需求设计和推荐保险方案的能力；
（6）提高抗压能力和随机应变的能力；
（7）培养安全意识和法治意识，提升以人为本与为客户着想的服务意识和人文精神。

### 任务分析

作为销售顾问，我们要帮助客户选择最符合其自身需求的汽车保险险种，因此对汽车保险各险种的保险责任和责任除外就必须掌握得十分清楚。销售顾问要掌握几种常见的汽车保险组合方案，并懂得如何为客户提供最佳的险种组合方案。

### 知识链接

### 6.2.1　汽车保险产品

#### 一、交强险

**1. 交强险的定义**

交强险的全称是"机动车交通事故责任强制保险"，是由保险公司对被保险机动车发生道路交通事故造成受害人（不包括本车人员和被保险人）的人身伤亡、财产损失，在责任限额内予以赔偿的强制性责任保险。交强险是中国首个由国家法律规定实行的强制保险制度。

**2. 交强险的责任限额**

机动车交强险在全国范围内实行统一的责任限额。交强险责任限额包括死亡伤残赔偿限额、医疗费用赔偿限额、财产损失赔偿限额，见表 6-2。实行分项限额有利于结合人身伤亡和财产损失的风险特点进行有针对性的保障，有利于降低赔偿的不确定性，从而有效控制风险，降低费率水平。机动车交强险责任限额由保险监管部门会同国务院公安部门、国务院卫生主管部门和国务院农业主管部门规定。

表 6-2 机动车交强险责任限额　　　　　　　　　　　　　　　　　　　　　元

| 项目 | 机动车在道路交通事故中有责任 | 机动车在道路交通事故中无责任 |
| --- | --- | --- |
| 死亡伤残赔偿限额 | 180 000 | 18 000 |
| 医疗费用赔偿限额 | 18 000 | 1 800 |
| 财产损失赔偿限额 | 2 000 | 100 |
| 合计 | 200 000 | 19 900 |

**3. 交强险的保费**

机动车交强险实行全国统一的保险条款和基础保险费率。签订交强险合同时，投保人应当一次性支付全部保险费，保险费按照保险监管部门批准的交强险费率计算。

1）交强险的基础费率

交强险的基础费率共分42种，家庭自用车、非营业客车、营业客车、非营业货车、营业货车、特种车、摩托车和拖拉机8大类42小类车型的保险费率各不相同。以汽车销售中常见的家庭自用车为例，家庭自用车6座以下车型年基础费率为950元，6座及以上车型年基础费率为1 100元。

2）交强险费率的调整

交强险费率实行与被保险机动车道路交通安全违法行为、交通事故记录相联系的浮动机制。交强险费率浮动因素及比率见表6-3。

表 6-3 交强险费率浮动因素及比率

| 浮动因素/方案类型 | 方案 A | 方案 B | 方案 C | 方案 D | 方案 E |
| --- | --- | --- | --- | --- | --- |
| 上一个年度未发生有责任道路交通事故 | −30% | −25% | −20% | −15% | −10% |
| 上两个年度未发生有责任道路交通事故 | −40% | −35% | −30% | −25% | −20% |
| 上三个及以上年度未发生有责任道路交通事故 | −50% | −45% | −40% | −35% | −30% |
| 上一个年度发生一次有责任不涉及死亡的道路交通事故 | 0% | 0% | 0% | 0% | 0% |
| 上一个年度发生两次及两次以上有责任不涉及死亡的道路交通事故 | 10% | 10% | 10% | 10% | 10% |
| 上一个年度发生有责任道路交通死亡事故 | 30% | 30% | 30% | 30% | 30% |

注意：

（1）内蒙古、海南、青海、西藏4个地区实行费率调整方案A；

（2）陕西、云南、广西3个地区实行费率调整方案B；

（3）甘肃、吉林、山西、黑龙江、新疆5个地区实行费率调整方案C；

（4）北京、天津、河北、宁夏4个地区实行费率调整方案D；

（5）江苏、浙江、安徽、上海、湖南、湖北、江西、辽宁、河南、福建、重庆、山东、广东、深圳、厦门、四川、贵州、大连、青岛、宁波20个地区实行费率调整方案E。

**4. "互碰自赔"机制**

"互碰自赔"处理机制，是保险行业在2009年2月推出"交强险财产损失无责赔付简化处理机制"和"重大人伤事故提前结案处理机制"等的基础上，为配合道路交通事故的快速处理、进一步简化交强险理赔手续、更好地发挥交强险的功能和作用而联合推出的又一项全国性交强险快速理赔机制。

中国保险行业协会下发的《交强险财产损失"互碰自赔"处理办法》规定了可以进行"互碰自赔"的条件——有交强险的车辆（两车或多车）互碰，如果只有不超2 000元车损、各方都有责任并同意采取"互碰自赔"，对于按照"互碰自赔"机制处理后，最终定损金额略超过交强险有责任财产损失赔偿限额（2 000元）的，各保险公司应本着方便被保险人的原则，给予灵活处理。

简单说就是当机动车之间发生轻微互碰的交通事故时，如果满足一定条件，则各方车主可以直接到自己的保险公司办理索赔手续，无须再到对方的保险公司往返奔波。

## 二、机动车损失保险

### 1. 保险责任

保险期间内，被保险人或被保险机动车驾驶人在使用被保险机动车的过程中，因自然灾害、意外事故造成被保险机动车直接损失，且不属于免除保险人责任的范围，保险人依照本保险合同的约定负责赔偿。

保险期间内，被保险机动车被盗窃、抢劫、抢夺，经出险地县级以上公安刑侦部门立案证明，满60天未查明下落的全车损失，以及因被盗窃、抢劫、抢夺受到损坏造成的直接损失，且不属于免除保险人责任的范围，保险人依照本保险合同的约定负责赔偿。

发生保险事故时，被保险人或驾驶人为防止或者减少被保险机动车的损失所支付的必要的、合理的施救费用，由保险人承担；施救费用数额在被保险机动车损失赔偿金额以外的另行计算，最高不超过保险金额。

### 2. 赔款计算方法

机动车损失赔款按以下方法计算。

1）全部损失

赔款=保险金额-被保险人已从第三方获得的赔偿金额-绝对免赔额

2）部分损失

被保险机动车发生部分损失时，保险人按实际修复费用在保险金额内计算赔偿：

赔款=实际修复费用-被保险人已从第三方获得的赔偿金额-绝对免赔额

## 三、机动车第三者责任险

### 1. 保险责任

保险期间内，被保险人或其允许的驾驶人在使用被保险机动车的过程中发生意外事故，致使第三者遭受人身伤亡或财产直接损毁，依法应当对第三者承担的损害赔偿责任，且不属于免除保险人责任的范围，保险人依照本保险合同的约定，对于超过机动车交通事故责任强制保险各分项赔偿限额的部分负责赔偿。

在保险合同法律关系中，保险人是第一者，被保险人或使用被保险机动车的人是第二者，除保险人与被保险人或使用被保险车辆的人之外的其他人是第三者。

保险人依据被保险机动车一方在事故中所负的事故责任比例，承担相应的赔偿责任。

被保险人或被保险机动车一方根据有关法律法规选择自行协商或由公安机关交通管理部门处理事故，但未确定事故责任比例的，按照下列规定确定事故责任比例：

被保险机动车一方负主要事故责任的，事故责任比例为70%；

被保险机动车一方负同等事故责任的，事故责任比例为50%；

被保险机动车一方负次要事故责任的，事故责任比例为30%。

涉及司法或仲裁程序的，以法院或仲裁机构最终生效的法律文书为准。

### 2. 赔款计算方法

（1）当（依合同约定核定的第三者损失金额−机动车交通事故责任强制保险的分项赔偿限额）×事故责任比例等于或高于每次事故责任限额时：

$$赔款 = 每次事故责任限额$$

（2）当（依合同约定核定的第三者损失金额−机动车交通事故责任强制保险的分项赔偿限额）×事故责任比例低于每次事故责任限额时：

$$赔款 = (依合同约定核定的第三者损失金额 - 机动车交通事故责任强制保险的分项赔偿限额) \times 事故责任比例$$

## 四、机动车车上人员责任险

### 1. 保险责任

保险期间内，被保险人或其允许的驾驶人在使用被保险机动车过程中发生意外事故，致使车上人员遭受人身伤亡，且不属于免除保险人责任的范围，依法应当对车上人员承担损害赔偿责任，保险人依照本保险合同的约定负责赔偿。

保险人依据被保险机动车一方在事故中所负的事故责任比例，承担相应的赔偿责任。

被保险人或被保险机动车一方根据有关法律法规选择自行协商或由公安机关交通管理部门处理事故，但未确定事故责任比例的，按照下列规定确定事故责任比例：

被保险机动车一方负主要事故责任的，事故责任比例为70%；

被保险机动车一方负同等事故责任的，事故责任比例为50%；

被保险机动车一方负次要事故责任的，事故责任比例为30%。

涉及司法或仲裁程序的，以法院或仲裁机构最终生效的法律文书为准。

### 2. 赔款计算方法

（1）对每座的受害人，当（依合同约定核定的每座车上人员人身伤亡损失金额−应由机动车交通事故责任强制保险赔偿的金额）×事故责任比例高于或等于每次事故每座责任限额时：

$$赔款 = 每次事故每座责任限额$$

（2）对每座的受害人，当（依合同约定核定的每座车上人员人身伤亡损失金额−应由机动车交通事故责任强制保险赔偿的金额）×事故责任比例低于每次事故每座责任限额时：

$$赔款 = (依合同约定核定的每座车上人员人身伤亡损失金额 - 应由机动车交通事故责任强制保险赔偿的金额) \times 事故责任比例$$

## 五、附加险种

### 1. 附加车轮单独损失险

保险期间内，被保险人或被保险机动车驾驶人在使用被保险机动车的过程中，因自然灾害、意外事故，导致被保险机动车未发生其他部位的损失，仅有车轮（含轮胎、轮毂、轮毂罩）单独的直接损失，且不属于免除保险人责任的范围，保险人依照本附加险合同的约定负责赔偿。

### 2. 附加新增加设备损失险

保险期间内，投保了本附加险的被保险机动车因发生机动车损失保险责任范围内的事故，造成车上新增加设备的直接损毁，保险人在保险单载明的本附加险的保险金额内，按照实际损失计算赔偿。

### 3. 附加车身划痕损失险

保险期间内，被保险机动车在被保险人或被保险机动车驾驶人使用过程中，发生无明显碰撞痕迹的车身划痕损失的，保险人按照保险合同约定负责赔偿。

### 4. 附加修理期间费用补偿险

保险期间内，投保了本条款的机动车在使用过程中，发生机动车损失保险责任范围内的事故，造成车身损毁，致使被保险机动车停驶，保险人按保险合同约定，在保险金额内向被保险人补偿修理期间的费用，作为代步车费用或弥补停驶损失。

### 5. 附加车上货物责任险

保险期间内，发生意外事故致使被保险机动车所载货物遭受直接损毁，依法应由被保险人承担的损害赔偿责任，保险人负责赔偿。

### 6. 附加精神损害抚慰金责任险

保险期间内，被保险人或其允许的驾驶人在使用被保险机动车的过程中，发生投保的主险约定的保险责任内的事故，造成第三者或车上人员的人身伤亡，受害人据此提出精神损害赔偿请求，保险人依据法院判决及保险合同约定，对应由被保险人或被保险机动车驾驶人支付的精神损害抚慰金，在扣除机动车交通事故责任强制保险应当支付的赔款后，在本保险赔偿限额内负责赔偿。

### 7. 附加法定节假日限额翻倍险

保险期间内，被保险人或其允许的驾驶人在法定节假日期间使用被保险机动车发生机动车第三者责任保险范围内的事故，并经公安部门或保险人查勘确认的，被保险机动车第三者责任保险所适用的责任限额在保险单载明的基础上增加一倍。

### 8. 附加医保外医疗费用责任险

保险期间内，被保险人或其允许的驾驶人在使用被保险机动车的过程中，发生主险保险事故，对于被保险人依照中华人民共和国法律（不含中国港、澳、台地区）应对第三者或车上人员承担的医疗费用，保险人对超出《道路交通事故受伤人员临床诊疗指南》和国家基本医疗保险同类医疗费用标准的部分负责赔偿。

## 六、新能源汽车保险

新能源车专属商业险的三者险、车上人员责任险、通用条款与传统机动车商业险相同，新能源汽车损失保险和附加险略有差异。相比传统车损险，新能源车车损险强调了保起火燃烧的情况，以及说明了行驶、停放、充电、作业等使用情形都属于责任范围，保障范围包括了车身及三电系统。新能源汽车附加险与传统燃油车附加险相比，新增加了"附加外部电网故障损失险""附加自用充电桩损失保险"和"附加自用充电桩责任保险"

## 6.2.2 汽车保险投保

### 一、汽车保险投保的步骤

第一步,了解机动车辆保险条款。尤其对于条款中的责任免除条款和义务条款,投保人要认真研究,同时对于条款中不理解的条文要记下来,以便投保时向保险业务人员咨询。

第二步,选择保险公司。投保人要先了解现在经营机动车辆保险业务的各家保险公司的服务情况,并考虑自己家或单位附近是否有正式的保险公司营业机构,从而确定一家既信得过又方便的保险公司。

第三步,选择投保险种。根据对条款的初步了解和自身的情况,选择适合自己的投保险种。

第四步,填制保险单。在保险公司业务人员详细介绍了机动车辆保险条款和建议投保的险种后,如果对条款中还有不理解的地方可以向保险公司业务人员仔细咨询。已经完全清楚后,应认真填写"机动车辆保险投保单",将有关情况向保险公司如实告知。

第五步,交付保险费。保险公司业务人员对投保单及投保车辆核对无误并出具保险单正本后,投保人首先要核对保险单正本上的内容是否准确;其次检查保险单证是否填写齐全,理赔报案电话、地址是否清晰、明确;最后交纳保险费。

第六步,领取保险单证。投保人(被保险人)拿到保险单证后,应审查保险单证是否有误。保险单证与行驶证要随身携带,以备随时使用,同时将保险单正本原件妥善保管。

### 二、汽车保险方案推荐

除交强险是强制性险种按规定任何车辆都必须投保外,其他的险种在很大程度上依赖于车主的经济情况,车主可根据经济情况与实际需求有选择地进行投保。以下是几种常见的汽车保险方案:

**1. 最低保障方案险种组合:交强险**

特点:只对第三者的损失负赔偿责任。

适用对象:急于上牌照或通过年检的个人。

优点:足够上牌照或验车所需。

缺点:一旦撞车或撞人,对方的损失能得到保险公司的一些赔偿,但有可能赔偿额不足以弥补对方损失,余下损失需要自己承担,而且自己的机动车损失只能自己承担。

**2. 基本保障方案险种组合:交强险+机动车损失保险**

特点:只投保基本险,不含任何附加险。

适用对象:适用于部分认为事故后修车费用很高的车主(有一定经济压力的个人和单位),他们认为意外事故发生率比较高,为自己的机动车与第三者的人身伤亡和财产损毁寻求保障,此组合为很多车主青睐。

缺点:不是最佳组合,保障范围依旧不够全面,对于第三者伤害的赔偿力度不够。

**3. 经济保险方案险种组合:交强险+机动车损失保险+第三者责任保险+机动车车上人员责任保险**

特点:可投保的最必要、最有价值的险种。

适用对象：精打细算的车主。

**4. 完全保障方案险种组合：交强险+三大主险+所有附加险**

特点：能保的险种全部投保，从容上路，不必担心交通所带来的种种风险。

适用对象：机关、事业单位、大公司。

优点：几乎与汽车有关的全部事故损失都能得到赔偿。投保人不必为少保某一个险种而得不到赔偿，承担投保决策失误的损失。

缺点：保费较高，某些险种出现概率不高。

## 任务实施

| 一、任务场景 |
| --- |
| 校内实训室。 |
| 二、任务要求 |
| 1. 演练任务：推介汽车保险服务。<br>2. 演练目的：学会根据消费者不同的自身条件和需求，推荐适合消费者的汽车保险方案。<br>3. 演练内容：虚拟出不同条件和不同需求的客户，小组成员模拟销售顾问进行推荐汽车保险方案。 |
| 三、任务分组 |
| 在这个任务中，采用分组实施方式进行，4~8人为一组，通过学生自荐或推荐的方式选出组长，负责本团队的组织协调工作，带头示范、督促、帮助其他组员完成相应工作。 |
| 四、任务步骤 |
| 1. 虚拟客户一王先生基本情况：单身，比较宅，首次买车，希望购置一辆纯电动汽车用于上下班代步，家住南方一线城市，有小区地下停车场固定车位，小区停车场内豪车较多。模拟销售顾问给王先生设计保险购买方案，并写出相关话术。<br><br>2. 虚拟客户二杨女士基本情况：已婚，有两个小孩，买车用于上下班代步，周末经常一家人外出游玩，家住三线城市城乡结合部，车只能停在路边。模拟销售顾问给杨女士设计保险购买方案，并写出相关话术。 |

3. 虚拟客户三李先生基本情况：工程承包商，因为工作原因，经常跑高速，经常接送其他客户老板，也经常把车子停在工地。模拟销售顾问给李先生设计保险购买方案，并写出相关话术。

4. 请将下列附加险和相应的主险用线连接起来

机动车损失保险　　　　　机动车第三者责任险　　　　机动车车上人员责任险

车轮单独损坏险　附加车上货物责任险　附加医保外医疗费用责任险　附加精神损害抚慰金责任险

五、任务反思

  1. 学到的新知识点有哪些？

  2. 掌握的新技能点有哪些？

  3. 你对自己在本次任务中的表现是否满意？写出课后反思。

  4. 你知道保险公司每年对交通事故的赔付率有多少吗？安全无小事，交通安全事关每个家庭和国家的生命财产，谈谈你对"人民至上、生命至上"的看法。

## 任务评价

  各组介绍任务完成情况，展示任务成果，进行学生自评、学生互评和教师评价。在上述任务中，学生按照评分表6-4进行评价。

表 6-4 学生（汽车保险服务）表现评分表

| 序号 | 评价项目 | 评价指标 | 分值 | 自评（30%） | 互评（30%） | 师评（40%） | 合计 |
|---|---|---|---|---|---|---|---|
| 1 | 职业素养 30 分 | 分工合理，制订计划能力强，严谨认真 | 5 | | | | |
| | | 爱岗敬业，责任意识，服从意识 | 5 | | | | |
| | | 团队合作，交流沟通，分享能力 | 5 | | | | |
| | | 遵守行业规范，现场 12S 管理 | 5 | | | | |
| | | 完成任务积极主动 | 5 | | | | |
| | | 能采取多种手段收集信息、解决问题 | 5 | | | | |
| 2 | 专业能力 60 分 | 销售顾问着装得体、礼仪规范 | 10 | | | | |
| | | 向客户准确解释保险条款 | 10 | | | | |
| | | 了解各汽车险种理赔范围以及免赔规定 | 10 | | | | |
| | | 合理推介汽车保险话术 | 10 | | | | |
| | | 应对疑问异议保险话术 | 10 | | | | |
| | | 判断客户类型准确，交流方式得当 | 10 | | | | |
| 3 | 创新意识 10 分 | 创新性思维和行动 | 10 | | | | |
| | | 合计 | 100 | | | | |
| | | 综合得分 | | | | | |

## 巩固练习

**一、选择题**

1. 同样是新车，以下哪辆汽车在新购置交强险时交的保费更多？（　　）
   A. 别克 GL8　　　　B. 大众迈腾　　　　C. 奔驰 S450L　　　　D. 奇瑞 QQ
2. 以下哪个险种不是新能源汽车保险的附加险？（　　）
   A. 附加外部电网故障损失险　　　　B. 附加自用充电桩损失保险
   C. 附加自用充电桩责任保险　　　　D. 附加电池损失保险
3. 以下哪些情况可以用车损险理赔？（　　）
   A. 汽车遭遇冰雹袭击　　　　B. 汽车四轮被偷
   C. 汽车自燃　　　　D. 汽车翻车
4. 汽车保险三大基本险分别是车损险、三者险和（　　）。
   A. 车上人员险　　B. 盗抢险　　C. 玻璃险　　D. 随车设备损失险
5. 贷款购车的车主必须购买（　　）
   A. 车损险　　B. 盗抢险　　C. 交强险　　D. 全部

## 拓展阅读

### 交强险的历史沿革

交强险的前身被称为第三者责任法定保险，第三者责任法定保险最早以文件形式正式提出是1984年的国务院27号文。1984年,国务院下发了《关于农民个体或联户购置机动车船和拖拉机经营运输业的若干规定》,要求农民个人或联户经营运输的机动车必须投保第三者责任法定保险。1984年11月3日,国务院向各省、自治区、直辖市人民政府,国务院各部委、各直属机构下发了《国务院批转中国人民保险公司关于加快发展我国保险事业的报告的通知》,报告中提到为加速发展我国的保险事业,需要在许多方面进行加强,其中之一就是"实施机动车辆第三者责任法定保险,以保障交通事故中受害人的经济利益,同时也解决车辆肇事后的赔偿纠纷。我国广东、山东、青海、宁夏等地经当地政府批准,先后办理了这种保险。为了便于执法和管理,有必要对公、私车辆等交通工具全面实行第三者责任法定保险"。

在1985年5月25日举行的国内保险业务座谈会上,中国人民保险公司也提道:"当前各地应抓好两件事情,其一就是为配合第三者责任法定保险的实行,充分做好舆论宣传和实务管理两方面的准备工作,以保证法定保险的顺利实施。"

1988年11月12日,中国人民保险公司、公安部、农业部[①]联合下发了《关于实施拖拉机第三者责任法定保险的通知》,要求机关、团体、企事业单位、集体、个体、联户专门从事运输和既从事农田作业又从事运输的拖拉机都必须向中国人民保险公司或其代办处投保"拖拉机第三者责任法定保险",并积极参加"车辆损失险",否则不准上道路行驶,公安、农机部门不予检验、上户。

1989年1月28日,经国务院批准,公安部发布了《关于在华外国人的机动车辆实行第三者责任强制保险的公告》,公告规定:"凡外国驻华外交代表和领事机关,国际组织驻华代表机构、外国驻华新闻机构和商社驻华办公处、外资企事业等单位及其外籍员工,在中华人民共和国公安机关交通管理部门登记注册领取牌照的公用、私用机动车辆,都必须在1989年5月31日以前,由所有人向中国人民保险公司办理第三者责任保险。1989年6月1日起,中国公安机关交通管理部门发现没有办理前述保险的机动车辆,将禁止其行驶,并不予办理登记注册和发放牌照。对到期不续保的,不予办理年检手续。"

1999年,《机动车辆责任法定保险暂行条例》的起草工作正式启动,并于2002年由全国人大法工委、国务院法制办、保监会[②]联合向各保险公司征求对《机动车辆责任法定保险条例》的意见和建议。2004年5月1日起实施的《道路交通安全法》首次提出"建立机动车第三者责任强制保险制度,设立道路交通事故社会救助基金。"2006年3月21日国务院颁布《机动车交通事故责任强制保险条例》,机动车第三者责任强制保险从此被"交强险"代替,条例规定自2006年7月1日起实施。

---

① 今为农业农村部。
② 今为银保监会。

## 任务 6.3　二手车置换服务

### 任务导入

客户陈先生打算将自己的旧车卖给二手车商，作为 4S 店的工作人员，我们该如何建议客户选择在 4S 店内进行二手车置换服务呢？客户在 4S 店选择二手车置换的好处又有哪些呢？

### 学习目标

（1）描述 4S 店二手车置换业务的优势和作用；
（2）具备判别车辆是否可作为二手车进行交易的能力；
（3）能够用现行市价法进行二手车估价；
（4）能够用重置成本法进行二手车估价；
（5）具备向客户推介二手车置换业务，并为客户提供业务咨询的能力；
（6）培养动手、动脑和勇于创新的工作积极性；
（7）培养爱岗敬业、诚信经营的职业操守。

### 任务分析

汽车 4S 店将车辆置换作为客户购买新车的一项增值服务，与客户将旧车出售给二手车商不同，汽车 4S 店通常是以二手车交易市场中二手车收购的最高价格甚至高出最高价格的价格确定二手车价格，经双方认可后，置换二手车的钱款直接冲抵新车的价格。

### 知识链接

#### 6.3.1　二手车置换业务概述

**一、寻找二手车置换的客户**

汽车销售人员在销售中要随时寻找二手车置换的客户，一方面满足客户用车的需求，另一方面为公司带来新的客户源。销售人员需要随时观察以下几种客户：
（1）对在用车辆不满意的客户；
（2）生活水准提高，要求更舒适车型的客户；
（3）由于预算不足，希望置换新车条件很宽松的客户；
（4）希望置换新车后可以保留自己原牌照的客户。

**二、客户在 4S 店进行二手车置换的优势**

**1. 高端品牌更放心**

4S 店推行品牌化经营，其本身就有足够的经济实力来保障客户的利益，而且 4S 店对收购二手车质检非常严格，消费者在品牌店置换二手车的过程中不必担心受骗上当。

**2. 专业评估更可靠**

4S 店置换二手车业务会配备专业的二手车评估师，能提供更为专业的评估服务，评估结果也更为可靠。

**3. 价格透明更合理**

为了给客户带来快捷、方便的购车体验，4S 店处理二手车时只需要保本即可，因此与其他二手车市场相比，品牌店旧车回收价格会相对高一些，且对外标出的价格更是透明、公正。

**4. 购置手续更齐全**

对于置换前要准备的所有手续，4S 店都能提供一条龙的代办服务，客户手续及个人信息也更安全。

**5. 后续无忧更省心**

置换手续稍微有遗漏日后很容易给消费者带来麻烦，相对其他二手车市场，4S 店能提供更为放心优质的后续服务，让消费者没有后顾之忧。

## 三、4S 店置换业务的作用

车辆置换是一个很好的销售新车和获取利润的渠道，它对提高个品牌的市场份额是至关重要的，这种正面的积极作用应该得到普遍的认同。

车辆置换业务正面的积极作用如下：

**1. 可以培养与提高客户对品牌和企业的忠诚度**

如何让已经购买了本品牌车辆的客户在第二辆、第三辆乃至今后所有车辆的购买选择上都不放弃本品牌和本企业，这是一个汽车生产厂家和经销商都十分关心的问题。要维持这种关系，通过二手车换新车的活动，使车主永远不选择别的品牌车辆，永远不选择别的经销商购车，从而既售出了新车，一般也能得到二手车的利润和售后服务的收益。因此，车辆置换可以充分提高本品牌和本企业的客户忠诚度，为企业永续经营奠定基础。

**2. 可以提高本品牌的声誉**

国内的汽车市场，特别是国产（含合资）汽车的运行时间还很短，运行机制、产品质量等都不是很成熟，因此，初期的汽车产品或多或少地都存在这样或那样的问题。各汽车生产厂家经过不断地调整、改进，现在的汽车产品应该说基本能让消费者满意了。此时，通过二手车置换，把原来存在一些问题的车收回，换给客户更好的车辆，再把旧车存在的问题解决后卖出，让新旧客户都有一个比较满意的产品与服务，这对于提高本企业和产品的美誉度是十分有效的。

**3. 可以提高本品牌的市场占有量**

众所周知，要提高本品牌的市场份额，首先要扩大新车的销量，同时，还必须一方面想方设法留住老客户，另一方面要把别的品牌的客户变成本品牌的客户。要达到这一效果，推行二手车多品牌置换是最好不过的手段。当然，在这个计划中，我们不能忽视了旧车产品质量（整备水平）的保障，要不然虽然增加了市场份额，但却获得了更多的市场抱怨，最终还是会丧失这些客户的。

## 6.3.2 二手车价值评估

### 一、二手车手续和证照检查

4S 店二手车评估人员对客户车辆手续和证照的检查要求不能有遗漏，证照要全，纳税、缴费凭证均要一一过目，否则会给 4S 店二手车鉴定评估部门带来非常严重的经济损失和信任危机。此外还要注意验证此车是正品车还是"水货"走私车辆，严查一些非法车辆进入交易市场。例如，盗抢车、非法拼装车、报废车、手续不全的车以及证照不全的车，等等。

车辆的认伪应辨认证照、所纳税及缴费凭证的真伪，若发现有伪，要及时报告相关执法部门给予查处。查验可交易车辆时要查验机动车登记证书、行驶证、有效机动车安全技术检验合格标志、车辆购置税完税证明、车船使用税缴付凭证、车辆保险单等法定证明、凭证是否齐全，并按照表 6-5 可交易车辆判别表检查所列项目是否全部判定为"Y"。

表 6-5　可交易车辆判别表

| 序号 | 检查项目 | 判别 | |
| --- | --- | --- | --- |
| 1 | 是否达到国家强制报废标准 | Y 否 | N 是 |
| 2 | 是否为抵押期间或海关监管期间 | Y 否 | N 是 |
| 3 | 是否为人民法院、检察院、行政执法等部门依法查封、扣押期间的车辆 | Y 否 | N 是 |
| 4 | 是否为通过盗窃、抢劫、诈骗等违法犯罪手段获得的车辆 | Y 否 | N 是 |
| 5 | 发动机号与机动车登记证书登记号码是否一致，且无凿改痕迹 | Y 是 | N 否 |
| 6 | 车辆识别代号或车架号码与机动车登记证书登记号码是否一致，且无凿改痕迹 | Y 是 | N 否 |
| 7 | 是否为走私、非法拼组装车辆 | Y 否 | N 是 |
| 8 | 是否为法律法规禁止经营的车辆 | Y 否 | N 是 |

### 二、二手车的估价

二手车的价格评估方法是确定二手车评估值的具体手段与途径。从评估对象的角度来看，二手车属于固定资产机器设备的一类产品，故同其他资产评估一样，也应遵循资产评估的一般理论，总体而言分为重要成本法、收益现值法、现行市价法和清算价格法四种基本方法。然而，二手车作为一类资产，又有别于其他类资产，有其自身的特点，如它的单位价值大，使用时间长；使用强度、使用条件、维护水平差异很大；政策性强，使用管理严格，税费附加值高。

由于二手车自身的这些特点，故在对二手车进行评估时不能完全照搬资产评估的方法，必须结合二手车的实际情况，以技术鉴定为基础，以资产评估理论为指导灵活处理，从而使二手车评估能够更加客观、准确地反映二手车的价值，并且具有一定的可操作性。

**1. 现行市价法**

现行市价法又称市场法、市场价格比较法，是指通过比较被评估二手车与最近售出类似二手车的异同，并将类似二手车市场价格进行调整，从而确定被评估二手车价值的一种评估方法。现行市价法是最直接、最简单的一种评估方法。

其具体计算方法有以下几种。

1）直接法

直接法是指在市场上能找到与被评估车辆完全相同的车辆的现行市价，并将其价格直接作为被评估车辆评估价格的一种方法。所谓完全相同是指车辆型号、使用条件和大体技术状况相同，生产和交易时间相近，寻找这样的参照物一般来讲是比较困难的。通常如果参照车辆与被评估车辆类别相同、主参数相同、结构性能相同，只是生产序号不同并且只做局部改动，交易时间相近的车辆，可作为直接评估中的参照物。

2）类比法

类比法是指评估车辆时，在公开市场上找不到与之完全相同但能找到与之相类似的车辆时，以此为参照物，通过对比分析车辆技术状况和交易条件的差异，参照物与评估基准日越接近越好，当无法找到近期参照物时，也可考虑相对远期的参照物，再做日期修正。

类比法具有适用性强、应用广泛的特点。但由于类比法可能要对参照物与评估对象的若干可比因素进行对比分析和差异调整，因此该方法对资料信息的数量和质量要求较高，而且要求评估人员要有较丰富的评估经验、市场阅历和评估技巧。没有足够的数据资料，以及对二手车的技术状况、市场行情的充分了解和把握，难以准确地评定估算对象的价值。

在资产评估中类比法的基本数学公式如下：

资产评估价值＝参照物价值＋功能差异值＋时间差异值＋……＋交易情况差异值

资产评估价值＝参照物售价功能差异值修正系数

## 2. 重置成本法

重置成本法是指在现时条件下重新购置一辆全新状态的被评估二手车所需的全部成本（即完全重置成本，简称重置全价），减去该被评估二手车的各种陈旧贬值后的差额作为被评估二手车现时价格的一种评估方法。

基本计算公式：

被评估二手车的评估值＝重置成本－实体性贬值－功能性贬值－经济性贬值

被评估二手车的评估值＝重置成本×成新率

重置成本有两种形式：复原重置成本和更新重置成本。

（1）复原重置成本指用与被评估二手车相同的材料、制造标准、设计结构和技术条件等，以现时价格复原购置相同的全新车所需的全部成本。

（2）更新重置成本指利用新型材料、新技术标准、新设计等，以现时价格购置相同或相似功能的全新车所支付的全部成本。

在进行重置成本计算时，应选用更新重置成本。如果不存在更新重置成本，则再考虑用复原重置成本。

（1）二手车的实体性贬值。

实体性贬值也叫有形损耗，是指机动车在存放和使用过程中，由于物理和化学原因而导致的二手车实体发生的价值损耗，即由于自然力的作用而发生的损耗。

（2）二手车的功能性贬值。

功能性贬值是由于科学技术的发展而导致的二手车贬值，即无形损耗。

（3）二手车的经济性贬值。

经济性贬值是指由于外部经济环境变化所造成的二手车贬值。

## 任务实施

一、任务场景
　　校内实训室。

二、任务要求
　　1. 演练任务：二手车置换服务。
　　2. 演练目的：学会根据消费者不同的自身条件和需求，为客户制定车辆置换方案并完成置换服务，并懂得给客户引荐二手车评估师。
　　3. 演练内容：虚拟出不同条件和不同需求的客户，小组成员模拟销售顾问进行推荐二手车置换服务。

三、任务分组
　　在这个任务中，采用分组实施方式进行，4~8人为一组，通过学生自荐或推荐的方式选出组长，负责本团队的组织协调工作，带头示范、督促、帮助其他组员完成相应工作。

四、任务步骤
　　1. 写出现行市价法进行二手车评估的步骤和公式，并对实验室车辆进行模拟估价。




　　2. 写出重置成本法进行二手车评估的步骤和公式，并对实验室车辆进行模拟估价。




　　3. 虚拟客户一王先生：欲购置一辆迈腾，目前所驾车型为一辆行驶了8年的高尔夫，行驶里程为10万km，想把车卖给二手车商。模拟销售顾问说服王先生通过二手车置换的方式购置新车，并写出相关话术。




　　4. 虚拟客户二李先生：欲购置一辆迈腾，目前所驾车型为一辆行驶了8年的丰田威驰，行驶里程为10万km，李先生愿意在4S店内进行二手车置换，但是对4S店内的估价不满意。模拟销售顾问处理李先生的异议，并写出相关话术。

五、任务反思

  1. 学到的新知识点有哪些？

  2. 掌握的新技能点有哪些？

  3. 你对自己在本次任务中的表现是否满意？写出课后反思。

  4. 你了解如何考取二手车评估师证吗？二手车鉴定评估师职业道德规范要求主要有："遵纪守法、廉洁自律；客观独立、公正科学；诚实守信、规范服务；客户至上、保守秘密；团队合作、锐意进取；操作规范、保证安全。"谈谈你对此的看法。

## 任务评价

  各组介绍任务完成情况，展示任务成果，进行学生自评、学生互评和教师评价。在上述任务中，按照评分表6-6进行评价。

表6-6 学生（二手车置换服务）表现评分表

| 序号 | 评价项目 | 评价指标 | 分值 | 自评（30%） | 互评（30%） | 师评（40%） | 合计 |
|---|---|---|---|---|---|---|---|
| 1 | 职业素养 30分 | 分工合理，制订计划能力强 | 5 | | | | |
| | | 爱岗敬业，责任意识，服从意识 | 5 | | | | |
| | | 团队合作，交流沟通，分享能力 | 5 | | | | |
| | | 遵守行业规范，现场12S管理 | 5 | | | | |
| | | 完成任务积极主动 | 5 | | | | |
| | | 采取多种手段收集信息、解决问题 | 5 | | | | |
| 2 | 专业能力 60分 | 着装得体、礼仪规范 | 10 | | | | |
| | | 向客户准确介绍二手车置换内容 | 10 | | | | |
| | | 4S店二手车置换的优势讲解准确 | 10 | | | | |
| | | 推介二手车置换业务话术合理 | 10 | | | | |
| | | 现行市价法运用准确 | 10 | | | | |
| | | 重置成本法运用准确 | 10 | | | | |

续表

| 序号 | 评价项目 | 评价指标 | 分值 | 自评(30%) | 互评(30%) | 师评(40%) | 合计 |
|---|---|---|---|---|---|---|---|
| 3 | 创新意识 10分 | 创新性思维和行动 | 10 | | | | |
| | | 合计 | 100 | | | | |
| | | 综合得分 | | | | | |

## 巩固练习

### 一、选择题

1. 二手车的技术状态受使用强度的直接影响，一般来说，下列哪种使用性质的车，使用强度较大。（  ）

　　A. 单位员工班车　　　B. 私人生活用车　　　C. 公务用车　　　D. 专业货运车辆

2. 依照相关法规，二手车评估中发现非法车辆、伪造证明或车牌的，擅自更改发动机号、车架号的，调整里程表的，应当（  ）。

　　A. 照常评估技术状态　　　　　　　B. 及时向执法部门举报，配合调查

　　C. 不加过问　　　　　　　　　　　D. 不予评估、也不举报

3. 利用报废车辆的零部件拼、组装的二手车（  ）交易。

　　A. 可以　　　　　　　　　　　　　B. 通过安全排放检测可以

　　C. 使用年限满2年可以　　　　　　D. 不可以

4. 常用的二手车估价方法是现行市价法和（  ）。

　　A. 重置成本法　　　B. 估算法　　　C. 折算法　　　D. 软件测试法

5. 关于二手车置换说法错误的是（  ）。

　　A. 在4S店进行二手车评估是免费的

　　B. 为了促进新车销售，4S店的二手车评估师可以把旧车价格估高一点

　　C. 在4S店进行二手车置换通常有补贴

　　D. 二手车评估师对车辆估价时要综合考虑车况

## 拓展阅读

### 二手车鉴定评估师违法违规行为和法律责任

　　当下，因我国的二手车交易量的持续增速，二手车鉴定评估师也越来越多，这些评估师有为自家服务的，有独立第三方为客户服务的。但是，经研究发现，由于各种原因，二手车鉴定评估师一直都是粗放管理，甚至是处于无"人"管理的状态下，导致有相当一部分的评估师不规范作业，甚至还有一些违法违规行为，进而导致企业巨大损失和对行业的负面影响。在此大背景下，各位评估师更应该了解，作为一个二手车评估师，如何避免犯错而被追究法律责任；各位二手车企业家也应该了解，如何规范企业的管理和风险，杜绝因为二手车评估师的"各种失误"导致企业受损。

　　2019年4月，国内某检测机构评估师，收受车商的充值利益，私收检测费未上交，并出具一份虚假文件，导致消费者以正常车的价格购买了一辆事故车，法院判决该车商退一赔

三，而该评估师也被检测机构辞退，由检测机构承担该消费者的所有诉讼费用。

上面这个案例中的评估师除了要承担民事责任，也就是诉讼费外，还涉嫌触犯了《中华人民共和国刑法》第二百二十九条的规定：提供虚假证明文件罪，承担资产评估、验资、验证、会计、审计、法律服务等职责的中介组织的人员故意提供虚假证明文件，情节严重的，处五年以下有期徒刑或者拘役，并处罚金。

## 任务 6.4　精品销售

### 任务导入

客户陈先生提车后，希望给自己的爱车加装一些精品，他的朋友们有的加装了底盘装甲，有的加装了行李架，还有些安装了行车记录仪和儿童安全座椅，陈先生也在精品区犹豫和徘徊。作为 4S 店的工作人员，我们该如何给客户介绍汽车精品呢？又该如何建议客户在 4S 店内购买汽车精品呢？

### 学习目标

（1）能够分辨汽车精品的种类；
（2）正确说出不同精品的作用；
（3）能够掌握汽车精品销售的技巧；
（4）能够根据客户的需求推荐汽车精品；
（5）提高沟通能力，增强服务意识，强化正确的消费观念；
（6）培养学生质量和经济意识，提高审美意识；
（7）培养"敢想敢为"及"善作善成"的工作态度和进取意识。

### 任务分析

汽车精品相对整车的价值不高，但是利润率很高。4S 店一般都会采购与本店车辆相匹配的各种精品供客户选择，同时还提供安装售后等服务，可以极大地满足客户的需求，这是企业的一项增值服务。

### 知识链接

#### 6.4.1　汽车精品的种类

**一、汽车内饰精品**

汽车内饰精品主要是指用于汽车内部装饰和布置的产品。

常见内饰精品有汽车香水座、坐垫、冰垫、脚垫、腰垫、地毯、座套、钥匙扣、公仔、风铃、窗帘、保温壶、太阳膜、防盗锁、安全气囊、车用衣架、隔热棉、门边胶、手机架、安全带、气压表、转向盘套、仪表装饰板等。

**二、汽车外饰精品**

汽车外饰精品主要是指用于车外装潢的产品。

常见外饰精品有晴雨挡、门碗饰件、外拉手贴件、挡泥板、车贴、汽车天线、雾灯框、汽车尾灯框等。

### 三、汽车电子精品

汽车电子精品主要是指用于汽车电子控制的装置及车载汽车电子装置。

常见电子精品有 GPS 导航、车载 DVD、车载 MP3、汽车音响、汽车逆变器、汽车加湿器、汽车氙气灯等。

### 四、汽车美容精品

汽车美容精品主要是指用于汽车清洁与美容的产品。

常见美容精品有车罩、抛光蜡、美容粗蜡、镜面处理剂、研磨剂、仪表蜡、修复蜡、空气清新剂、真皮清洁剂、汽车泼水剂（雨敌）、汽车防雾剂等。

### 五、汽车养护精品

汽车养护精品主要是指用于汽车的定期保养及维护使用的产品。

常见养护精品有除锈润滑油、划痕蜡、水晶白玉固蜡、上光水蜡、去污水蜡、空调清洗除臭剂、发动机清洗剂和玻璃水等。

### 六、汽车改装精品

汽车改装精品主要是用于汽车外观及性能改装的产品。

常见改装精品有超炫灯饰改装、氙气大灯、制动灯、大灯灯泡、尾灯总成、底盘装饰灯、真皮改装、缓冲器、尾翼、大小包围、前后护杠、雾灯、天使眼光圈、隔热棉、车身装饰线、密封胶条、前挡贴、外踏板等。

### 七、汽车安全精品

汽车安全精品主要是指汽车上用于保证乘客以及驾驶员或汽车本身安全的产品。

常见汽车安全精品有行驶记录仪、TMPS、防盗器、疲劳驾驶预警、防盗器、汽车安全带、警示牌等。

## 6.4.2 汽车精品销售技巧

### 一、生命周期法

以"汽车底盘防锈"为例，进行推荐举例。

×先生/女士，原车底盘只做过局部防锈，未做整车底盘防锈处理，做一次加强型的水性环保底盘防锈才×××多元，实际至少在 5 年内不用担心底盘被酸雨腐蚀、沙石撞击损害您的底盘了，如果您将来打算换车，这部车进入二手市场评估也会为您保值，无论是延长使用周期还是保值，对您来说都是划算的。

### 二、安全警示引导法

（1）以"精品倒车影像"为例，进行推荐举例。

您选的这款车原本是不带倒车影像的，我们这里为您特别准备了精品倒车影像，有多种型号可供选择，现在车辆越来越多，停车位也经常不足，好多车主都苦于频繁倒车，即使您是驾驶高手，但在人多、狭窄的地方，倒车也会有闪失的时候，一不小心碰坏车，既要找保险公司，还要钣喷，即使保险公司可以赔，但也要浪费您宝贵的时间呀，装一台倒车影像只需要×××元左右，而您从此再也不用担心倒车安全了，最重要的是您赢得了安全和宝贵的时间。

（2）以"玻璃镀膜"为例，进行推荐举例。

销售人员：南方雨水较多，如遇暴雨即使打开刮水器也视线模糊，看不清前方的车辆、行人和障碍物，最好还是为您的爱车做一次玻璃镀膜吧，全车×××元。

客户：太贵了

销售人员：先体验一下我们的使用效果吧（介绍使用效果），如果您想实用一点，也可选择只做前风窗+两侧窗+两后视镜，价格只要×××元，现在正是雨季，我们有优惠，其实这个消费对您来说很值得，这样一来整个雨季您就不用再担心因看不清方向而误闯红灯或撞障碍物了，对于驾车人来说，确保安全才是第一位的。

### 三、儿童消费引导法

以"儿童安全座椅"为例，进行推荐举例。

您经常带孩子驾车吧？原车的座椅都是根据成人的特点设计的，现在的小孩活泼调皮，许多家长一边驾车一边要看后排座椅的小孩，有时还误闯了红灯，一不小心紧急制动，小孩还会从座椅上摔下来。而且，现在交通法律法规也规定"身高不足一百四十厘米的乘车人乘坐家庭乘用车，应当使用符合国家标准的儿童安全座椅或者增高垫等约束系统"。您买了我们这款原厂儿童安全座椅后，便可以带着小孩安心驾车了。

### 四、高附加值产品引导法

以"太阳膜"为例，进行推荐举例。

销售人员：看来您很在行，我们这种产品有好几种品牌和型号，我带您一起去看看，顺便帮您参谋一下，以太阳膜为例，我们三个品牌的太阳膜（威固、蓝格、镜中花），从隔热率来讲，威固是好的，隔热率达到90%以上，您可以过来体验一下……

销售人员提问：是不是明显感到隔热效果的不同？我建议您前风窗最好用威固V70，这可以说是世界上最好的膜之一了。

客户问：这么贵呀？

销售人员：也有很多高端客户选择全车贴V70的，当然也有部分客户只是前风窗用V70，侧窗用其他型号，这样既达到了高隔热，又不用花太多费用，我建议您不妨也这样选择。

### 五、变赠送为购买引导法

以"太阳膜"为例，进行推荐举例。

客户：不是有太阳膜赠送吗？

销售人员：不错，先生，我们是有太阳膜送的，我们送的是AA太阳膜××型号，这一般是对隔热率要求不高的消费者赠送的，像您这样讲究的客人，我想，我最好还是带您去体验一下我们太阳膜的效果再做决定吧。

客户：啊，原来太阳膜还有这么大的区别（看完后），我最好还是自己花钱买吧。

销售人员：谢谢您的选择，我马上为您开单，并帮您申请一个折扣。

### 六、试用试驾体验引导法

话术举例。

客户：您所介绍的产品好是好，就是太贵了。

销售人员：价格方面您完全可以放心，最重要的是您喜不喜欢，适不适合您，您买这个产品值不值，我还是您去体验一下我们加装的样板车再做决定吧。

销售人员带客户上车，简要介绍产品功能和卖点，并实际操作给客户看，最好让客户亲自体验。

以导航为例：我们这一款是 AA 导航，带 DVD，您可以设定一个不熟悉的目的地，我们走一遍（记下里程数、时间、油耗并告诉客户），现在我们可以按导航的指示走一遍（记下里程数、时间、油耗并告诉客户）。这就是是否装导航的区别，装了导航就会省时、省油、快捷、方便。

## 任务实施

| 一、任务场景 |
| --- |
| 校内实训室。 |
| 二、任务要求 |
| 1. 演练任务：推介精品销售。<br>2. 演练目的：学会根据消费者不同的自身条件和需求，为客户推荐合适的精品。<br>3. 演练内容：虚拟出不同条件和不同需求的客户，小组成员模拟销售顾问进行精品推荐服务，并分析 4S 店可以开展哪些精品销售的促销活动。 |
| 三、任务分组 |
| 在这个任务中，采用分组实施方式进行，4~8 人为一组，通过学生自荐或推荐的方式选出组长，负责本团队的组织协调工作，带头示范、督促、帮助其他组员完成相应工作。 |
| 四、任务步骤 |
| 1. 用 FAB 介绍法介绍太阳膜。<br><br><br><br><br>2. 用 FAB 介绍法介绍底盘装甲。<br><br><br><br> |

3. 虚拟客户一王先生：购置了一辆 40 万元的 SUV，由于工作原因，经常去到工地。模拟销售顾问给王先生推荐适合他的汽车精品，并写出相关话术。扮演销售顾问的同学要注意掌握各精品的作用、FAB 等技巧在话术中的运用，结合客户的需求点有针对性地进行介绍，过程中注意与客户的互动。

4. 虚拟客户二李先生：购置了一辆 10 万元出头的家庭自用车，平常只用于上下班代步、接送小孩。模拟销售顾问给李先生推荐适合他的汽车精品，并写出相关话术。扮演销售顾问的同学要注意掌握各精品的作用、FAB 等技巧在话术中的运用，结合客户的需求点有针对性地进行介绍，过程中注意与客户的互动。

五、任务反思

1. 学到的新知识点有哪些？

2. 掌握的新技能点有哪些？

3. 你对自己在本次任务中的表现是否满意？写出课后反思。

4. 你了解车载导航的类型和用法吗？中国北斗导航的设计研发是中国国家能力向全世界的展示，谈谈你对"卡脖子"问题的看法。

## 任务评价

各组介绍任务完成情况，展示任务成果，进行学生自评、学生互评和教师评价。在上述任务中，对扮演"销售顾问"的学生按照评分表 6-7 进行评价。

表6-7 销售顾问（精品销售）表现评分表

| 序号 | 评价项目 | 评价指标 | 分值 | 自评（30%） | 互评（30%） | 师评（40%） | 合计 |
|---|---|---|---|---|---|---|---|
| 1 | 职业素养 30分 | 分工合理，制订计划能力强，严谨认真 | 5 | | | | |
| | | 爱岗敬业，诚信意识，安全意识 | 5 | | | | |
| | | 团队合作，交流沟通，分享能力 | 5 | | | | |
| | | 遵守行业规范，现场12S管理 | 5 | | | | |
| | | 完成任务积极主动 | 5 | | | | |
| | | 能采取多种手段收集信息、解决问题 | 5 | | | | |
| 2 | 专业能力 60分 | 销售顾问着装得体、手势走位礼仪规范 | 10 | | | | |
| | | 精品介绍方法准确、话术规范 | 15 | | | | |
| | | FAB法的运用熟练 | 15 | | | | |
| | | 讲解热情，语言合适，和客户有互动 | 10 | | | | |
| | | 结合客户需求进行了针对性介绍 | 10 | | | | |
| 3 | 创新意识 10分 | 创新性思维和行动 | 10 | | | | |
| | | 合计 | 100 | | | | |
| | | 综合得分 | | | | | |

## 巩固练习

1. 汽车精品的种类有哪些呢？

2. 4S店为什么不将精品送给客户，而要卖给客户呢？

## 拓展阅读

### 隐形车衣是什么？

隐形车衣是一种高性能的新型环保薄膜，是透明漆面保护膜的一种俗称，被广泛应用于汽车美容保养行业，具有超强的韧性，装贴后可使汽车漆面与空气隔绝，持久保护漆面不受侵害。通俗来讲，就类似手机贴膜防止屏幕在使用过程中被刮花一样。隐形车衣的成分是聚氨酯，含有抗UV聚合物，抗黄边，具有很强的耐磨性。车衣无色透明，贴在汽车漆面上不影响原车的颜色，不用重新备案，因此又称隐形车衣。

## 底盘装甲是什么？

汽车底盘装甲的学名是汽车底盘防撞防锈隔声底漆，是一种高科技的黏附性橡胶沥青涂层，它具有无毒、高遮盖率、高附着性等特点，可喷涂在车辆底盘、轮毂、油箱、汽车下围板、行李舱等暴露部位，快速干燥后形成一层牢固的弹性保护层，可防止飞石和沙砾的撞击，避免潮气、酸雨、盐分对车辆底盘金属的侵蚀，防止底盘生锈和锈蚀，保护车主的行车安全。"底盘装甲""底盘封塑"是近几年底盘防锈护理的新项目。虽然叫法不同，但都是在汽车底盘的下面喷涂一层2~4 mm厚的弹性密封材料，犹如给车的底盘穿上一层厚厚的铠甲。底盘装甲是对这一技术进行的形象描述。底盘装甲可以有效防护路面砂石对底盘的击打，防止轻微的拖底摩擦；预防酸、碱、盐对底盘铁板的腐蚀；防止底盘螺丝的松脱；降低行驶时噪声的传导，增加驾驶宁静感；阻止底盘铁板热传导，使驾驶室内冬暖夏凉。

# 参 考 文 献

[1] 付慧敏，罗双，郭玲. 汽车销售实务 [M]. 哈尔滨：哈尔滨工业大学出版社，2013.
[2] 付慧敏，罗双，郭玲. 汽车销售实务 [M]. 北京：教育科学出版社，2014.
[3] 刘建伟. 汽车销售实务 [M]. 北京：北京理工大学出版社，2012.
[4] 官腾，安佰英，沈现青. 汽车营销实务 [M]. 镇江：江苏大学出版社，2019.
[5] 顾燕庆，朱小燕. 汽车销售顾问 [M]. 北京：机械工业出版社，2012.
[6] 宋润生. 汽车营销基础与实务 [M]. 广州：华南理工大学出版社，2019.
[7] 李刚. 汽车营销基础与实务 [M]. 北京：北京理工大学出版社，2011.
[8] 姚丽萍. 汽车营销实务 [M]. 大连：大连理工大学出版社，2019
[9] 王梅. 汽车营销实务 [M]. 北京：北京理工大学出版社，2010.
[10] 刘秀波，吴风波. 汽车顾问式销售 [M]. 北京：机械工业出版社，2021.
[11] 孙凤英. 汽车及配件营销 [M]. 北京：高等教育出版社，2010.
[12] 杜艳霞，李祥峰. 汽车与配件营销实务 [M]. 北京：科学出版社，2010.